LE PEUPLE
DES CONNECTEURS

THIERRY CROUZET

LE PEUPLE DES CONNECTEURS

LES CONNECTEURS 1

A Serge B., et à tous ceux qui croient que le monde est plus compliqué qu'il ne l'est.

Dans tous mes films, j'ai cru important d'essayer d'établir les liens qui unissaient les gens entre eux... Ces liens qui me rattachent en particulier à l'humanité, et nous tous à ce qui nous entoure.

Andreï Tarkovski

CONNECTEUR nom masculin (1799 ; de connecter) 1. Technique. Appareil de connexion. Connecteur téléphonique. - Électricité. Prise à broches multiples. 2. Logique, linguistique. Synonyme d'opérateur propositionnel. Et, ou, mais... 3. Marketing. (2001 ; Malcolm Gladwell) Personne qui met en relation d'autres personnes dans un réseau social et, plus particulièrement, qui lance les modes. 4. Sociologie. (2005 ; Thierry Crouzet) Par extension, nom donné aux hommes et aux femmes conscients d'appartenir à un réseau social d'une complexité telle que personne ne peut espérer le contrôler ou le gouverner. Les connecteurs privilégient les relations d'égal à égal aux relations hiérarchiques.

PRÉFACE

En 2005, je terminais le prélude du *Peuple des connecteurs* par : « Nous ne pouvons plus penser comme avant. » Douze ans plus tard, cette affirmation en même temps que cette injonction reste de la plus haute urgence.

Le fanatisme religieux, la multiplication des attentats, le retour du nationalisme, la déréliction de la démocratie, l'écart grandissant entre riches et pauvres, toutes ces horreurs témoignent d'une Histoire en mouvement, ou plutôt qui tente de freiner des quatre fers le saut de l'humanité vers une autre forme d'humanité.

Tous ces problèmes étaient déjà bien présents en 2005, mais comme beaucoup d'autres geeks j'étais alors enthousiaste. Depuis la fin des années 1990, Internet me rendait joyeux, peut-être parce qu'il me permettait de gagner facilement ma vie, plus sûrement parce que j'avais l'espoir qu'il nous aide à changer le monde, à vivre plus harmonieusement, en travaillant moins, différemment, en nous respectant les uns et les autres et en respectant la nature. Une belle énergie me portait.

L'explosion de la bulle spéculative au début des années 2000 n'avait pas infléchi notre espoir. J'étais persuadé que nous vivions une époque cruciale. Nous avions d'un côté un nouveau cadre intellectuel pour appréhender le monde, la théorie de la complexité développée durant la seconde moitié du XXᵉ siècle, de l'autre, avec Internet, un outil pour créer de la complexité et faire passer nos organisations sociales d'un modèle centralisé, structuré en silos impénétrables les uns aux autres, à un modèle décentralisé, horizontal, et donc complexe, en phase avec les innombrables problèmes qui nous restaient à résoudre : crise climatique, crise économique, crise politique, crise spirituelle... crises que j'imputais à notre incapacité à prendre en compte la nouvelle complexité du monde.

J'entrevoyais que se jouait une transition aussi importante que la révolution néolithique qui a vu le passage du nomadisme au sédentarisme. D'après moi, nous étions en train de franchir une étape décisive de notre évolution, une rupture bien plus grande que celle souvent évoquée du passage de l'écriture manuscrite à l'écriture imprimée.

J'ai esquissé les premières lignes de cette réflexion dans la chambre de la maternité, où mon fils aîné venait de naître. Je ne pouvais qu'être optimiste, quitte à être aveuglé.

Je n'ai commencé à tempérer mon ivresse qu'en 2007. Rien de ce que j'avais théorisé n'était faux, mais j'étais obligé d'admettre que la possibilité philosophique et technique d'un changement ne suffit pas à provoquer ce changement. Il faut plus que des connecteurs convaincus pour faire l'Histoire. Nous étions à la veille de la révolution réticulaire, réticulaire ce bel adjectif pour dire « en réseau », mais cette révolution ne sera possible que quand nous serons des millions à l'embrasser. La révolution doit donc d'abord être individuelle avant de devenir collective, égoïste avant de devenir altruiste.

Reste que, en relisant *Le peuple des connecteurs*, je retrouve intacte l'énergie qui m'habitait alors que le l'écrivais, une énergie indispensable à la révolution individuelle que j'ai plus tard décrite dans *L'alternative nomade*, et que depuis je m'applique à conduire dans ma propre vie.

Il m'est donc apparu important de proposer une nouvelle édition du *Peuple des connecteurs*, en y insérant des réflexions parfois ultérieures de quelques années, afin de juxtaposer espoirs et mises en garde, le tout sans ne rien altérer de l'élan initial.

Balaruc, mai 2017

NE PAS OBÉIR

Êtes-vous un connecteur ?

Il croyait fermement à la possibilité d'une fraternité des hommes en vue de s'entraider sur la voie de la vertu.

Léon Tolstoï

Tous les matins quand je démarre Skype, mon logiciel de téléphonie Internet préféré, je suis frappé par une petite phrase inscrite en bas de l'écran :

« 3 354 068 utilisateurs connectés. »

Un peu plus tard, je lis :

« 4 075 678 utilisateurs connectés. »

Le chiffre ne cesse d'augmenter. J'ai beau suivre le phénomène depuis des années, avoir écrit à ce sujet des dizaines de livres, je reste émerveillé. Nous sommes de plus en plus nombreux à être connectés. J'ai l'impression, exaltante je l'avoue, que nous construisons quelque chose de plus grand que nous, une sorte de cathédrale moderne. Mais je n'ai pas le temps de m'appesantir. Un bip retentit, une info bulle apparaît avec l'image d'un canard. Cette fois, mon logiciel de chat me prévient que mon éditeur vient de se connecter.

— Alors, ce prélude, tu le boucles ? me demande-t-il.

Je lui réponds en le bombardant d'émoticônes. Ma favorite est celle d'un musicien qui, fou de rage, brise son amplificateur à coups de guitare. En réponse, je reçois un baiser affectueux et nous en restons là. En bas de mon écran, je lis :

« 5 279 630 utilisateurs connectés. »

Je me souviens du temps encore pas si lointain où j'étais seul face à mon ordinateur : c'est une époque révolue, nous ne serons plus jamais seuls.

Au Moyen Âge aussi, les hommes n'étaient jamais seuls. Fragiles et vulnérables, ils n'existaient qu'à travers leur famille, leur royaume ou leur Dieu, entités durables auxquelles ils s'identifiaient. Les artistes ne signaient pas leurs œuvres, les enfants n'étaient prénommés qu'après un an, les tombes restaient sans épitaphe, l'idée d'individu n'avait guère de sens, sinon pour les héros des légendes. Puis vint la Renaissance et la prise de conscience du moi. Le 1er mars 1580, Montaigne écrivit :

— C'est moi que je peins [...] je suis moi-même la matière de mon livre[1].

Deux cents ans plus tard, Rousseau débutera ses confessions par :

— Je veux montrer à mes semblables un homme dans toute la vérité de la nature ; et cet homme ce sera moi[2].

---

1 Michel de Montaigne (1533–1592), première page des *Essais*, 1580.
2 Jean-Jacques Rousseau (1712–1778), première page des *Confessions*, 1782.

Les romantiques feront de l'individu l'égal de Dieu, les capitalistes feront de lui un travailleur, mais aussi un générateur d'idées nouvelles avant de le transformer en consommateur de ces mêmes idées. Les artefacts technologiques, moyen le plus sûr de faciliter la vie de l'homme libre, continueront de le conforter dans son individualisme. Il se déplacera dans sa voiture climatisée ; le soir, il sirotera une tisane devant sa télé, enfermé dans une solitude sociale que le téléphone ne parviendra jamais à rompre.

Il y a quelques années, j'étais l'un de ces hommes libres, mais seuls. Journaliste, je prenais l'avion comme d'autres le métro, je courais aux États-Unis pour un oui ou pour un non et je participais, à mon échelle, au développement de la technologie. À vrai dire, je ne me posais aucune question. Puis un jour, j'ai vu que nous étions connectés par centaines à un logiciel de chat, puis des milliers, maintenant des dizaines de millions. Quelque chose changeait. Et si, au bout de la course à l'individualisme consacrée par la toute-puissante technologie, nous étions en train de créer un nouveau sens communautaire ?

Montaigne et Rousseau nous ont voulu libres. Sous leur patronage, nous nous sommes affranchis de la tyrannie des rois. Nous avons inventé le capitalisme pour vendre nos technologies. Avides de nouveautés, nous avons imaginé l'ordinateur. Les mauvais augures ont vu en lui un énième outil pour nous isoler les uns des autres. Nous n'avons d'ailleurs pas attendu long-temps l'apparition des jeux vidéo. Nous étions irré-médiablement condamnés à vivre seuls avec nos gad-gets. Et puis nous avons connecté les ordinateurs en réseau. Même les jeux vidéo ont appris à parler entre eux, les joueurs aussi, et ils ont redécouvert comment dialoguer. Sur Internet, ils partagent dorénavant leurs expériences, leurs connaissances, leurs coups de gueule, ils cherchent même l'amour. Une technologie semble soudain capable de nous réunir, comme la construction d'une église pouvait, au Moyen Âge, réunir les habitants d'un village.

Au-delà de l'individualisme inauguré par Montaigne et Rousseau, nous réinventons une façon d'être ensemble, non pas à l'échelle d'une fratrie, mais à celle de la planète. Le peuple des connecteurs se rassemble. Ses membres, unis les uns aux autres par l'intermédiaire de leurs amis réels ou virtuels, forment une chaîne étendue à l'humanité entière et dessinent un réseau social dont la structure n'est pas sans évoquer les circonvolutions des neurones dans notre cerveau. L'organisation des connecteurs : non hiérarchique, quasi biologique, quasi vivante, se transforme sans cesse, s'adapte aux nouveautés, évolue. Par opposition, les structures sociales traditionnelles paraissent trop rigides, trop statiques, trop centralisées et inflexibles. Elles témoignent d'un ordre ancien qui n'a plus lieu d'être.

La révolution des connecteurs a commencé.

Six degrés de séparation

Dès 1929, l'écrivain hongrois Frigyes Karinthy pressentit l'avènement d'un nouvel ordre social. Il imagina que nous étions tous connectés les uns aux autres par l'intermédiaire des amis de nos amis[3]. Plutôt que de

---

3 Frigyes Karinthy (1887–1938) émit son hypothèse dans une

recevoir des informations venant d'en haut (gouvernement, journaux, patron...), nous étions, selon lui, capables de communiquer transversalement les uns avec les autres. Cette idée resta d'ordre poétique jusqu'à ce que le sociologue Stanley Milgram se demande combien d'intermédiaires séparaient effectivement deux personnes choisies au hasard[4]. En 1967, Milgram proposa à des habitants du Nebraska et du Kansas d'envoyer une lettre à un Bostonien dont ils n'avaient jamais entendu parler.

— Quand je demandai à un ami intelligent par combien d'intermédiaires devraient passer les lettres, il estima qu'il en faudrait au moins une centaine, expliqua Milgram[5].

À sa grande surprise, les lettres parvinrent à leur destinataire en passant par six intermédiaires en moyenne. La légende des six degrés de séparation était née : nous ne sommes pas socialement très éloignés les uns des autres[6]. Je connais un employé de Microsoft qui connaît Bill Gates qui à son tour connaît le Président américain. Je me trouve donc à trois degrés de lui ! Je ne sais pas si je dois m'en féliciter, mais tel est le cas. L'humanité forme un petit monde où nous nous connaissons indirectement presque tous.

---

nouvelle intitulée en hongrois *Láncszemek* (« Chaînes ») publiée dans le recueil *Minden másképpen van*.

4 Stanley Milgram (1933–1984), "The Small-World Problem", *Psychology Today*, 1967.

5 Propos rapportés par Malcolm Gladwell dans *The Tipping Point* (titre français : *Le Point de bascule*).

6 La légende des six degrés fut popularisée en 1990 par la pièce *Six Degrees of Separation*, de John Guare.

Au Moyen Âge, l'expérience de Milgram aurait fourni un degré de séparation moyen supérieur à six. Il aurait même été facile de découvrir des personnes impossibles à connecter. Les gens vivaient certes en communauté, mais les communautés ne se parlaient pas ou peu. En 1967, la situation avait évolué : nous étions plus nombreux et plus étroitement liés. Une nouvelle structure sociale était en train d'apparaître : le réseau. À partir de 1976, avec les premiers micro-ordinateurs, puis avec l'e-mail et Internet, notre degré de séparation n'a fait que diminuer. Nous sommes devenus les nœuds d'un réseau planétaire hautement interconnecté. Là où la carte du monde montrait jadis des États, elle dévoile aujourd'hui des individus dont les connexions se jouent des frontières aussi sûrement que des obstacles naturels (fig. 1).

Au début des années 1980, la propagation du sida démontra que les conditions favorables à l'apparition du peuple des connecteurs étaient presque réunies. Lorsque les médecins américains connectèrent les premières victimes du virus HIV, ils découvrirent que, parmi elles, au moins quarante avaient couché avec Gaétan Dugas, un steward franco-canadien, dès lors surnommé « Patient Zéro ». Si Dugas n'avait pas été aussi bien connecté, l'épidémie se serait peut-être propagée moins vite. Malheureusement, le sida saute de connexion en connexion. Lorsqu'il rencontre un nœud du réseau hautement connecté, un *hub*, la propagation accélère exponentiellement.

Au milieu des années 1990, quelques directeurs marketing se demandèrent si la virulence propre aux réseaux sociaux ne pouvait pas être mise à profit lors du

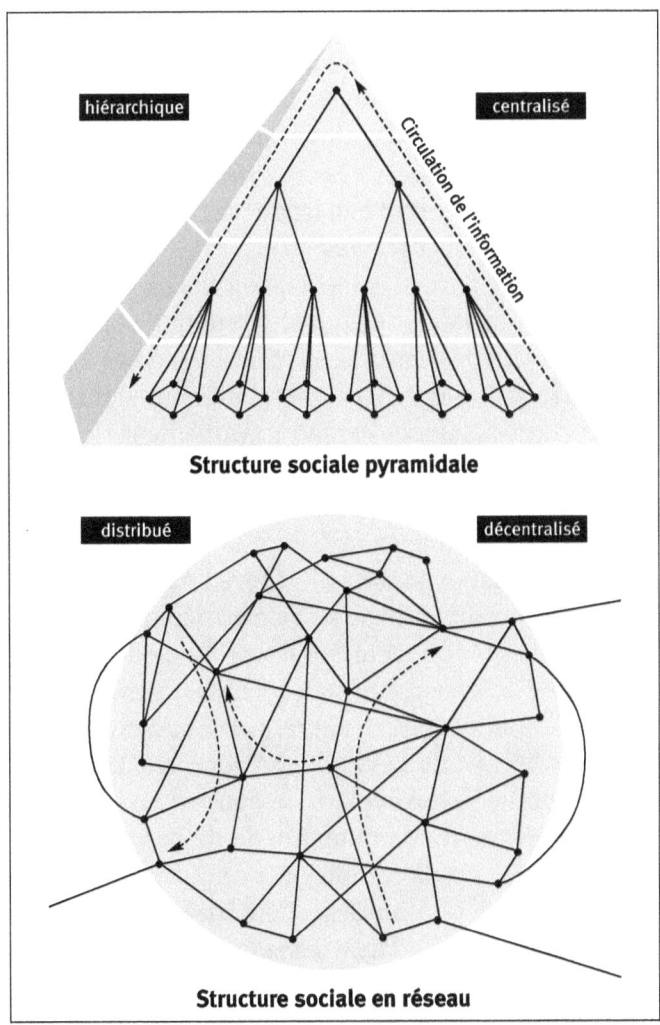

Structure sociale pyramidale

Structure sociale en réseau

Figure 1 Les connecteurs ont pris conscience que l'espace social était un réseau hautement interconnecté. Les structures hiérarchiques pyramidales, vestiges de l'époque féodale, n'ont plus lieu d'être : elles entravent la circulation de l'information autant qu'elles brident la créativité des individus.

lancement de nouveaux produits. Traditionnellement, avant toute commercialisation, une société effectue une étude de marché puis dépense des millions en spots publicitaires. En 1997, Levi's, voyant ses parts de marché chuter, appliqua sans succès cette méthode rationnelle : les jeunes continuèrent à délaisser ses jeans pour ceux de marques moins connues[7].

Pendant ce temps, la messagerie électronique Hotmail, sans bénéficier de budget promotionnel, gagnait de plus en plus de clients. Quel était son secret ? Au pied des messages envoyés par les abonnés, un lien suggérait aux destinataires d'essayer gratuitement Hotmail. Cette publicité sibylline, sorte de bouche-à-oreille high-tech, s'avéra d'une terrible efficacité : chaque abonné en recrutait cinq en moyenne. Cinq fois cinq fois cinq... la croissance était exponentielle. Steve Jurvetson et Tim Draper, les promoteurs du service, parlèrent de marketing viral. Plutôt que d'imposer une mode de manière autoritaire, ils la laissèrent sourdre d'elle-même, comme une épidémie, au travers des réseaux sociaux.

Après l'échec de Levi's et son approche traditionnelle, traitant les problèmes de haut en bas, après le succès d'Hotmail et son approche de bas en haut, il devint évident que la complexité de notre réseau social avait franchi un seuil au-delà duquel de nouveaux principes d'organisation allaient devenir opérants. Le réseau n'est-il pas capable de s'auto-organiser et de créer des structures qui dépassent la compétence de chacun

---

7   Levi's possédait 30 % de part de marché en 1990 contre seulement 18 % en 1997. Entre 1996 et 2001, son chiffre d'affaires passa de 7,1 milliards de dollars à 4,3. En 2003, il s'effondra encore, passant à 1,8 milliard de dollars.

de ses membres ? Le réseau n'est-il pas plus efficace que les gouvernements centralisés, plus efficace que leurs armées, plus efficace que leurs fonctionnaires ? Aujourd'hui, alors que les organisations terroristes organisées en réseau résistent aux forces occidentales, ces questions prennent de plus en plus de sens ; en même temps, de nouvelles découvertes scientifiques révèlent l'omniprésence des réseaux dans la nature. Une fois que nous nous savons connectés, nous ne pouvons plus continuer à vivre comme avant, nous devenons des connecteurs, et notre conception du monde en est bouleversée.

Je ne sais pas quand exactement j'ai pris conscience d'être moi-même un connecteur. Enfant, j'ai vite délaissé les trains électriques pour les premières calculatrices programmables, puis pour les premiers micro-ordinateurs. Durant mes études d'ingénieur, surtout consacrées aux jeux vidéo et aux jeux de rôle, j'ai découvert les théories qui sous-tendent aujourd'hui notre société de l'information. Plus tard, une fois journaliste spécialisé en informatique, je me suis retrouvé mêlé à la famille naissante des hommes et des femmes conscients d'être connectés, et ma vie a changé, ainsi que ma relation avec tous ceux qui refusaient d'accepter l'avènement d'un nouveau monde.

De plus en plus souvent, en défendant la « pensée réseau » et ses implications, je me suis heurté à la « pensée hiérarchique ». J'ai commencé par me demander si je ne pensais pas de travers, puis j'ai compris que mes conflits à répétition avaient une origine plus profonde. Ils témoignaient du divorce entre deux attitudes inconciliables : d'un côté, l'idée millénaire selon laquelle toute organisation humaine nécessite un chef, de l'autre, l'idée des connecteurs selon laquelle les réseaux non hiérarchiques peuvent fédérer l'humanité.

La no-génération

Quand j'entendis un romancier, je crois qu'il s'agissait de Daniel Picouly, dire que sa génération, ma génération, était arrivée trop tard pour jouer un rôle historique, je n'ai pas pu m'empêcher de pester, non par orgueil, mais parce que j'étais persuadé que la génération des connecteurs inventait l'avenir de façon plus radicale, peut-être, qu'aucune autre avant elle ; simplement, cette génération qui œuvre en silence et ne conteste pas, qui construit un nouveau monde sans détruire l'ancien, attire peu l'attention des médias épris de scandales. Elle n'en avance pas moins, et chacun de ses héros anonymes porte en lui le rêve d'une nouvelle humanité. J'ai alors décidé, le temps d'un livre, de me faire le porte-parole des connecteurs et d'expliquer l'origine, souvent scientifique, de notre anticonformisme. J'avais adopté cette attitude presque depuis mon plus jeune âge, elle avait dicté chacun de mes choix, je me devais de la défendre, quitte à lui donner une unité qu'elle n'a pas puisqu'elle n'a jamais été pensée en tant que telle par une seule personne.

Lorsque j'ai annoncé cette décision autour de moi, la plupart des gens – surtout les baby-boomers – se moquèrent de mon projet. Pour eux, la génération 1968 était la dernière à mériter un nom. Comme les sociologues, ils me disaient que j'appartenais à la *no-génération*[8].

---

8 Je n'emploie pas l'appellation Génération X popularisée en

Je leur répondais que les connecteurs revendiquaient cette appellation :

— Nous avons dit non à beaucoup de choses sans que personne ne s'en rende compte. Nous avons dit non à la nécessité de dire oui lors d'une élection, nous avons même mis en cause la pertinence de la démocratie représentative. Ne pas manifester est devenu pour nous un principe. C'est d'ailleurs pour cette raison, parce que nous ne faisons pas de vagues, que nous n'existons pas pour vous. En fait, vous cherchez à nous juger avec des critères désuets. Des principes scientifiques plutôt qu'idéologiques nous enseignent que faire beaucoup de bruit n'a pas beaucoup d'avantages, sinon de renverser des gouvernements de toute façon interchangeables et impuissants.

Généralement, mes détracteurs haussaient les épaules et je poursuivais :

— Autant la génération 1968 se reconnaît dans le vent de révolte qui traversa la jeunesse occidentale à un moment précis du XXᵉ siècle, en quelques lieux précis comme Paris, Prague ou San Francisco, autant les connecteurs ne se retrouvent dans aucun centre géographique, aucune actualité fédératrice[9]. Ils n'en existent pas moins, unifiés autour d'idées nouvelles, à la fois scientifiques et littéraires.

1991 par le roman de Douglas Coupland, pas plus que la nouvelle expression Génération 69 mise à la mode en 2005 par l'essai de Laurent Guimier et Nicolas Charbonneau.

9 Les révolutions arabes, les mouvements des indignés et d'Occupy Wallstreet ont chacun à leur tour soufflé l'esprit des connecteurs sans toutefois réussir à se libérer totalement des anciens carcans.

— Vous seriez des pionniers ?

— Nous avons juste pris conscience que notre façon de penser ne correspondait plus au monde dans lequel nous vivons. Nous lui avons dit non.

— Vous allez donc nous dire « du balai » ?

— Non, le pouvoir ne nous fait pas envie. Votre fameuse génération 1968 a montré que les hiérarchies pouvaient être abattues, mais elle les a réinventées aussitôt. Nous construisons ce monde horizontal auquel vous autres pseudo-socialistes n'avez fait que rêver. Nous devenons des connecteurs dans un vaste réseau social qui s'étend à la planète grâce aux nouvelles technologies de communication. Nous sommes non seulement connectés à Internet, mais aussi connectés les uns aux autres. Nous vivons de la connexion ! Être connecté est une philosophie qui implique une morale et des valeurs nouvelles.

Dans mon livre, j'ai voulu les esquisser. J'ai relié diverses découvertes scientifiques, souvent issues d'horizons éloignés, pour dessiner peu à peu la vision du monde que portent les connecteurs. Fidèle au mot d'ordre de Léon Bloy, « on ne voit bien le mal de ce monde qu'à condition de l'exagérer », j'ai souvent forcé le trait. Comme la mémoire est volatile, surtout lorsque nous lisons, j'ai campé sur mes positions pour qu'une évidence s'impose : nous ne pouvons plus penser comme avant.

Seattle, novembre 2005

CHAPITRE 1

NE PAS VOTER

La démocratie auto-organisée

À force de dire oui à tout, on finit par disparaître soi-même.

Charles de Gaulle

Le soir du 5 mai 2002, je ne sais plus où j'étais, en tout cas pas devant une télévision. Je me moquais du succès de Jacques Chirac, qui venait d'emporter les élections présidentielles françaises avec 82 % des suffrages, un record dans les pays occidentaux. Pour moi, cet évènement était anecdotique, presque risible, tout comme avait été risible l'échec au premier tour du socialiste Lionel Jospin.

Depuis longtemps, je pressentais les limites de la démocratie représentative. Il m'avait suffi d'écouter le discours d'un candidat puis de le réécouter dix ans plus tard pour mesurer combien les promesses électorales s'apparentaient à des fables peu crédibles. Plutôt que de faire confiance à une quelconque instance politique, j'essayais de me débrouiller par moi-même. Pour commencer, je ne voulais pas d'un grand manitou au-dessus de moi, même pas d'un président élu au suffrage universel, après une période de débauche médiatique, version moderne des fastes impériaux.

Mais que se passait-il à la télévision le 5 mai 2002 à vingt heures ? Quelques minutes après l'annonce de son succès, le Président monta sur le podium de son QG de campagne, rue du Faubourg-Saint-Denis. Sans joie excessive, il s'adressa aux Français :

— [...] Nous venons de vivre un temps de grave inquiétude pour la nation. [...] J'ai entendu et j'ai compris votre appel pour que la République vive, pour que la nation se rassemble, pour que la politique change. [...] Votre choix aujourd'hui est un choix fondateur, un choix qui renouvelle notre pacte républicain, ce choix m'oblige comme il oblige chaque responsable de notre pays. [...] La confiance que vous venez de me témoigner, je vais y répondre en m'engageant dans l'action avec détermination. [...] Je veux que les valeurs de liberté, d'égalité et de fraternité reprennent toute leur place. [...] Chacune et chacun d'entre vous, conscient de ses responsabilités, par un choix de liberté, a contribué, ce soir, à forger le destin de la France. Il y a là un espoir qui ne demande qu'à grandir, un espoir que je veux servir.

Le Président avait raison d'être grave. Malgré son succès écrasant, ses électeurs n'avaient pas voté pour lui, mais contre Jean-Marie Le Pen, son adversaire d'extrême droite. Nous n'avions pas plébiscité un candidat, mais éliminé celui qui nous paraissait le plus dangereux. Nous avions voté contre sans aucune ambiguïté. De nombreux analystes dirent que c'était un vote « faute de mieux ». Ils se trompaient : les connecteurs ne peuvent que voter contre, quels que soient les candidats en lice.

— Mais il faut bien un gouvernement ? direz-vous.

— Non, c'est une idée reçue. Dans l'Ancien Testament, on peut lire : « En ces jours-là il n'y avait pas de roi en Israël : chacun faisait ce qui semblait juste à ses yeux[10]. » Les gouvernements n'ont pas toujours existé, le monde n'en a pas moins continué à tourner. Et quand on désigna des rois sous prétexte qu'ils étaient une nécessité, on s'en mordit souvent les doigts comme l'illustre la fable des arbres[11]. Quand ils demandèrent à l'olivier de régner sur eux, il leur répondit : « Est-ce que je vais renoncer à mon huile, par laquelle, grâce à moi, on honore les dieux et les hommes, et aller me balancer au-dessus des arbres ? » Le figuier aussi refusa : « Est-ce que je vais renoncer à ma douceur, à mon fruit, et aller me balancer au-dessus des arbres ? » La vigne fut tout aussi catégorique : « Est-ce que je vais renoncer à mon moût qui réjouit les dieux et les hommes, et aller me balancer au-dessus des arbres ? » Pour finir, un buisson d'épines accepta le pouvoir. Moralité : il est souvent préférable de ne pas avoir de roi.

Les connecteurs ne veulent aucun arbre au-dessus d'eux, aussi vénérable soit-il. Ils ont découvert que, en l'absence de chef, nous pouvions nous organiser plus harmonieusement et même plus efficacement. Le modèle représentatif n'a aucune légitimité. Il est une simple amélioration du système monarchiste dont il reprend la plupart des principes.

---

10 Les Juges, chapitre XVII, 6.
11 Les Juges, chapitre IX, 7-14.

À l'origine du mal

Ces principes selon lesquels des hommes doivent commander aux autres furent théorisés en 1651 dans le *Léviathan* de Thomas Hobbes. Le philosophe anglais y affirme que l'homme laissé à lui-même n'est bon à rien et qu'il faut l'encadrer par une autorité centrale. Cent ans plus tard, Rousseau et son mythe du bon sauvage ne réussirent pas à enrayer cette pensée qui constitua dès lors la clé de voûte de l'occident industriel. Les managers, ces metteurs d'ordre, formèrent la nouvelle classe privilégiée. Les écoles comme la Harvard Business School devinrent des *must do*. La société se construisit en couches de management de plus en plus élitistes, elle se structura en pyramide.

Plus personne, sinon les anarchistes de manière maladroite, ne remit en cause l'idée selon laquelle nous avions besoin de chefs. Cette idée se contredit pourtant elle-même. Si nous devons être encadrés, les managers qui nous encadrent, en tant qu'hommes faillibles, doivent l'être aussi, et ainsi de suite, avec les managers des managers, sans que cette escalade hiérarchique puisse cesser, à moins de l'élever jusqu'à Dieu et de placer au-dessous de lui un roi de droit divin.

Dans les démocraties représentatives, pour interrompre cette régression à l'infini, le peuple est censé encadrer les élus placés au sommet de la pyramide. Le serpent se mord la queue en quelque sorte, mais, au passage, il engendre des couches hiérarchiques, donc des inégalités qui contredisent les fondements mêmes de la démocratie (le pouvoir n'appartient pas au peuple s'il existe des strates au-dessus du peuple). La véritable démocratie n'est donc possible que si le peuple s'encadre lui-même, que si nous accordons notre confiance à nos semblables, sans intermédiaires. Thomas Hobbes nous a fourvoyés en niant cette possibilité.

Dans ces conditions, voter pour une instance supérieure n'a plus aucune importance, n'a plus aucun sens. Dans le discours inaugural de Jacques Chirac, nous n'entendons que des mots désuets comme nation, République, politique, pacte, responsable, destin... Désormais, toutes ces vieilles chimères explosent au profit de nouvelles structures décentralisées, délocalisées, interconnectées. Ces dernières ont vu le jour au cours du XXe siècle et se déploient peu à peu depuis le début du XXIe. Autant les vieux systèmes découlaient de la pensée des philosophes, autant les nouveaux découlent du travail des scientifiques, des mathématiciens et des informaticiens et, plus que tout, de la longue et patiente observation de la nature.

Un soir d'automne

J'étais à Rome en octobre 2000, par une journée encore estivale qui me fit perdre tout sens du temps. En fin d'après-midi, assis sur un muret en surplomb de la villa Médicis, je regardais le soleil se coucher au-dessus du castel San Angelo et du Vatican. Le ciel était rose, orange, traversé de traînées bleues. Au nord, dans la brume de l'horizon, une nuée grise se matérialisa. Je pensai à un nuage de fumée, puis je le vis onduler, avancer sur la ville. Il devint énorme, grouillant de millions d'étourneaux en migration vers l'Afrique. Sous les rafales du sirocco, leurs flottes ondulaient à la manière des cerfs-volants chinois qui traînent à leur suite des guirlandes de papier. Par moments, plusieurs flottes convergeaient, puis elles divergeaient comme si elles avaient rencontré un obstacle invisible.

Autour de moi, les promeneurs du soir s'étaient immobilisés, nous regardions ce spectacle avec émerveillement. Dans nos yeux s'allumait la même lueur que dans ceux des enfants qui sourient pour la première fois. Nous étions éblouis par la beauté de la nature, que venait renforcer celle des toits rouges de Rome. Je vis une jeune fille se signer, un vieil homme prendre la main de sa femme. Comme eux, j'étais heureux de vivre, mais je ne pensais pas à Dieu ou à l'amour, je jouissais du spectacle avec le regard que porte l'artiste sur une de ses œuvres. Je sentais les interactions des oiseaux, leurs rapides battements d'ailes, leurs piaillements, je comprenais leur vol, leur trajectoire, leur volonté. Contrairement à ce qu'avaient longtemps cru les ornithologues, je savais qu'aucun chef ne gouvernait la flotte des étourneaux. Ils allaient chacun pour soi et, ensemble, inventaient une structure qui dépassait leur individualité.

Cette assertion ne découle pas d'une croyance ou d'une quelconque idéologie, mais des travaux de Craig Reynolds. En 1986, ce grand gaillard longiligne de 33 ans, avec son large front de premier de la classe, développait des animations graphiques pour la société californienne Symbolics Inc. Dans son milieu de pionniers de l'informatique, depuis une vingtaine d'années, les spéculations allaient bon train sur la possibilité de simuler sur ordinateur les flottes d'oiseaux. Tous les spécialistes affirmaient que le modèle mathématique soutenant les comportements individuels des oiseaux devait être simple. Craig Reynolds partageait l'opinion de ses collègues, mais, comme il en avait assez de les entendre philosopher, il décida d'agir. S'imaginant en oiseau au milieu de la flotte, il comprit tout de suite qu'il n'avait aucun moyen de dialoguer avec ses congénères : il n'en avait tout simplement pas le temps. Il se contentait de voler et de réagir par réflexe.

— Être dans sa voiture au milieu du trafic ou être au bord de la route à regarder les voitures passer nous procure une expérience radicalement différente, dit Craig Reynolds pour justifier sa méthode[12].

En changeant de position, en devenant un oiseau, il découvrit qu'il fallait obéir à trois règles pour ne pas être distancé.

(1) Suivre le cap au plus près en s'orientant dans la même direction que ses congénères voisins.

(2) Se tenir au milieu d'eux pour économiser de la force grâce à leur protection.

(3) Se tenir à une distance suffisante d'eux pour ne pas les heurter, de même que d'éventuels obstacles.

— Ces trois règles m'étaient apparues nécessaires, dit-il, mais je ne savais pas qu'elles seraient suffisantes.

Craig se mit alors au travail. Il modélisa un espace en trois dimensions où des triangles symbolisaient des oiseaux qui se déplaçaient en respectant les trois règles[13]. À sa grande stupeur, il observa immédiatement un comportement réaliste. Les triangles, qu'il nomma boids pour éviter de les assimiler aux véritables *birds*, réagissaient exactement comme les oiseaux. Plus

---

12 Entretien avec Craig Reynolds publié en 1999 sur le site *Generation5*.
13 Craig Reynolds propose une animation sur son site.

extraordinaire, la flotte des boids se comportait exactement comme une flotte d'oiseaux (fig. 2).

Fort de ses premiers résultats, Craig perfectionna sa simulation. Il donna un but aux boids, comme atteindre une zone où nicher, introduisit des obstacles dans le paysage, et découvrit que la flotte se comportait toujours comme une flotte réelle. Avec ses collègues de Symbolics Inc., il réalisa un film d'animation appelé *Stanley and Stella in "Breaking the Ice"*, qui mettait en scène des oiseaux et des poissons virtuels. Ce film, diffusé pour la première fois en 1987 lors du Siggraph, salon du graphisme numérique, subit l'opprobre des ornithologues : ils prétendirent qu'il n'était que la digitalisation d'un film ordinaire. Mais, peu à peu, la simulation de Craig s'avéra décrire avec justesse le vol des oiseaux. Elle allait même plus loin, car elle révélait les règles employées par les oiseaux sauvages, fait confirmé quelques années plus tard grâce à des capteurs fixés sur de petits cormorans à pattes bleues des Galápagos.

Les sceptiques notèrent que les trois règles de Craig n'engendrent pas vraiment les magnifiques formations de vol en V ou W que nous observons dans la nature. En 2007, Valmir Barbosa et Andre Nathan[14] découvrirent qu'il suffisait de perfectionner la seconde règle de Craig pour obtenir un résultat plus réaliste. Ils testèrent deux variantes.

(1) Les oiseaux essaient de se placer dans la position aérodynamique la plus avantageuse.

---

14 Flying in V-formation gives best view for least effort, *NewScientist*, 21 avril 2007.

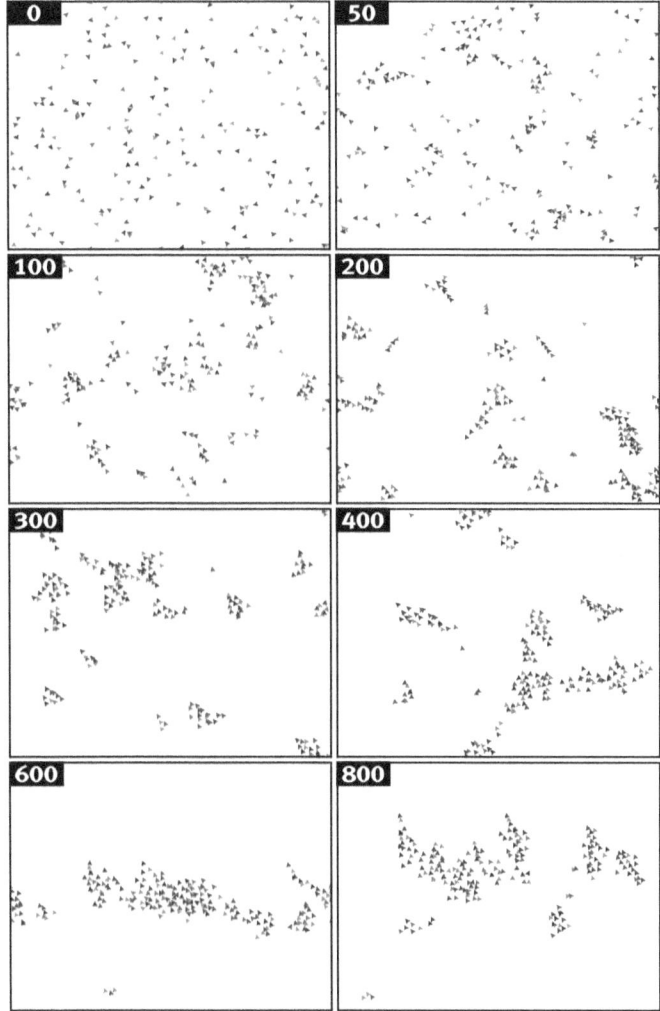

Figure 2 Deux cents boids, initialement positionnés aléatoirement, forment peu à peu plusieurs flottes qui convergent. Lors de la simulation, seuls certains réglages (angle de vision, distance de prise en compte des congénères...) mènent à une flotte.

(2) Les oiseaux se décalent les uns par rapport aux autres pour mieux voir.

Après de multiples simulations, les deux variantes s'avérèrent nécessaires. Et donc, nous savons maintenant que, dans une flotte, chacun des oiseaux décide de sa trajectoire en respectant une poignée de règles. Les vagues pointillistes observées dans les ciels d'automne, ces chorégraphies abstraites, arabesques semées au gré du vent, ne déclinent aucune partition. Elles résultent du comportement de chacun des oiseaux, de leurs décisions locales sans aucune prise en compte de l'ensemble.

Ces décisions se propagent au travers du réseau formé de proche en proche par les oiseaux. D'une certaine façon, c'est le réseau qui vole en flotte. Les scientifiques disent que les oiseaux s'auto-organisent, leurs formations de vol découlent d'une auto-organisation. Ce fut une découverte révolutionnaire. Nous avions la preuve que des comportements complexes pouvaient émerger de règles simples et, surtout, qu'un centre de décision n'était pas nécessaire pour coordonner cette complexité. Nous autres hommes n'agissons pas autrement, nous avons également le don de nous auto-organiser même en l'absence d'autorité.

Dans le froid de l'est de la France

Décembre 1917, quatrième hiver de guerre. Le convoi des ambulances de la Section sanitaire anglaise Treize s'était immobilisé pour la nuit dans une vallée plantée de sapins et traversée de tranchées boueuses. Deux hommes avaient quitté leur campement et marchaient dans la neige tout en regardant le ciel étoilé. Le plus jeune s'appelait William Olaf Stapledon, il avait 31 ans et deviendrait plus tard l'un des pionniers de la littérature de science-fiction. Son ami, Lewis Fry Richardson, qu'il surnommait « Le Prof », était un pacifiste qui comme tous les Quakers avait juré d'aider les blessés sans jamais porter lui-même d'arme.

Richardson était mathématicien et météorologiste. Entre deux missions de secours, il se livrait à des calculs afin de prévoir le temps des six prochaines heures. Pour lui, la complexité des états atmosphériques résultait de règles simples appliquées localement. Un demi-siècle avant Craig Reynolds, Richardson initia l'étude de l'auto-organisation. Ses idées imprégnèrent l'imaginaire de Stapledon, qui les extrapola dans ses romans, rêvant d'une auto-organisation humaine d'où jaillirait un esprit global. Socialiste convaincu, Stapledon pencha vers le communisme, mais un communisme idéal dépourvu d'organe central. Il voyait l'humanité comme un réseau de télépathes, une intelligence distribuée où toutes les connaissances seraient en libre accès.

La neige tombait à nouveau. De l'autre côté du *no man's land*, les Allemands marchaient en fumant le long de la ligne de barbelés. En haussant le ton, Richardson et Stapledon auraient pu leur adresser la parole. Les soldats des deux camps ne craignaient aucune attaque alors que les canonnades raisonnaient non loin delà.

— C'était une habitude française de « laisser le chien dormir » quand on était dans un secteur calme… et de bien le faire comprendre en ripostant vigoureusement en cas d'attaque, écrit D. V. Kelly[15], un officier anglais.

_____

15 D. V. Kelly, *39 Months with the Tigers*, 1930, citation reproduite par Robert Axelrod dans *The Evolution of Cooperation*.

Dans un secteur dont nous prîmes le commandement, les Français m'expliquèrent qu'ils avaient un code tacite avec l'ennemi : ils ripostaient par deux fois à chaque tir adverse, mais ne tiraient jamais les premiers.

Sans se parler, sans se rencontrer, les hommes avaient signé un pacte. Ils s'étaient auto-organisés pour survivre. Tout au long de la guerre, ce système de défense se développa de lui-même quoi que fassent les états-majors.

En 1922, quelques années après l'armistice, le Prof montra que soixante-quatre mille *computers* – terme alors utilisé pour désigner un homme qui calcule – répartis à la surface du globe pouvaient prévoir le temps à partir des données locales et des résultats des *computers* voisins[16]. Les travaux de Richardson n'eurent pas beaucoup de retentissement. Il fallut attendre que les ordinateurs entrent dans les stations météo pour que ses idées trouvent une application et que le temps soit perçu comme la conséquence d'interactions simples agissant localement.

À partir des années 1950, avec le développement de l'informatique, l'étude de l'émergence des comportements complexes devint un champ de recherche actif, notamment sous l'impulsion de Norbert Wiener et Heinz von Foerster, deux des fondateurs du mouvement cybernétique. En 1952, deux ans avant son suicide, le père des ordinateurs, Alan Turing, démontra mathématiquement comment des organismes complexes pouvaient s'auto-assembler sans plan d'ensemble[17]. Des phénomènes qui avaient toujours échappé à l'entendement

---

16 Lewis Fry Richardson (1881–1953), *Weather Prediction by Numerical Process*.
17 Alan Turing (1912–1954), *The Chemical Basis of Morphogenesis*.

apparaissaient sous un jour nouveau. Le monde obéissait à des lois simples, il n'avait pas besoin de gouvernement central pour déployer sa beauté.

La stigmergie

En Australie, dans le Northern Territory, des monticules ocre s'élèvent au-dessus du bush, parfois plus haut que les arbustes rabougris. Ils ressemblent à des coulées de lave échappées d'un volcan ou à des amas de cire refroidie au pied d'un chandelier. Ces formations, disposées aléatoirement sur la plaine désertique, n'évoquent aucune structure géologique. Il faut les approcher, parfois même les découper, pour comprendre qu'il s'agit de termitières géantes, traversées de couloirs, percées de cheminées d'aération et de salles ogivales. En Afrique ou au Brésil, partout où vivent les termites, on retrouve les mêmes monticules : leur couleur dépend des pigments contenus dans la terre, mais leur architecture montre toujours une complexité extraordinaire. Depuis la nuit des temps, les habitants des zones arides considèrent ces créations avec une vénération quasi mystique. Pour eux, seule la magie explique comment de vulgaires insectes peuvent élaborer de telles merveilles.

Au cours des années 1950, le biologiste français Pierre-Paul Grassé étudia les termitières avec un regard neuf. Il découvrit leur mode de construction. Tout d'abord, les termites se déplacent au hasard, abandonnant parfois des boulettes de terre mastiquée. Peu à peu, le nouvel espace occupé par les termites se couvre de boulettes. Dans leur déplacement aléatoire, les termites ont alors de plus en plus de chance de rencontrer des boulettes semées par leurs congénères. Quand cela se produit, les termites posent une nouvelle boulette au-dessus de la boulette trouvée. Des colonnes verticales s'élèvent progressivement jusqu'à une hauteur maximale qui dépend des espèces de termites. Une fois cette élévation atteinte, la colonne est délaissée, à moins qu'elle se trouve à proximité d'une autre colonne. Dans ce cas, les termites commencent à construire en biais vers la colonne voisine et une arche finit par se former.

Pierre-Paul Grassé publia ses travaux en 1959[18]. Selon lui, les termites ne sont pas assez intelligents pour communiquer de manière symbolique et coordonner leurs actions. Ils se contentent plutôt d'appliquer mécaniquement trois règles.

(1) Semer des boulettes aléatoirement.

(2) Quand une boulette est trouvée, en poser une autre dessus tant que c'est possible (ce qui fixe une hauteur maximale).

(3) Quand deux colonnes de hauteur maximale sont proches, essayer de les connecter.

La termitière résulte de l'interaction entre des termites égoïstes, des agents autonomes, qui n'ont aucune vision d'ensemble de l'édifice à construire. Cet édifice, hautement complexe, résulte de leur travail sans qu'il soit prémédité.

Pierre-Paul Grassé baptisa ce phénomène stigmergie, mot formé à partir des racines grecques *stigma*, signifiant piqûre, et *ergon*, signifiant travail ou œuvre. On pourrait le traduire par incitation au travail. La boulette semée par un termite est en quelque sorte un message

---

18 Pierre-Paul Grassé (1895–1985), *La Reconstruction du nid et les coordinations interindividuelles.*

destiné aux autres termites. Les agents autonomes interagissent en affectant leur environnement plutôt qu'en communiquant directement les uns avec les autres.

— La coordination des tâches et la régulation des constructions ne dépendent pas directement des ouvriers, mais des constructions elles-mêmes, explique Pierre-Paul Grassé. L'ouvrier ne dirige pas son travail, il est guidé par lui. C'est à cette stimulation d'un type particulier que nous donnons le nom de stigmergie.

Aux côtés de Lewis Fry Richardson et d'Alan Turing, Pierre-Paul Grassé apparaît comme le précurseur de Craig Reynolds. Il montra lui aussi que des structures complexes peuvent émerger de règles simples. Malheureusement, il ne disposait pas d'ordinateurs pour tester ses idées, qui ne furent vérifiées qu'à la fin des années 1980 par Jean-Louis Deneubourg. Entre-temps, en 1969, deux jeunes chercheurs américains effectuèrent une découverte fondamentale.

Dans la pénombre des forêts

À la fin de l'été, si vous vivez à la campagne, vous avez peut-être l'habitude de cueillir des champignons. Vous connaissez les coins à cèpes, à girolles ou à morilles. Vous vous y rendez en songeant à la poêlée, à peine aillée et persillée, que vous dégusterez à midi. Mais un jour, sous un vieux chêne, vous risquez de vous retrouver nez à nez avec une minuscule masse spongieuse, sorte de déjection animale souvent orangée. Le lendemain, si vous revenez au pied du chêne, vous retrouverez la même masse dégoûtante. Vous serez alors peut-être horrifié en constatant qu'elle s'est déplacée de quelques centimètres durant la nuit, animée par une reptation imperceptible. Un jour enfin, vous serez libéré de cette monstruosité qui aura disparu, comme si un cueilleur moins scrupuleux que vous s'en était emparé; à moins qu'un biologiste ne soit passé par là et se soit émerveillé de découvrir un *Dictyostelium discoideum*.

Cette créature au nom barbare est l'une des plus passionnantes que nous connaissions. Elle possède la propriété extraordinaire de ne pas exister en tant que telle: elle résulte de l'agrégation d'une myriade d'amibes unicellulaires qui se rassemblent lorsque les bactéries dont elles se nourrissent viennent à manquer. La colonie forme alors un nouvel organisme qui rampe à la façon d'un ver jusqu'à trouver un endroit lumineux et chaud. Là, elle se transforme en champignon à la tête remplie de spores. Dès que les conditions deviennent favorables, la tête explose et les spores donnent naissance à de nouvelles amibes. Chacune vivra indépendamment jusqu'à ce que les bactéries manquent et que de nouvelles colonies se constituent. Le cycle se répète indéfiniment (fig. 3).

Pendant longtemps, les mycologues supposèrent que les amibes répondaient aux ordres de quelques amibes en chef, ordres transmis grâce une phéromone appelée AMP cyclique. Comme les ornithologues qui étudiaient les formations de vol des oiseaux, ils étaient incapables d'imaginer un régime décentralisé chez les amibes et cherchaient parmi elles des rois, des dictateurs ou des ministres: ils ne les découvrirent jamais. En 1969, la biologiste moléculaire Evelyn Fox Keller et le mathématicien Lee Segel démontrèrent que ces potentats n'existaient pas: en temps de crise, l'AMP cyclique libérée par chacune des amibes suffit à attirer les autres amibes, qui se suivent à la trace jusqu'à se rassembler (fig. 4). Des organismes unicellulaires sont capables de s'auto-organiser et de créer temporairement un organisme multicellulaire.

Pour la première fois, nous comprenions comment l'évolution avait pu engendrer des êtres aussi complexes que nous sans recourir à un chef d'orchestre.

Feux rouges autonomes

D'après le Guinness des records, le plus important embouteillage de l'histoire de l'automobile se serait produit en Allemagne, le 12 avril 1990 : dix-huit millions de voitures pare-chocs contre pare-chocs ! La France arrive en deuxième position de ce palmarès de l'horreur. Le premier week-end d'août 2001, les vacanciers paralysèrent l'autoroute Paris-Toulouse : 650 km de bouchon[19]. Mais les pires embouteillages ne sont pas ces monstres exceptionnels, encore que trop fréquents. Tous les jours, des millions d'automobilistes perdent de précieuses minutes derrière leur volant. Aux États-Unis, en 2002, les citadins ont passé en moyenne quarante-deux heures immobilisés sur les routes qui les conduisent à leur bureau. Quarante-deux heures, c'est une semaine de travail, une semaine de vie sacrifiée. L'humanité perd ainsi annuellement des milliards d'heures.

Parmi les victimes de ce génocide virtuel, Carlos Gershenson s'est révolté. Né en 1978, ce Mexicain aux origines ukrainienne et vénézuélienne, qui prétend avoir du sang viking, mongol, arabe et aztèque, appartient à

---

[19] Le 3 août 2002, à la mi-journée, ce record fut battu, mais en terme de cumul sur toute la France : 792 km d'embouteillages.

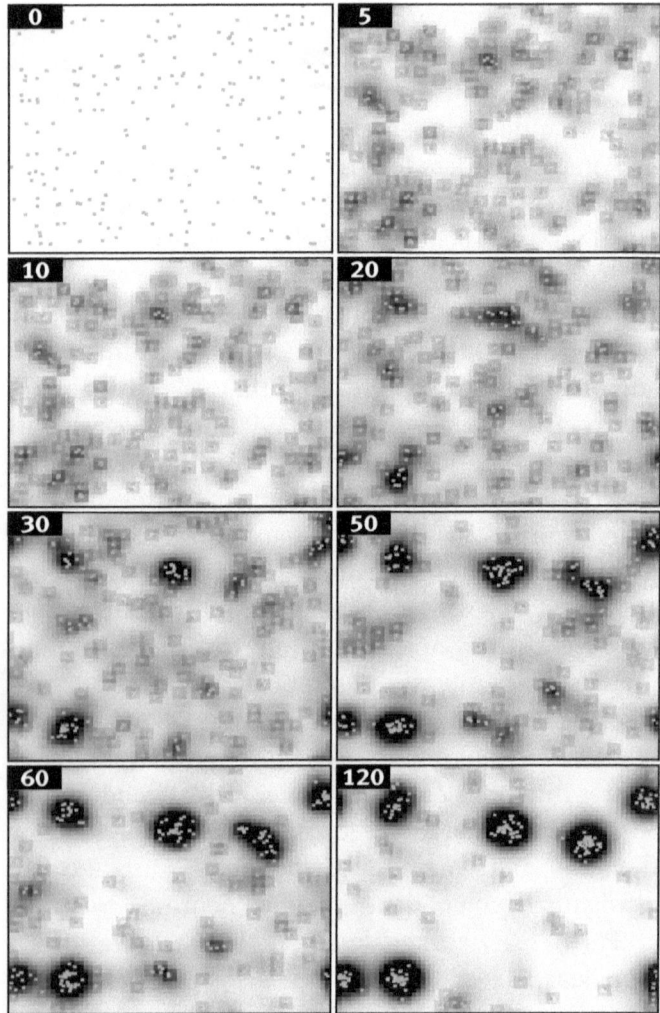

Figure 4 Dans cette simulation, cent amibes vont peu à peu laisser des traces de phéromone et se regrouper en colonies, qui continueront à communiquer par quelques amibes voyageuses. Encore une fois, la formation de structures complexes n'a nécessité aucun chef d'orchestre.

la nouvelle vague des connecteurs. Un visiteur qui passerait vite devant son bureau de l'Université libre de Bruxelles pourrait le prendre pour un beatnik. Des cheveux bouclés tombent sur ses larges épaules, encadrant un visage encore juvénile. Le visiteur pourrait aussi se croire victime d'une hallucination tant Carlos, par sa carrure et sa chevelure, ressemble à Jim Morrison, le mythique chanteur des Doors. Mais que les nostalgiques ne filent pas à sa rencontre : Carlos est marié avec une belle Russe et mène une vie tranquille, comme la plupart des héros de sa génération.

Avant d'étudier en Europe, Carlos vivait à Mexico, ville connue pour être la plus polluée du monde et souffrir des pires embouteillages. Quand il était bloqué dans sa voiture, Carlos prenait son mal en patience, rêvant aux formations de vol des oiseaux qu'il étudiait à cette époque. Comme Craig Reynolds, il devenait lui-même un oiseau et sillonnait les cieux surchargés de gaz carbonique. Un jour, il se dit qu'il était en fait un oiseau en cage, non pas emprisonné par une carrosserie de ferraille et de verre, mais par les feux de signalisation, incapables de jouer leur rôle régulateur.

Dans les grandes villes, un central informatique analyse le trafic afin de l'optimiser. Par exemple, il essaie de créer des flux réguliers, faisant basculer les feux les uns à la suite des autres pour éviter que les voitures s'arrêtent sur une avenue. Mais cette méthode échoue dès que la circulation dépasse un seuil critique. En 2003, Carlos eut l'idée géniale de laisser les feux décider seuls de leur état. Comme les oiseaux au cœur d'une flotte ou les termites dans leur nid, ils allaient devenir des agents autonomes.

Cette idée n'est pas facile à accepter tant nous sommes habitués au rôle central de notre cerveau comme au rôle central des institutions politiques. Pour nous, souvent, il n'y a pas d'organisation sans un chef, un directeur, une autorité régulatrice, voire un dieu omniscient et omnipotent. Ainsi, quand un ingénieur cherche à réguler le trafic dans une ville, il construit naturellement, spontanément, une architecture centralisée. Il utilise en fait le modèle d'intelligence qu'il croit connaître le mieux, son cerveau qui commande à l'ensemble de son corps. Il ne songe pas que les oiseaux volent en flotte sans avoir besoin d'un central, il oublie qu'une forme d'ordre peut jaillir d'une totale décentralisation. Il préfère construire des modèles mathématiques compliqués qui assimilent l'ensemble des voitures à un flux, une sorte de liquide, dont il faut ajuster le débit pour éviter les surpressions.

En 2003, Carlos savait que le trafic routier avait une propension à l'auto-organisation, au même titre que les formations de vol des oiseaux. Pour décrire une autoroute un jour de grand départ, soit on utilise des flux, soit, au contraire, on assimile chaque voiture à un agent autonome, une sorte de boids qui prend ses décisions uniquement en fonction des informations qu'il récupère dans son voisinage. Cette seconde approche, bien plus simple mathématiquement, conduit à des résultats très réalistes.

— Si les voitures s'auto-organisent, se dit Carlos, il n'y a aucune raison que les feux qui les contrôlent ne puissent pas faire de même[20].

_____

20 Interview publiée dans *Science & Vie* en février 2005.

Il programma alors une ville virtuelle dans laquelle chacun des croisements s'autogérait en fonction du nombre de voitures à l'approche.

— Ce système existe parfois en rase campagne… Mais il ne semblait pas pertinent en centre urbain. Pourtant… il ne conduit nullement au chaos.

Dans sa ville virtuelle, Carlos constata une amélioration du trafic de 30 % par rapport au meilleur système centralisé. Qui plus est, les feux s'auto-organisaient. Ils basculaient en séquences, comme s'ils répondaient aux ordres d'un pianiste virtuose.

— En fait, tout se passe comme si les feux communiquaient effectivement entre eux… via les voitures !

En quelque sorte, les feux étaient devenus les équivalents des termites, et les voitures des boulettes de terre. Comme la termitière émerge du travail collectif des termites, le trafic émerge du travail collectif des feux. Les feux, au même titre que les termites, peuvent, collectivement, être qualifiés d'intelligents.

— Je suis stupéfiée de voir combien il est difficile pour les gens de penser en termes de comportement collectif, dit Evelyn Fox Keller[21].

Les connecteurs, au contraire, ont intégré cette idée. Pour nous, l'existence de structures complexes qui résultent de l'auto-organisation d'agents autonomes suffit à prouver que les systèmes hiérarchiques traditionnels ne sont pas la panacée. La nature évite les architectures centralisées, car elles sont d'une fragilité excessive tout en manquant de réactivité. Si notre corps ne répondait qu'aux ordres d'une seule cellule en

---

21 Steven Johnson, *Emergence*, 2001.

chef, il suffirait que cette dernière succombe pour que nous succombions à notre tour. Or chez nous, comme chez tous les organismes multicellulaires, aucune cellule n'est vitale. L'organisme dans son ensemble est le fruit d'une collaboration qui accepte les fausses notes et refuse les diktats.

De ce fait, parce que les structures décentralisées nous paraissent, à nous autres connecteurs, presque toujours plus efficaces que les structures centralisées, nous ne voyons pas pourquoi, dans la vie quotidienne, nous devrions continuer à obéir à des hommes politiques sous prétexte que nous les avons élus. Nous ne croyons plus à la toute-puissance de la centralisation. Nous préférons les structures non hiérarchisées. Nous ne nous enrôlons pas dans des mouvements. La notion archaïque de parti politique nous déplaît parce que nous savons que les consignes émanant d'une autorité centrale sont moins efficaces et moins créatives que les initiatives individuelles.

— Mais une société humaine n'est pas une flotte d'oiseaux, une termitière ou une colonie d'amibes, me dit-on souvent. Vous voulez nous ramener à un stade plus que primitif. Vous oubliez toutes nos conquêtes culturelles.

— Si vous regardez bien la société autour de vous, vous constaterez que les structures hiérarchiques y sont exceptionnelles et que, chaque fois, elles entravent nos libertés fondamentales.

— Donnez-moi des exemples.

Sur les routes du Tour

Les oiseaux, les termites et les amibes ne sont pas les seuls êtres vivants à s'auto-organiser dès qu'ils se trouvent en grand nombre. Les abeilles forment des essaims, les poissons des bancs, les herbivores des troupeaux, qui chaque fois dessinent des structures émergentes. Les spécialistes de la complexité parlent de comportements en essaim (*swarm* en anglais).

Nous sommes, nous aussi, capables de cette prouesse. Pour s'en persuader, il suffit de suivre l'arrivée d'une étape du Tour de France. Lors du sprint, le peloton s'allonge derrière le leader, ondule puis se fracture, se reforme, diverge à nouveau au profit d'une tentative d'échappée. Même si les coureurs disposent d'oreillettes pour communiquer, ils n'ont pas le temps de se parler. Ils pédalent le plus vite possible et obéissent à un jeu de règles simples : ne pas prendre le vent, maintenir son sprinter en bonne position, enfermer les sprinters adverses...

Les organisateurs de la course n'ont pas dessiné la forme du peloton, pas plus qu'un quelconque théoricien du cyclisme. Il suffisait de lancer une centaine d'hommes sur des vélos et de leur demander d'atteindre le plus vite possible l'arrivée pour que le peloton ondule comme une vague d'un côté à l'autre de la route. Le peloton résulte d'une auto-organisation des coureurs et non des ordres d'un quelconque chef désigné ou autoproclamé. L'apparition des oreillettes et des liaisons radio avec les directeurs sportifs n'a rien changé à la forme des pelotons : chacun des coureurs agit en son âme et conscience.

— Vous n'êtes pas sérieux! Un peloton de cyclistes ne constitue tout de même pas le summum de la culture humaine.

— Mais quel est donc ce summum? Même nos villes, surtout la plupart de nos villes d'art, ne résultent d'aucune planification systématique. Un village s'est construit autour d'un campement de nomades ou de soldats, des faubourgs l'ont encerclé, son cœur a été rasé puis reconstruit, des places ont été ouvertes, des avenues tracées. Au cours de la révolution industrielle, des villes comme Manchester ont décuplé en moins d'un siècle sans que personne ne contrôle globalement cette croissance exponentielle, sans que personne ne la décide. L'âme d'une ville n'est pas notre œuvre. Elle émerge d'elle-même, née de l'interaction entre les habitants, l'architecture, le climat... Cette âme existe indéniablement, il suffit de voyager pour s'en convaincre et découvrir que partout elle diffère. Aucune ville n'est semblable comme aucun de nous n'est semblable, car nous naissons de la collaboration d'une multitude d'agents autonomes.

— Et les villes américaines, leur orthogonalité?

— Les Romains aussi construisaient des villes orthogonales. Regardez ce qu'il en reste. Plus le temps passe, plus les villes échappent à toute planification.

— Elles obéissent quand même à quelques règles!

— L'économiste Paul Krugman proposa, en 1995, un modèle mathématique pour expliquer leur structure, du moins celle des zones marchandes. Il découvrit que les entreprises obéissaient à deux contraintes.

(1) S'installer près des concurrents pour partager leur clientèle et recourir aux mêmes services qu'eux.

(2) S'installer loin des autres pour disposer de terrains moins chers et conquérir de nouveaux clients.

Ces deux règles expliquent la formation des centres d'affaires, avec chacun leur spécialité, et comment les villes s'étendent toujours plus loin. Elles ressemblent à des organismes vivants, mais nous n'en prenons souvent pas conscience, car leur évolution est beaucoup plus lente que le nôtre. Si nous manquons de recul temporel pour observer les auto-organisations sociales, elles n'en existent pas moins.

Leur croissance repose sur des règles en nombre fini qui engendrent néanmoins la diversité. Dans le monde du vivant comme dans le monde du culturel, la véritable gémellité ne peut exister. Elle n'est concevable que dans le cadre de structures hiérarchiques hautement contrôlées : celui des produits manufacturés par exemple. Le centralisme ne peut fonctionner qu'en niant nos particularités individuelles.

— Justement, nous différons tous les uns des autres, rien ne nous oblige à nous auto-organiser et à respecter des règles tacites comme le font les oiseaux.

— Dans un peloton, un cycliste qui a de bonnes jambes peut décider de s'échapper. Il quitte la structure auto-organisée, qui se lance à sa poursuite. Si elle tergiverse, d'autres cyclistes peuvent s'échapper et rejoindre le fuyard. Ils forment alors un nouveau peloton. Être conscient d'appartenir à une structure émergente n'empêche pas cette structure de se former.

Par exemple, lorsque nous marchons sur un trottoir nous tentons d'éviter les autres piétons. Parfois, pour cela, nous faisons un pas de côté. Au même instant, un autre piéton qui marche dans le même sens que nous peut aussi faire un pas de côté de telle façon que nous nous retrouvons juste derrière lui. Peu à peu, irrésistiblement, des lignes de piétons se forment. Nous avons tous expérimenté ce phénomène lorsque nous nous retrouvons au milieu d'une foule.

Personne n'a ordonné que nous nous répartissions en flux, que nous dessinions des sortes de voies de circulation… la logique les a simplement imposées comme le démontra Dirk Helbing en 2000 grâce à des simulations numériques. Les piétons s'auto-organisent.

— Vous ne m'avez pas convaincu. Sans chef, je ne crois pas que nous puissions aller bien loin.

— En êtes-vous sûr ? J'ai déjà montré comment sur le front de l'est les soldats avaient réussi à collaborer sans même se parler. Nous sommes nés pour la coopération.

Le management agile

Au nord du Mexique, dans les environs de Guadalajara, une cimenterie de la Cemex avait beaucoup de difficultés à établir son planning de livraison à cause des problèmes de circulation, de l'état des routes et du retard de ses fournisseurs. Alors que les cimenteries concurrentes s'imposaient des règles draconiennes sans vraiment améliorer leurs performances, la Cemex délégua la planification aux conducteurs des bétonneuses, qui furent équipés d'un système de communication afin de s'informer mutuellement. Ils pouvaient ainsi changer de route à tout moment, décider de livrer un client plutôt qu'un autre, même de rentrer chez eux. Plutôt que de recevoir des ordres venant d'en haut, ils s'auto-organisèrent spontanément à travers le réseau qu'ils avaient constitué. Alors que par le passé les livraisons n'arrivaient à l'heure que dans 35 % des cas, les conducteurs réussirent à satisfaire leurs clients dans 98 % des cas.

Dans de nombreuses situations, l'absence de commandement centralisé présente un avantage. Depuis 1880, à Bombay, les dabbawalas sont des porteurs de gamelles qui livrent quotidiennement dans les entreprises plus de 200 000 plats préparés à domicile. Ils arrivent toujours à l'heure en se jouant des embarras de circulation et des difficultés logistiques, tout en étant organisés sans réelle hiérarchie !

— Le système mis en place par l'association des dabbawalas est tellement bien huilé que les retards se comptent en secondes – un miracle, dans cette ville capharnaüm de 17 millions d'habitants. Les ratés d'aiguillage sont quasi nuls : un sur 16 millions de transactions… Une performance réalisée par des hommes illettrés et sans l'aide d'aucune technologie moderne[22].

Aux États-Unis, depuis 1958, la société Gore spécialisée dans les fibres synthétiques, notamment le fameux Gore-Tex, repose elle aussi sur une structure en réseau : pas d'organigramme, pas de hiérarchie, pas de canal de communication prédéterminé entre les associés (ne surtout pas parler d'employés). Les chemins les plus courts sont toujours privilégiés. Les équipes se constituent par projet. Les leaders émergent en fonction des circonstances. Personne n'a de position *ad vitam*, personne n'a de titre ronflant. Un peu comme les oiseaux dans une flotte, les associés doivent simplement respecter

---

22 *L'Expansion*, mars 2006.

quatre règles proposées par Bill Gore lors de la création de l'entreprise.

(1) Honnêteté envers tous les gens avec lesquels ils sont en relation.

(2) Possibilité d'encourager et d'aider les autres associés à accroître leurs connaissances, leurs compétences et leurs champs de responsabilité.

(3) Possibilité de définir ses propres objectifs et de s'y tenir.

(4) Obligation de consulter les autres associés avant d'entreprendre une action qui pourrait affecter la réputation de l'entreprise.

— Gore semblerait souffrir d'un excès de liberté, écrit le spécialiste du management Gary Hamel[23]. Les associés choisissent les équipes dans lesquelles ils travaillent. Ils peuvent refuser de répondre aux demandes des autres associés. Ils font ce qu'ils veulent de la demi-journée de liberté qui leur est accordée chaque semaine. Mais ils savent qu'à la fin de l'année ils auront un entretien avec vingt de leurs collègues et que l'issue de cet entretien déterminera leur prime.

Chez Gore, les associés s'auto-organisent. Ils sont libres et coopèrent, car la coopération est la meilleure des stratégies. En France, la fonderie Favi adopta dès sa création en 1970 un modèle comparable.

— Sur la production, pas de structure verticale, avec une multitude de petits chefs s'arrogeant le pouvoir, mais une organisation aplanie, dans laquelle chacun

---

23 Gary Hamel, « Break free! », *Fortune Magazine*, septembre 2007.

travaille pour le client et non pour son supérieur, explique François Zobrist, le PDG[24].

Pour lui, ne pas agir, c'est justement agir en laissant les ouvriers agir. Ils s'imposent leur propre rythme de travail, ils ont toute liberté pour améliorer leur outil de production, ils n'ont pas de manager, juste un leader, sorte de super assistant, qui leur donne des objectifs. Mais ils définissent eux-mêmes comment ils les atteindront. Dans cette organisation, chacun trouve naturellement sa place. Les performances sont au rendez-vous : Favi ne livre jamais en retard et augmente son chiffre d'affaires de 20 % chaque année.

Dans *Le cinquième pouvoir*, je donne d'autres exemples d'auto-organisations humaines : les soldats lors des batailles napoléoniennes, les militants politiques, Visa international à ses débuts... De nombreuses entreprises comme Google répugnent à hiérarchiser et favorisent l'auto-organisation.

— Le plus vite votre entreprise se détachera de l'héritage managérial à la mode au XXe siècle, le plus vite elle s'adaptera aux changements futurs, explique Gary Hamel.

La philosophe Open Source

La « pensée réseau » est déjà en action ! Elle préfère donner le pouvoir aux individus plutôt qu'aux corporations. Les informaticiens du mouvement Open Source ont mis en place ces nouvelles structures collaboratives pour le développement de logiciels tels que

---

24 Cité par Marianne Rey, « Favi ou l'entreprise sans hiérarchie », *L'Entreprise*, décembre 2007.

Linux et, surtout, l'essentiel des outils de programmation Internet. Ces informaticiens, chacun indépendamment, écrivent des morceaux de programme, les distribuent gratuitement puis les rassemblent en un ensemble plus vaste.

— Ils seraient philanthropes !

— Ils se contentent de mettre leurs outils en commun. Imaginez un chantier où les artisans n'auraient qu'une seule immense boîte à outils. C'est même plus extraordinaire : il faut imaginer un chantier à l'échelle planétaire. Dans l'histoire de l'humanité, rien de semblable ne s'est jamais produit. Je ne vois qu'une analogie : la biosphère. Sur Terre, tous les organismes vivants utilisent les mêmes briques élémentaires à partir desquelles ils fabriquent des protéines qu'ils partagent. Chaque nouvelle créature puise dans une immense banque de données qu'elle enrichit de ses inventions. Les informaticiens reproduisent ce modèle.

— Mais les philosophes grecs partageaient déjà leurs découvertes puisqu'ils écrivaient des livres. Les scientifiques ne font pas autrement. Notre culture ne repose-t-elle pas sur le partage ?

— Dans la biosphère, les protéines ont besoin de centaines d'années, voire de milliers d'années, pour se propager. Les idées des philosophes et des scientifiques progressent à peine plus vite. En revanche, les informaticiens du mouvement Open Source communiquent à la vitesse de la lumière. Ils accélèrent l'évolution des millions de fois. C'est une révolution. Les promoteurs de Linux et des autres logiciels libres inventent un nouveau monde. Il devient évident que dix hommes qui communiquent librement sont plus forts que dix hommes commandés par un chef.

— Vous oubliez le désir de puissance. Comment empêcherez-vous les prises de pouvoir ?

— Nous ne les empêcherons pas, elles seront impossibles. Si l'un des conducteurs de la Cemex se mettait à régenter ses camarades, ses ordres, par nature centralisés, amoindriraient l'efficacité de son groupe par rapport à l'ensemble de la structure : un groupe inefficace ne peut que se déliter. Après le temps des rois est venu celui des présidents, après le temps des présidents vient celui des individus. Du point de vue des connecteurs, un président élu au suffrage universel ne diffère guère d'un roi, sinon qu'une assemblée législative pondère sa toute-puissance. Ce pouvoir à deux têtes peut être considéré comme une oligarchie, plusieurs personnes exerçant ensemble l'autorité royale, ou comme un jeu de pouvoirs et de contre-pouvoirs qui se neutralisent. Aucune de ces deux perspectives n'est réjouissante. La seconde, synonyme d'impuissance, est caractéristique de la plupart des démocraties représentatives.

— Si la décentralisation, organisation préférée par la nature, est si efficace, pourquoi nos gouvernements sont-ils encore centralisés ?

— Ils ont été conçus à une époque où nous disposions de moyens de communication limités. Le roi ordonne et attend d'être obéi par ses sujets. Il leur demande d'agir de concert, d'aller tous dans la même direction, il les considère comme des pions sur un échiquier. Tant que les sujets ne peuvent pas donner leur avis et que les problèmes à résoudre sont relativement simples, c'est sans doute la meilleure méthode. Il en va de même dans une démocratie où les élections sont épisodiques. Mais dès que l'information remonte, dès qu'elle s'échange transversalement, dès que les connecteurs s'influencent en direct et s'auto-organisent à travers un vaste réseau social, les ordres rigides sont de moins en moins efficaces, jusqu'à devenir inutiles. Au niveau cellulaire, l'évolution a mis en place des moyens de communication très performants, voilà pourquoi nos corps résultent d'une auto-organisation. Maintenant que nos sociétés disposent de la même puissance de communication, elles vont pouvoir s'affranchir des derniers vestiges du centralisme. La démocratie auto-organisée ne pouvait germer que dans un monde démocratique doté d'un étroit réseau de communication.

Une autre démocratie est possible

Pour réaliser les illustrations de ce chapitre, j'ai simulé sur mon ordinateur des flottes d'oiseaux et des amibes. J'ai alors constaté combien la moindre altération dans les paramètres conduisait au chaos ou, au contraire, à un ordre excessif. Seuls quelques réglages engendrent la vie. J'ai eu l'impression d'imiter les premiers auditeurs radio qui tournaient lentement la roue d'un condensateur afin de se caler sur la station désirée. Mais, miracle, une fois le réglage juste atteint, il se maintient de lui-même et se renforce par feedback.

À force d'essais et d'erreurs, l'évolution a découvert des réglages comparables. Et les amibes se regroupent en champignons. Et les oiseaux volent en flotte. Et nous coopérons. L'absence de chef ne conduit pas à l'anarchie pour peu que quelques lois fécondent sous-tendent l'organisation sociale. La démocratie représentative ne nous apparaît que comme une forme possible de démocratie, une forme somme toute assez archaïque.

— La démocratie est la moins pire des formes de gouvernement qui ont été essayées, dit Churchill en 1947 devant la Chambre des Communes[25].

La plupart des gens oublient, quand ils citent cette phrase, que Churchill compare la démocratie aux systèmes politiques essayés. Churchill nous laisse imaginer autre chose, il nous y encourage même en reconnaissant l'imperfection de la démocratie représentative. Les connecteurs ont ainsi découvert qu'une démocratie n'a pas nécessairement besoin d'être gouvernée.

(1) En l'absence de commandement, nous sommes capables de coopérer sans plonger dans l'anarchie.

(2) Les structures décentralisées sont souvent plus efficaces que les structures centralisées.

(3) La proximité entre les individus facilite la coopération, coopération qui s'avère la meilleure stratégie pour maximiser les bénéfices tant individuels que collectifs.

Les connecteurs ont pris conscience que les gouvernements étaient les vestiges d'une époque révolue. Nous ne votons que pour écarter les autocrates du pouvoir, nous ne pouvons que voter contre eux, en attendant l'instauration de régimes politiques plus démocratiques, qui favoriseront l'auto-organisation et, en cela, pousseront les élus à renoncer à leur propre pouvoir.

---

25 « *Democracy is the worst form of government - except for all those other forms, that have been tried from time to time.* »

CHAPITRE 2

NE PAS LÉGIFÉRER

Moins de lois implique plus de liberté

Ce qu'on appelle liberté, dans le langage politique, c'est le droit de faire des lois, c'est-à-dire d'enchaîner la liberté.

Auguste Vermorel

J'ai habité quelques années à Londres, et les week-ends d'été j'explorais le Dorset, le Devon, le Wiltshire ou la vallée de la Tamise. Je roulais au hasard sur les petites routes qui montent et descendent autour des vallons parsemés de cottages. Les jardins débordaient de coquelicots, de genêts et de jasmins. Des lierres s'agrippaient aux vieux murets qui se perdaient dans les prairies éblouissantes. J'ai depuis gardé cette habitude d'errer dans la campagne anglaise.

Un soir de juin 2005, j'ai franchi le canal de l'Avon où se traînaient des péniches de promenade, je me suis garé non loin du chemin de halage et j'ai marché le long de la berge. J'ai fini par découvrir un pub avec une terrasse au bord de l'eau. Il y régnait une atmosphère paisible.

Les conversations bruissaient presque en silence, ce qui me changeait du tumulte, pour moi insupportable, des pubs londoniens. Je me suis presque tout de suite senti chez moi. Après avoir commandé une tourte à la Guinness, j'ai rêvassé en suivant du regard les péniches qui venaient mouiller pour la nuit devant une série d'écluses. En feuilletant le journal local, j'ai alors compris pourquoi je me sentais si bien. Sans le savoir, j'étais entré sur les terres du plus civilisé des villages britanniques : Seend en Wiltshire, siège d'une expérience qui ne pouvait que m'enthousiasmer.

Sur les routes de la commune, les signalisations avaient été enlevées : plus de feux, plus de marquage au sol, plus de panneaux, plus de dos-d'âne. Résultat : le nombre d'accidents avait baissé de 35 %, la vitesse moyenne de 5 %. Sur le site de la BBC, j'ai plus tard retrouvé d'autres informations sur cette expérience, inspirées d'autres expériences menées aux Pays-Bas, en Allemagne et au Danemark.

— Ça rend les rues plus sûres, expliquait Ben Hamilton-Baillie, le responsable du projet. [...] Ça encourage les piétons et les conducteurs à interagir en utilisant leur propre sens plutôt que d'obéir aveuglément aux règles mises en place par le gouvernement.

En réduisant les contraintes, en légiférant moins, les rues de Seend étaient devenues plus sûres. Le pouvoir avait été distribué entre les usagers plutôt que centralisé par un système de signalisation. Au lieu d'agiter la menace d'amendes et de sanctions, le conseil du comté de Wiltshire avait laissé les gens interagir et s'auto-organiser. Le bénéfice avait été immédiat.

— Pourquoi y a-t-il encore des panneaux sur les routes ? demandent alors mes interlocuteurs.

— Les détenteurs du pouvoir central ne veulent pas admettre que la décentralisation est bénéfique, que la communication directe entre les connecteurs est profitable. Un policier veut plus de panneaux pour avoir plus de pouvoir. Un ministre de l'Intérieur veut plus de policiers pour la même raison. Reconnaître les avantages de ne pas signaliser, de ne pas pénaliser, serait pour le pouvoir reconnaître son inutilité.

Heureusement, Ben Hamilton-Baillie ne s'est pas laissé décourager. Il renouvelle depuis son expérience dans de nombreuses villes anglaises, chaque fois avec succès. Moins il signalise, plus le trafic est harmonieux. En supprimant 850 mètres de barrières à Londres le long de Kensington High Street, en supprimant la plupart des signalisations, il a réduit de 60 % le nombre de piétons blessés tout en fluidifiant la circulation.

Depuis les années 1970, à l'instigation de l'urbaniste Hans Monderman[26], les feux ont déjà été supprimés à de nombreux croisements des Pays-Bas et cette mesure, plutôt que d'accroître le chaos environnant, a elle aussi fluidifié le trafic. Quand les feux disparaissent, les automobilistes ne regardent plus les feux, mais les autres usagers de la route, surtout si les règles de priorité ont aussi été supprimées. Comme les automobilistes doivent rester en contact visuel avec d'éventuels obstacles, ils réduisent leur vitesse. Mais comme ils ne s'arrêtent plus au feu rouge, ils gagnent du temps.

---

26 "Roads Gone Wild", *Wired*, décembre 2004.

Les usagers de la route, laissés à eux-mêmes, dialoguent de manière non verbale les uns avec les autres et dessinent un réseau d'interaction grâce auquel ils ajustent leur conduite. Je ne suis guère surpris par ce succès. À Paris, il suffit de mettre un gendarme à un croisement pour obtenir un embouteillage. La solution prônée par Ben Hamilton-Baillie ressemble à celle proposée par Carlos Gershenson : il faut décentraliser, réduire le nombre de lois, laisser les connecteurs prendre le contrôle de leur vie.

Après m'avoir patiemment écouté discuter de ces idées, une amie me dit que l'auto-organisation du trafic routier était un truc juste valable pour les pays du nord aux citoyens disciplinés.

— Ça ne peut pas marcher en Inde où le trafic est abominable.

J'ai découvert plus tard grâce à un lecteur de mon blog une vidéo extraordinaire[27]. Elle montre pendant quelques minutes un carrefour routier dans une ville indienne. Deux voies parallèles convergent et divergent sans la moindre signalisation. Des voitures passent à toute vitesse sans ralentir. Des camions font demi-tour. Des cyclistes hésitent. Pendant un moment, un vélomoteur reste coincé au centre de l'intersection avant de trouver un chemin. C'est tout simplement ahurissant. Le débit est énorme, bien supérieur à celui qu'aurait fourni un système de signalisation automatique.

— Combien de gens meurent chaque année à cet endroit ?

---

27 "Indian driving", YouTube, 2006.

J'ai découvert qu'entre 1978 et 1998, le taux de mortalité dû aux accidents de la circulation avait augmenté de 79 % en Inde. Cette croissance est en fait en phase avec la croissance du nombre de véhicules. J'ai aussi lu que l'Inde possédait un des plus hauts taux de mortalité sur route. Mais cette mortalité n'est pas nécessairement imputable à l'auto-organisation du trafic : les véhicules sont en aussi mauvais état que les revêtements.

Pendant ces recherches, je suis tombé sur un autre chiffre effrayant : la route est l'une des principales causes de mortalité dans le monde. C'est bien la preuve qu'il y a un problème : notre façon de réguler le trafic par les signalisations n'est pas efficace. Essayer autre chose est peut-être utile : pourquoi pas l'auto-organisation ?

Sur la vidéo indienne, les automobilistes prennent des risques insensés, sans parler des cyclistes. La technologie nous aidera à réduire ces risques tout en maintenant un trafic fluide. Elle améliorera nos sens et nos réflexes, ce qui est indispensable pour favoriser une auto-organisation harmonieuse.

L'auto-organisation n'est pas l'anarchie. Elle s'organise, elle se met en place, on doit ajuster les règles fécondes. Il ne suffit pas de virer de but en blanc les feux pour améliorer la circulation. Comme le montre Ben Hamilton-Baillie, il faut réaménager l'espace de la chaussée, souvent en effaçant les limites entre pétions et automobilistes. Et ce n'est jamais simple, les aveugles se retrouvent embarrassés si les repères disparaissent. Tout reste à inventer, mais nous avons des pistes. L'auto-organisation n'est pas une solution miracle. Dans certaines circonstances, celles qui mettent en jeu des phénomènes complexes, elle permet d'aller un peu plus loin que les méthodes contraignantes.

Mais n'oublions pas pourquoi en premier lieu un Code de la route a été nécessaire : le passage à la motorisation a rendu les rues et les routes bien plus dangereuses. Le Code de la route a pour ambition de réduire nos chances de mourir d'un accident, donc d'augmenter nos chances d'arriver à destination, donc finalement d'être libres. Des contraintes, des règles, peuvent accroître la liberté. D'une manière générale, le connecteur tente de se défaire des règles inutiles, voire qui restreignent nos libertés, tout en recherchant celles qui favorisent l'auto-organisation et les comportements émergents, donc créatifs.

Les lois de la liberté

En introduction de *I Robot*, Isaac Asimov énonce les trois règles de la robotique.

(1) Un robot ne peut ni blesser un être humain ni, par son inaction, permettre qu'un humain soit blessé.

(2) Un robot doit obéir aux ordres donnés par les êtres humains tant que de tels ordres ne contreviennent pas à la première loi.

(3) Un robot doit protéger sa propre existence aussi longtemps qu'une telle protection n'est pas en contradiction avec la première ou la deuxième loi.

Est-il alors possible, dans le domaine de la sécurité routière, d'envisager trois règles élémentaires qui suffiraient à maximiser notre sécurité.

(1) Priorité aux piétons et aux cyclistes.

(2) Avant de prendre une décision, toujours établir un canal de communication (visuel, sonore, hertzien...) avec les autres usagers (piéton, cycliste, automobiliste...).

(3) Aucun droit ni obligation sauf ceux mentionnés dans la première et la deuxième loi.

Dans ces circonstances, passer le Code de la route impliquerait uniquement de la pratique et pas de théorie, et notre sécurité serait accrue. Quand nous serions sur l'autoroute, nous ne riverions plus nos yeux au compteur de peur de commettre un excès de vitesse. Nous apprendrions à regarder devant nous, et aussi, derrière nous.

— Croyez-vous qu'il soit possible de formuler des lois équivalentes qui garantiraient la liberté de chacun d'entre nous ?

— Nous pouvons nous y amuser.

(1) Un homme ne peut ni blesser moralement ou physiquement un autre homme, ni, par son inaction, permettre qu'un homme soit blessé.

(2) Un homme doit toujours dialoguer avec les autres hommes et étendre et sécuriser son réseau de communication afin de veiller au respect de la première loi.

(3) Un homme ne doit obéir à aucun ordre, sinon ceux de la première et de la deuxième loi.

Il n'en faut sans doute guère plus pour qu'une société se développe harmonieusement. La première loi implique le respect des autres et, incidemment, celle de la biosphère, car les blessures indirectes, quelle que soit leur nature, sont elles aussi prohibées. Elle pourrait être reformulée positivement en s'inspirant de Chamfort : « jouis et fais jouir, sans faire de mal ni à toi ni à personne. » La deuxième loi nous lie les uns aux autres, nous pousse à vivre les uns avec les autres, et ensemble à décupler la puissance de notre propre intelligence. La troisième loi nous empêche de tomber sous l'emprise d'un dictateur et garantit notre liberté. Elle implique une société décentralisée.

— Vous prônez donc l'anarchie.

— Non. Nous savons maintenant que l'ordre émerge à condition que les agents autonomes obéissent à quelques lois fécondes. La position anarchiste pure et dure n'est plus envisageable, pas plus qu'une société sans lois. Il nous faut des lois en nombre restreint, des lois suffisant à maintenir un ordre constructif tout en nous donnant la liberté d'exprimer notre créativité. Et qui dit lois implique la nécessité de l'État. Un exemple.

La fiscalité auto-organisée

Mon père était pêcheur professionnel. Comme tous les pêcheurs, il a toujours supposé que la mer était iné-puisable. Quand je lui dis qu'il y a de moins en moins de thons en Méditerranée, il rigole et me répond que nous en pêchons plus que jamais. Pour mon père, c'est une preuve qu'il y a de plus en plus de poissons.

Toute une profession raisonne de cette façon. Si nous pêchons plus, il y a plus de poissons. Au passage, les pêcheurs oublient vite que des avions repèrent les bancs et que les armadas guidées par satellite viennent les piéger. Nous pêchons plus parce que nous pillons de mieux en mieux les ressources communes. Nous pro-duisons plus de pétrole parce que nous en pompons plus non parce qu'il en existe de plus en plus.

Dans les situations de ce genre, nous présupposons souvent que nous avons besoin de lois et d'une police pour empêcher les abus. C'est d'autant plus évident quand les ressources sont clairement limitées. Si des fermiers doivent se partager un pâturage, il faut imposer des règles pour éviter qu'un seul troupeau ne ruine les réserves.

Afin de simuler ce comportement, Ernst Fehr[28] et son équipe proposèrent à des volontaires de jouer à un petit jeu appelé *Public goods*. Au début de la partie, chacun des joueurs dispose de 10 $. À chaque tour de jeu, ils peuvent verser entre 0 et 10 $ dans un fond public. Ils additionnent les dons, les multiplient par deux et se les redistribuent équitablement.

Si les joueurs collaboraient efficacement, ils verseraient toujours 10 $ et récupéreraient chaque fois 20 $, soit un bénéfice de 10 $. Mais tricher est tentant. Si trois joueurs donnent 10 $ et qu'un donne 0 $, chacun recevra 10 $ x 3 x 2 / 4, soit 15 $, le tricheur obtiendra donc un bénéfice net de 15 $, bénéfice supérieur au 5 $ de ses adversaires.

Les expérimentateurs ont constaté que généralement les joueurs collaborent en début de partie, puis que la suspicion s'installe. Un tricheur apparaît, puis un autre, puis les plus généreux finissent par changer de stratégie. Au bout d'une dizaine de tours, plus personne ne donne.

Ce résultat n'est pas surprenant. Les gens qui s'engagent dans des mouvements associatifs se découragent souvent à cause des comportements tricheurs. Si nous ne cherchions pas à tricher, aucune loi n'aurait besoin de nous forcer à payer nos impôts. Nous le ferions naturellement pour le bien commun. Notre tentation à tricher

---

28 Exemple proposé par Mark Buchanan dans *The Social Atom*.

justifierait la nécessité de lois. C'est en tous cas ce que nos gouvernants ont toujours supposé dans la lignée de Thomas Hobbes.

En 2000, Ernst Fehr et son équipe découvrirent que dans leur jeu il suffisait d'une petite règle supplémentaire pour que la collaboration se maintienne. Si un joueur peut payer 1 $ pour forcer un tricheur à payer en retour une amende de 2 $, les tricheurs deviennent vite moins nombreux et les tricheries moins fréquentes. La société des joueurs s'auto-organise et paie ses impôts sans qu'une autorité supérieure ne l'impose.

Au prix d'une forme de dénonciation, mais surtout d'une défense active de la logique participative, nous pouvons ainsi imaginer une fiscalité plus efficace et surtout plus économique, car elle n'a plus besoin d'une armée de fonctionnaires et de forces répressives pour opérer.

La fiscalité peut donc s'auto-organiser. La justice doit pouvoir l'être aussi si nous trouvons les quelques règles capables de maintenir la coopération. Une telle fiscalité et une telle justice ne sont pas encore à l'œuvre faute d'un tissu social assez dense. Quand un tricheur peut disparaître et aller sévir dans une autre région, la coopération ne s'installe pas. En revanche, dans une société de connecteurs, une société où tout le monde est susceptible de connaître tout le monde, tricher devient beaucoup trop risqué. Dans un monde globalisé et connecté, l'altruisme s'impose alors comme meilleure stratégie.

La métalocalité

Une fois admise la possibilité d'une société auto-organisée, il paraît judicieux de moins légiférer.

(1) S'il existe beaucoup de lois, une autorité centrale doit les faire appliquer avec l'aide de nombreux juristes eux-mêmes coordonnés par une administration tentaculaire. Plus on légifère, plus on tend à centraliser. Plus on légifère, plus on reconnaît la nécessité des chefs, moins on laisse de chance à l'auto-organisation.

(2) Dans leurs simulations, les scientifiques se rendent souvent compte que, une fois les lois fécondes découvertes, l'ajout de nouvelles lois ne contribue pas au réalisme des résultats. Une fois saisi le mécanisme qui anime un système auto-organisé, sur-légiférer est le meilleur moyen de le détruire.

(3) Quand nous avons les moyens de dénoncer les tricheries, l'altruisme par réciprocité s'instaure. Dans un monde interconnecté, personne ne peut commettre de mauvais coup sans que nous finissions par l'apprendre. La coopération à grande échelle a donc toutes les chances de s'installer même si aucune loi ne l'encourage.

Ainsi nous n'avons pas besoin d'un Code de la route long d'une centaine de pages, pas plus que d'une constitution aussi interminable qu'incompréhensible. Les lois de la robotique imaginées par John Campbell puis popularisées par Isaac Asimov peuvent nous servir de guide. Est-ce pour cette raison que les Français ont voté non au référendum européen le 29 mai 2005 ? Est-ce parce qu'un gouvernement centralisé leur demandait de cautionner une constitution européenne centralisée ? Est-ce pour la même raison, si trois jours plus part, de façon plus massive encore, les Néerlandais votèrent également non, si bien que d'autres gouvernements européens annulèrent leur propre référendum ? Tous les arguments ont été avancés pour expliquer le rejet de la nouvelle constitution, tous sauf ceux des connecteurs.

— Mais pourquoi ?

— Parce que le peuple des connecteurs est tout juste en train de se constituer, mais aussi parce qu'il ne veut pas perdre de temps à discuter d'institutions de toute façon stériles à ses yeux.

Déjà Européens, les connecteurs appartiennent au réseau Europe et ils n'ont pas besoin d'une constitution pour le leur dire, les contraindre et réduire leur inventivité. Ils sont contre les gouvernements centralisés, contre Bruxelles, contre le parlement de Strasbourg, contre ses juristes et ses technocrates. À leurs yeux, l'Europe se construit grâce à un réseau de communication, la monnaie unique participant à la fluidité des échanges (même si son caractère centralisé est plutôt inquiétant).

En 2005, les connecteurs ont refusé une nouvelle constitution européenne parce qu'ils sont déjà des habitants du monde, parce qu'ils ne veulent s'enfermer dans aucune frontière. Chacun d'entre eux, du tréfonds de son individualité forcenée, participe à l'esprit global. Comme les boids de Craig Reynolds, ils volent en flotte. Mais, plutôt que d'appliquer seulement des règles locales qui ne prennent en compte que leur voisinage, ils étendent leurs senseurs d'un bout à l'autre du monde. Leurs règles sont métalocales. Ils peuvent alors imaginer une nouvelle forme de démocratie où les groupes de décision se dessinent en fonction des circonstances et des projets, où les élus ne décident plus de tout, où la démocratie globale émerge d'une multitude de démocraties locales.

— Vous rêvez tout haut.

— Quand le tsunami frappa l'Asie du Sud-Est en décembre 2004, la coopération internationale se mit en place spontanément. C'est un exemple édifiant de notre capacité à nous auto-organiser.

— Les vivres ont pourri dans les ports. Les médicaments se sont empilés dans des hangars. Gérer les dons a nécessité plus de main-d'œuvre que sauver les victimes.

— Parce qu'une approche encore trop centralisatrice a été adoptée, sous l'influence des associations humanitaires. Les dons auraient dû s'échanger de personne à personne, en direct, en utilisant le réseau de communication existant.

— Mais quand ce réseau s'effondre ?

— De toutes nos forces, nous devons en préserver l'intégrité. Il garantit notre liberté, comme jadis les frontières garantissaient notre sécurité. Sans réseau nous ne pouvons pas nous auto-organiser à vaste échelle. Le réseau est d'ailleurs la forme d'organisation sociale qui émerge dans une société qui repose sur l'auto-organisation.

L'avènement d'Internet

Le 8 janvier 1959, à la suite de Che Guevara, Fidel Castro entra dans La Havane et chassa le dictateur Fulgencio Batista y Zaldivar. Cette prise de pouvoir entraîna le durcissement de la guerre froide. L'URSS apporta son soutien économique à Cuba puis installa sur l'île des missiles balistiques. La peur de l'embrasement nucléaire était à son comble. En Californie, dans les bureaux de RAND Corporation, Paul Baran reçut pour mission de dessiner un système de communication permettant de résister à une attaque atomique. Cet ingénieur de 38 ans, qui venait de quitter une société pionnière dans la fabrication d'ordinateurs – domaine qu'il jugeait de peu d'avenir –, fut malgré lui ramené à l'informatique. Il analysa les réseaux de communication existants au début des années 1960 et découvrit qu'ils étaient de deux sortes (fig. 5).

(1) Dans un réseau en étoile, toutes les stations communiquent avec une station centrale, le nœud du réseau. Il suffit qu'elle soit détruite ou victime d'une panne pour que le réseau s'effondre. Cette architecture hautement centralisée ne possède aucune robustesse.

(2) Le plus souvent, les réseaux en étoile s'interconnectent entre eux par l'intermédiaire de leur nœud et forment une architecture décentralisée. Si les nœuds sont faiblement interconnectés, le réseau reste vulnérable.

— La question devint de trouver comment construire une structure fiable à partir de composants vulnérables, expliqua Paul Baran.

En 1964, il proposa un nouveau type d'architecture : le réseau distribué[29]. Dans un tel réseau, qui forme un filet au maillage étroit, aucun des nœuds ne joue un rôle prédominant. Tous les nœuds s'interconnectent à d'autres nœuds : si l'un d'eux est détruit, les communications restent néanmoins possibles. Cette architecture, bien plus résistante que l'architecture centralisée du réseau en étoile, apparaît aussi plus résistante que l'architecture décentralisée. Le réseau distribué est un réseau hautement décentralisé. Pour Paul Baran, la décentralisation devait dépasser la topologie du réseau :

---

29 Paul Baran, "On Distributed Communications", 1964.

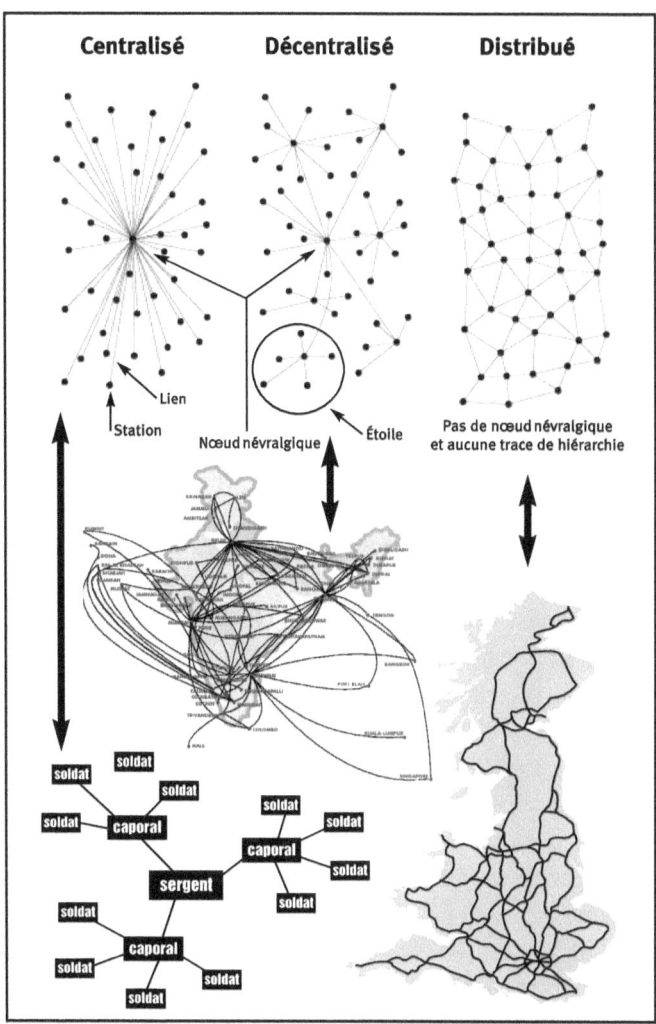

Figure 5 Aux trois types de réseaux identifiés par Paul Baran correspondent des structures que nous retrouvons dans la vie quotidienne. Les organigrammes hiérarchiques dessinent une étoile, les lignes aériennes une architecture décentralisée et les routes un maillage.

les informations également devaient être distribuées, c'est-à-dire fragmentées en paquets qui chacun suivaient des routes différentes. Il n'y avait plus de canaux de communication privilégiés. Si un paquet atteignait un nœud indisponible, il prenait un autre chemin.

Les militaires, habitués à vivre dans un monde dominé par la hiérarchie, apprécièrent peu la suggestion de Paul Baran. De son côté, l'opérateur téléphonique AT&T déclara la solution techniquement irréalisable. Pourtant, Internet n'allait pas tarder à voir le jour. En 1965, Bob Taylor, le directeur du département informatique de l'ARPA, agence de recherche de l'armée américaine, se demanda comment optimiser l'usage de ses ordinateurs, alors des monstres coûtant plusieurs millions de dollars[30]. Comme ils étaient répartis aux quatre coins du pays, il songea à les connecter entre eux. En 1967, la transmission par paquets réinventée par le Britannique Donald Davies apparut comme le moyen le plus sûr d'échanger des données numériques.

Contrairement à l'idée reçue, Internet ne fut donc pas conçu pour résister à une attaque atomique, mais pour des raisons économiques. Bob Taylor n'entendit jamais parler des travaux de Paul Baran. L'architecture distribuée ne fut jamais mise en œuvre à dessein. Internet n'a jamais ressemblé à une démocratie idéale où tous les nœuds du réseau seraient interchangeables. Au contraire, il s'est construit sans aucun contrôle, sans aucune planification. En octobre 1969, les universités californiennes de Los Angeles et de Stanford furent

---

30 Advanced Research Projects Agency, ancien nom de Defense Advanced Research Projects Agency.

connectées entre elles par une simple ligne téléphonique. Internet disposait dès lors de ses deux premiers
nœuds, auxquels s'ajoutèrent très vite ceux des universités de Santa Barbara puis de l'Utah. En 1970, Internet
possédait neuf nœuds, en 1971, il en totalisait trente-
sept. Depuis, il n'a cessé de croître.

— Aujourd'hui, Internet évolue en fonction de décisions locales, liées aux besoins, écrit Albert-László
Barabási, professeur de physique à l'université Notre-
Dame dans l'Indiana[31]. Tout le monde, des sociétés aux
universités, ajoute des nœuds et des liens sans demander
de permission à aucune autorité centrale. [...] À la limite,
il serait possible de persuader une institution de fermer
la portion du réseau sous son autorité, mais aucune
société ne contrôle plus qu'une fraction négligeable
de l'ensemble d'Internet. L'architecture du réseau est
si distribuée, si décentralisée, si localement managée,
qu'une tâche aussi ordinaire qu'obtenir une carte du
réseau est devenue quasi impossible.

A contrario de nos autres produits technologiques,
Internet n'a pas été dessiné d'après un plan : il s'est auto-organisé comme s'auto-organisent la plupart des villes et,
comme la plupart d'entre elles, il ne cesse de croître.

— Qu'avons-nous créé exactement ? se demande
Albert-László Barabási. Bien qu'Internet soit une invention humaine, il a maintenant une vie propre. Il possède
toutes les caractéristiques d'un système complexe qui
évolue, il est plus proche d'une cellule organique que
d'un composant d'ordinateur.

---

31 Albert-László Barabási, *Linked : how everything is connected to
everything else and what it means for business, science, and everyday life*, 2002.

Essayer de comprendre Internet est devenu aussi ardu que de comprendre un organisme vivant. Comme les biologistes cherchent à établir la carte ADN des organismes, les spécialistes de l'auto-organisation ont essayé de cartographier Internet (fig. 6). Ils ont découvert une structure qui n'est pas sans rappeler celle de notre cerveau. Des nœuds, appelés hubs, se trouvent au centre d'étoiles comportant une myriade de branches alors que d'autres sont faiblement interconnectés. La présence écrasante des hubs démontre qu'Internet n'est pas un réseau distribué idéal. Bien que massivement décentralisé, il possède des nœuds plus interconnectés que d'autres : l'apparition de ces « vedettes » est inévitable. Lors de la connexion d'un nouveau nœud, les ingénieurs prennent en compte deux règles.

(1) Tirer le moins de câbles possible.

(2) Maximiser la vitesse de communication.

Le rendement étant au final le principal critère de décision, il est souvent préférable d'aller plus loin pour se connecter à un nœud plus rapide. Ainsi les nœuds les plus rapides attirent à eux de plus en plus de liens, d'autant qu'ils sont souvent situés au centre de zones géographiques très peuplées. Toutefois, si les critères de coût prédominent, se connecter à un nœud proche est un choix raisonnable. Pour cette raison, même les nœuds périphériques restent interconnectés. Internet ressemble à une multitude de réseaux en étoile dont les nœuds sont hautement interconnectés de façon à minimiser les points névralgiques.

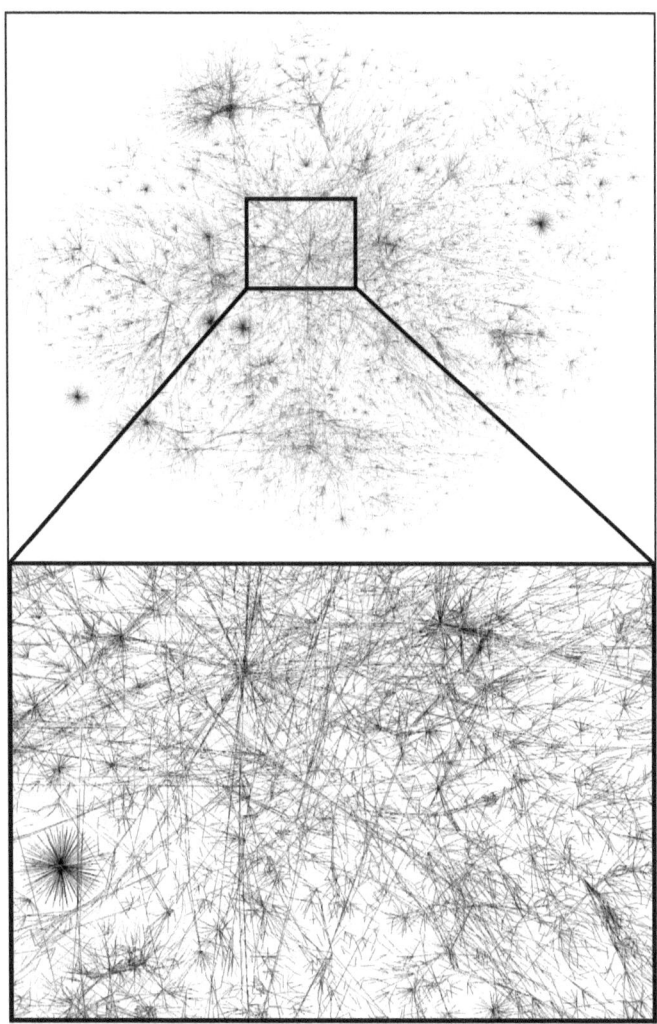

Figure 6 Carte d'Internet en 2003. Les hubs apparaissent avec de nombreux liens transversaux, qui sont autant de raccourcis. La structure ni ordonnée, ni désordonnée, montre une grande propension à la décentralisation et à la distribution. On ne peut s'empêcher de penser à un cerveau.

Six degrés de séparation

Une fois la carte d'Internet décryptée, elle révéla un mystère plus profond : il devint évident qu'elle ressemblait à d'autres cartes, notamment à celles que nous traçons lors de nos relations sociales. Si nous comptons souvent nos vrais amis sur les doigts d'une main, le nombre de nos connaissances, lui, peut grandement varier. Certains d'entre nous ont à peine plus de connaissances que d'amis tandis que d'autres peuvent se vanter de posséder un carnet d'adresses épais comme un annuaire téléphonique. Ces connecteurs privilégiés jouent, dans le domaine social, le même rôle que les hubs pour Internet.

En 1967, Stanley Milgram, avec sa découverte des six degrés de séparation, nous donna une idée de la densité du réseau social sans nous éclairer pour autant sur sa topologie. Si les structures de réseau proposées par Paul Baran n'avaient pas été tenues secrètes, Milgram aurait pu trouver parmi elles celle qui expliquait les six degrés. Le réseau en étoile ne peut convenir, car tous les points se situent à un degré du nœud central, donc à deux degrés de n'importe quel autre point. Dans le réseau distribué en revanche, les points peuvent être très éloignés les uns des autres. S'il existe toujours plusieurs chemins entre deux points, ces chemins peuvent passer par un grand nombre de points intermédiaires. Dans le réseau routier, il est ainsi fréquent que, pour joindre deux villes, les automobilistes en traversent des dizaines. Ce n'est qu'au début de 1998 que les mathématiciens Duncan Watts et Steven Strogatz, de l'université Cornell, effectuèrent ce raisonnement et conclurent que l'architecture décentralisée était la seule expliquant l'étroitesse des réseaux sociaux[32]. Ils proposèrent un nouveau classement des réseaux (fig. 7).

(1) Dans un réseau aléatoire *(random network)*, les liens entre les points sont tracés au hasard. En 1959, le mathématicien hongrois Paul Erdös démontra qu'une telle disposition, au petit bonheur la chance, permettait de connecter tous les points en un minimum de liens[33]. Un réseau distribué tel celui des routes est un réseau aléatoire. En d'autres mots, un ordinateur imbécile pourrait tracer entre les villes un réseau routier assez semblable à ceux qui existent dans la réalité.

(2) Par opposition au réseau aléatoire, on trouve les réseaux ordonnés tel le réseau en étoile qui possèdent une structure rigoureuse. D'autres réseaux ordonnés dessinent des grilles ou des matrices où tous les points se connectent à leurs voisins.

(3) À mi-chemin entre les réseaux aléatoires et les réseaux ordonnés se trouvent les réseaux décentralisés sur le modèle d'Internet et des réseaux sociaux. En quelque sorte, ils se situent entre l'ordre et le désordre, au point de transition entre les deux états.

Afin d'obtenir une cartographie précise de ces réseaux, il faudrait, comme pour Internet, tracer des liens entre chacun d'entre nous et chacune de nos connaissances. Même pour une communauté assez réduite, cette tâche paraissait irréalisable jusqu'à ce que deux étudiants de l'université de Virginie s'amusent à créer *oracleofbacon.org*. Grâce à ce site ouvert en 1996,

---

32 Duncan Watts, Steven Strogatz, "Collective Dynamics of Small-Worls Networks", *Nature 393*, 1998.
33 Pour N points, il faut ln(N)/N liens pour interconnecter tous les points du réseau.

il est possible de connaître le degré de séparation entre deux acteurs de cinéma. Si vous saisissez les noms de deux acteurs aux registres aussi opposés que Jean Reno et Jean-Pierre Léaud, vous apprenez qu'ils sont néanmoins séparés par seulement deux degrés. En 1990, Jean Reno joua dans *Nikita* avec Jean-Claude Bolle-Reddat qui, en 2004, joua dans *Folle embellie* avec Jean-Pierre Léaud. Après l'analyse de 800 000 filmographies, le degré moyen de séparation des acteurs apparaît voisin de trois. Si certains acteurs peu connectés n'ont joué que dans un film, d'autres, au contraire, apparaissent comme des hubs. En reliant tous les acteurs par les liens que forment les films dans lesquels ils ont joué, on obtient une carte du monde cinématographique qui ressemble à s'y méprendre à celle d'Internet.

Spontanément, les acteurs s'organisent en une structure décentralisée qui ne possède aucun capitaine. Les spécialistes du marketing ont, depuis, repéré les mêmes structures dans l'ensemble de la société. Leur mission est d'identifier les hubs, ces personnes hautement connectées étant les mieux placées pour diffuser les nouvelles tendances. De leur côté, les biologistes ont cartographié les réactions chimiques liant entre elles les molécules présentes dans les organismes vivants : ils ont découvert là aussi un réseau de type Internet, les molécules d'eau et d'adénosine triphosphate jouant le rôle de hubs. La chaîne alimentaire dessine également un réseau décentralisé hautement interconnecté (fig. 8).

L'architecture hautement décentralisée est universelle. Plutôt que l'exception, elle est la règle dans la nature comme dans nos environnements sociaux. Nous ne retrouvons guère le centralisme que dans nos

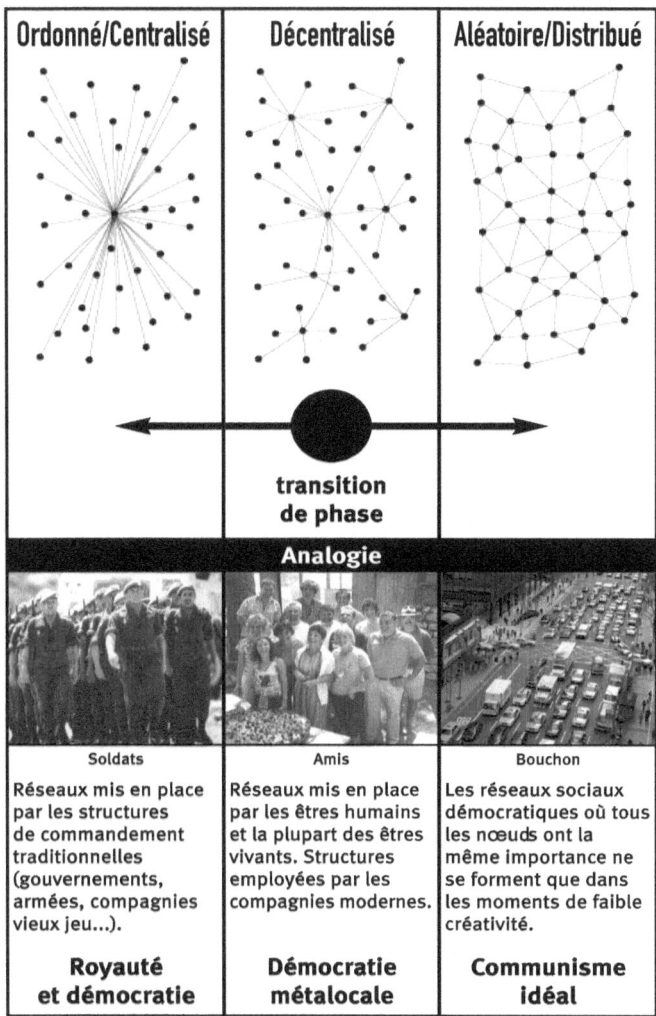

Figure 7 Entre l'ordre et le désordre, au point où se joue la vie, apparaissent les réseaux décentralisés. Des hubs attirent un grand nombre de liens sans empêcher les liaisons transversales de se développer. Nous ne sommes pas tous égaux mais chacun peut se connecter librement aux autres.

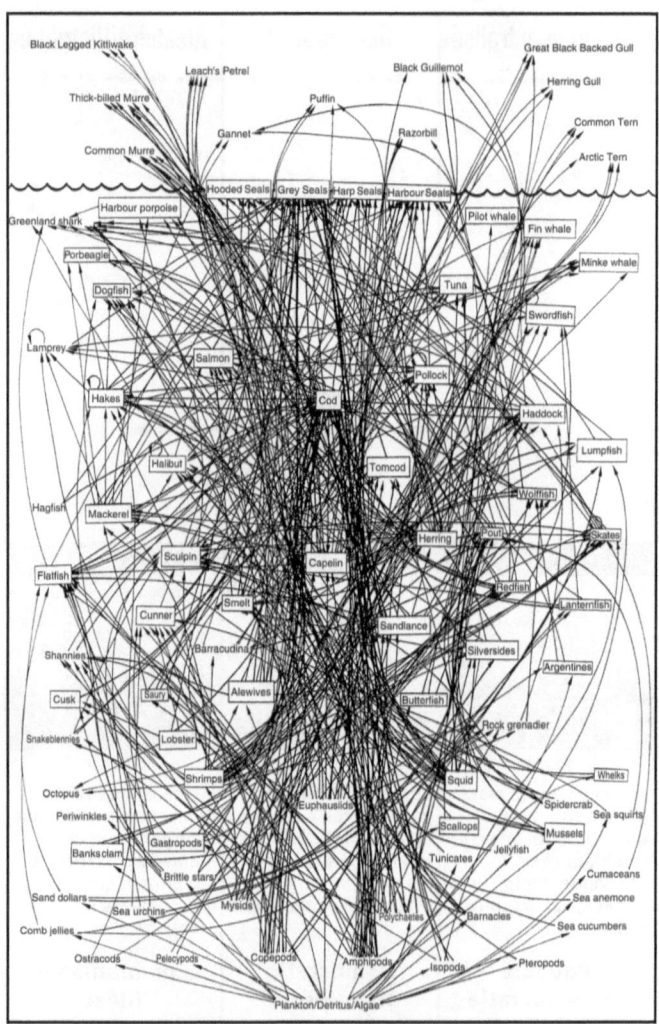

Figure 8 En dessinant la chaîne alimentaire dans l'Atlantique Nord, David Lavigne nous montre combien le monde du vivant est intriqué, combien il est impossible d'en modifier une partie sans influer sur l'ensemble. L'observation d'un tel schéma ne peut que rendre humbles tous les décideurs.

gouvernements ou dans le monde des affaires, où le patron garde souvent une image de général en chef. Pour lui toutefois, le choix de la décentralisation apparaît dorénavant comme une nécessité plus que comme une possibilité idéologique.

Les structures hiérarchisées classiques, avec leur forme pyramidale, manquent de réactivité. Si toutes les cellules de notre corps devaient en référer à notre cerveau avant d'agir, nous n'aurions plus le temps de penser. Le vieux modèle royaliste est bien mort avec l'avènement de la société de l'information. Des compagnies comme Google l'ont compris. Si elles s'organisent en apparence suivant un arbre hiérarchique traditionnel, les employés travaillent dans les faits plus par projet que sous les ordres d'un chef désigné. Des équipes se forment et se déforment sans cesse en fonction des circonstances, suivant les modèles des Lloyd's londoniens.

À la fin du XVIIe siècle, dans la City, Edward Lloyd avait ouvert un pub où se retrouvaient les capitaines de navire, les armateurs et les marchands. Ils y discutaient de leur commerce, de leurs déboires aussi. D'autres clients eurent l'idée d'assumer les risques encourus par les bateaux et les marchandises. Ils devinrent des assureurs indépendants. Lorsqu'ils n'avaient pas les moyens de couvrir une cargaison, ils s'associaient à des collègues. Une structure décentralisée se mit en place d'elle-même. Les Lloyd's devinrent des preneurs de risques. Ils pouvaient tout assurer. Leur souplesse et leur réactivité les propulsèrent à la tête d'un business qui fait encore aujourd'hui la richesse de la capitale britannique.

— Les compagnies sont non seulement des systèmes créés et contrôlés par leurs managers, mais aussi des entités qui s'auto-organisent et évoluent en apprenant, écrit Ilfryn Price, professeur à l'université de Sheffield.

C'est sans doute une évidence, mais elle n'a pas encore pénétré tous les esprits. Les structures centralisées, fragiles en cas de mutation, sont incapables d'absorber les nouveautés. Voilà pourquoi la nature ne leur a pas fait confiance, voilà pourquoi, dans un monde globalisé, elles trouveront de moins en moins leur place. La souplesse des réseaux décentralisés est la clé du succès, comme nous le prouve encore une fois l'histoire d'Internet. Le prix à payer : renoncer à tout contrôler.

Le Web

De 1969 à 1993, le réseau des réseaux se construisit de lui-même sans faire grand bruit puis, soudain, il ne fut plus question que de lui. L'Anglais Tim Berners-Lee, aujourd'hui sir Tim Berners-Lee, venait d'en changer le visage à tout jamais.

Né en 1955, Tim baigna dès son enfance dans l'univers informatique, ses parents ayant participé, à la fin des années 1940, à la mise au point du premier ordinateur commercial britannique. Il entra au Queen's College d'Oxford où il se fit remarquer en piratant l'ordinateur de l'école. Dès lors interdit de clavier, il ne manifesta pas son malheur, ne se chercha pas d'excuses, ne demanda pas le pardon. En tant que connecteur des origines, il n'eut pas d'autre choix que d'agir par lui-même : il se fabriqua alors son propre ordinateur. Diplômé en 1976, il travailla pour diverses sociétés avant d'effectuer, en 1980, une mission au CERN[34].

---

34 Centre européen pour la recherché nucléaire..

À cette époque, il se passionnait pour l'hypertexte. L'idée de découper des documents en sous-documents liés entre eux par des mots clés, apparue au milieu des années 1930, notamment grâce à Herbert George Wells, devint réalité au milieu des années 1960 grâce à Ted Nelson, qui inventa le mot hypertexte, et à Douglas Engelbart, qui créa un premier langage hypertexte[35]. En arrivant au CERN, Tim proposa un système comparable pour faciliter l'accès aux documents informatiques du centre de recherche. En collaboration avec Robert Cailliau, un informaticien belge, il développa une architecture hypertexte qui ne dépassa pas le stade de prototype.

Tim retourna travailler en Angleterre et ne revint au CERN qu'en 1984. Une nouvelle fois, il songea aux applications possibles de l'hypertexte, notamment après avoir découvert en 1987 le système HyperCard présent sur les Macintosh. En 1989, en même temps que son ami Robert Cailliau – mais indépendamment de lui –, il proposa un système hypertexte pour accéder aux documents du CERN. Les deux informaticiens joignirent leurs efforts et créèrent le HTML[36], le langage permettant de décrire les pages Web. En 1990, ils développèrent le premier navigateur et se heurtèrent immédiatement à l'incompréhension des spécialistes de l'hypertexte, comme nous le raconte le chroniqueur Alain Lefebvre[37] :

---

35 En 1938, dans son texte *World Brain*, Herbert George Wells imagina une sorte d'encyclopédie universelle sur le modèle des wikis actuels.

36 HyperText Markup Language.

37 Alain Lefebvre, chronique publiée en mai 2005 dans *Le Journal*

— Mais où est la base centralisée des liens ?

— Heu, il n'y en a pas !

— Mais alors, que se passe-t-il si un lien pointe vers une ressource inexistante (un lien cassé quoi) ?

— Ben, un code d'erreur (le fameux 404)...

— Un code d'erreur ? Et c'est tout ? Inacceptable !

Comme le résume Alain Lefebvre, « les experts du domaine n'ont pas vu que cette relative permissivité était la clé du succès. On connaît la suite... ». Le Web phagocyta Internet. Un réseau décentralisé allait supporter un langage décentralisé et non normalisé.

— Mais le World Wide Web Consortium existe !

— Oui, c'est même Tim Berners-Lee qui l'a créé, pour essayer de mettre de l'ordre dans le désordre.

Personne n'a pensé le Web, personne n'a voté pour son président ou pour son assemblée législative.

— Depuis le tout début, les gens qui ont construit Internet partagent des valeurs communes, dit Paul Twomey, le président de l'ICANN, institution chargée de réguler les noms de domaine. Cela inclut [...] l'idée que les décisions sont prises au niveau le plus bas avant de remonter, que n'importe qui peut participer à la construction du réseau et que les propositions sont jugées sur pièce plutôt que sur l'autorité de leur auteur[38].

Plus loin, Paul Twomey explique que l'ICANN coordonne le système de nommage des domaines et ne le contrôle pas.

---

du Net.

38 Paul Twomey, "Hand off the Internet", colonne publiée dans le *NewScientist* du 12 novembre 2005. L'ICANN (Internet Corporation for Assigned Names and Numbers) a été créée en 1998.

— Le travail de l'ICANN est de s'assurer que 250 000 réseaux privés interconnectés apparaissent comme un seul réseau aux yeux de milliards d'usagers.

Paul Twomey s'inquiète de voir les membres des Nations unies sans cesse débattre au sujet de l'avenir d'Internet. Il évoque une bataille entre le modèle politique hiérarchique du xixe siècle, où toutes les décisions partent du sommet, et le modèle décentralisé du xxie siècle.

— Laissez vivre Internet ! aurait-il pu crier.

Né spontanément, le réseau n'en fonctionne pas moins. Mosaic, le premier navigateur largement distribué, ajouta ses propres commandes au HTML initial, puis Microsoft entra dans la danse avec Internet Explorer, ajoutant d'autres commandes. Les normes édictées par le World Wide Web Consortium sont soit en retard – elles ne tiennent pas compte des usages de fait –, soit en avance – elles décrivent des normes qui ne seront jamais mises en œuvre. Cette désorganisation apparente, cette absence de centralisation et d'autorité régulatrice n'ont pas empêché le Web de se construire et de prospérer. Il est un parfait exemple de la puissance de la décentralisation. Certes, sur le Web, la déviance existe, le banditisme comme la pédophilie, mais pas plus que dans les pays dirigés par des gouvernements autoritaires ; et même moins, car sur le Web, chacun se sent investi d'un droit de regard.

Le monde des connecteurs se construit sur un territoire sans frontières et sans citadelle imprenable. Comme l'imagina Olaf Stapledon sous l'influence de Lewis Fry Richardson, les connaissances y circulent librement, et chacun de nous doit les juger en son âme et conscience. Personne ne nous dit plus ce qui est bon ou mauvais, nous n'attendons plus rien d'une autorité supérieure, nous agissons avec intelligence et notre intelligence s'enrichit à force d'interaction avec d'autres intelligences : elle devient globale.

Mais il faut prendre garde à ne pas idéaliser le Web. Si tout le monde peut s'y exprimer librement, tout le monde n'y parle pas aussi fort. En 1998, Albert-László Barabási et son équipe découvrirent que le Web possédait la même structure qu'Internet lui-même. Des hubs, appelés alors Yahoo! ou AltaVista, s'étaient déjà formés. Les éditeurs de pages Web avaient sans aucune concertation, sans aucune obligation, créé des liens vers quelques sites, dès lors privilégiés.

— Le libéralisme intégral et l'absence de lois conduisent donc à un monde inégal !

La loi winner-take-all

La même mécanique qui fabrique des nœuds sur le réseau physique d'Internet, ses câbles et ses fibres optiques, se répète pour le Web lui-même et engendre des nœuds gigantesques, de véritables monstres par lesquels tout passe, même si théoriquement nous pourrions nous passer d'eux.

En 2005, je n'étais pas encore conscient de la gravité de ce phénomène. Je n'avais pas anticipé qu'en dix ans il dévorerait le Web, le rapprochant sans cesse du réseau en étoile, donc du modèle hiérarchique, plutôt que de le faire tendre vers le réseau hautement décentralisé auquel aspirent les connecteurs.

Tout cela est la faute de la loi winner-take-all, une loi quasi physique, valable sur tous les réseaux. Imaginons deux neurones quasiment identiques, l'un doté d'une connexion avec le reste du réseau (Neurone 1), l'autre de deux connexions (Neurone 2). Supposons que chaque jour, les connexions existantes soient capables d'en créer une nouvelle, donc de doubler le niveau d'inter-connexion. On constate qu'au bout d'un mois de crois-sance, le Neurone 2 a créé plus de connexions (rien de très surprenant, il a un jour d'avance). En termes de part de marché, nous sommes toujours à 1/3 des connexions pour le Neurone 1, 2/3 pour le Neurone 2.

Cette première expérience de pensée ignore un fait fondamental : l'espace des connexions disponibles n'est pas infini. Chaque jour, le réseau n'accepte qu'un nombre fini de nouvelles connexions. Plus il y a de connexions, plus leur coût/énergie d'acquisition augmente (par exemple de 10 %/jour). La somme d'argent/énergie disponible pour acheter des connexions étant proportionnelle au nombre de connexions déjà créées (en quelque sorte, elles ont la capacité d'accaparer des ressources).

En injectant ces paramètres dans notre expérience de pensée, on constate une amplification beaucoup plus grande de la petite différence initiale. Au bout d'un mois, le Neurone 1 ne détient plus que 28 % du marché. Si maintenant les prix augmentent plus vite, l'acteur légèrement avantagé au départ se retrouve maître du monde. Si les prix augmentent de 40 %, le Neurone 1 ne détient plus que 20 % au bout d'un mois. À partir de 60 % d'augmentation, seul l'acteur prédominant à l'ori-gine continue de croître. Le Neurone 1 tombe à 6 % de part de marché.

Pire, si le volume de connexions est limité, le neu-rone dominant commence à rogner les connexions du neurone inférieur qu'il rachète peu à peu jusqu'à l'avaler. Nous en sommes à ce stade avec le Web. Quelques winners ont raflé la mise et continuent d'engloutir les nouveaux liens tels des trous noirs.

Je peux risquer une comparaison avec la théorie de l'inflation en physique. Juste après le big bang, une brusque expansion aurait amplifié les fluctuations quantiques initiales, créant des vides et des pleins dans l'univers, et rendant par la suite possible la formation des structures stellaires sous l'effet de la gravité.

De minuscules irrégularités se sont vues brusquement amplifiées. Ainsi Google, un moteur de recherche avec un petit avantage, est devenu quasiment le seul moteur de recherche. On peut applaudir ses créateurs, mais pas de trop. Ils ont surtout bénéficié d'un magistral coup de chance, celui d'avoir avancé leurs pions au bon moment. Et s'ils n'avaient pas été là, l'acteur juste derrière eux aurait bénéficié du même effet catapulte.

Donc, dans un univers massivement en réseau, inutile de dire qu'on coupera la tête à telle ou telle entreprise. On ferait alors immédiatement apparaître un autre winner. Il faut plutôt contrer la loi de l'inflation.

Contre la gravitation, on a inventé les avions, les planeurs, les parapentes… Contre l'inflation des réseaux, il faut inventer une technologie, peut-être législative et de type antitrust. Elle pourrait prendre la forme d'une taxation exponentielle du nombre de connexions. Google devrait ainsi reverser des milliards de taxes à la communauté.

Si nous ne faisons rien, les trous noirs avaleront Internet, nous serons prisonniers d'entités privées qui nous imposeront leurs règles. Et ça va loin, car plus rien de nous ne leur échappera. Leurs richesses leur permettent déjà d'embaucher les meilleurs développeurs, donc de dépeupler le monde du logiciel libre, qui devient incapable d'innover. Cette nouvelle centralisation entrave l'auto-organisation, notamment sur le champ politique. Nous autres connecteurs nous retrouvons soudain démunis, à nouveau à devoir batailler contre de géants médiatiques dispensant la pensée politiquement correcte.

D'une certaine façon, nos sociétés n'ont jamais été aussi centralisées. C'est dramatique, parce que nous sommes face à une crise que nous ne traverserons pas avec ce mode d'organisation. Si les choses en restent en l'état, j'imagine trois grands scénarios.

(1) Un gigantesque cataclysme, soit naturel soit artificiel, qui épurera la population jusqu'à la ramener à un niveau tel que la complexité en serait mécaniquement réduite, ainsi donnant une chance aux silos de perdurer (scénario probable puisque rien n'est fait pour traverser la crise de la complexité).

(2) Une militarisation des populations, chacun de nous devenant une espèce de soldat préprogrammé, aux comportements ultraprévisibles, façon en quelque sorte de réduire la complexité, et encore une fois de maintenir les silos opérationnels (d'où les programmes de surveillance des populations mis en œuvre par les gouvernements).

(3) Une victoire (improbable) des idéologies décroissantes qui nous feraient entrer dans un second moyen âge.

Heureusement, un sursaut reste possible. Déjà parce que nous sommes les principaux responsables de la crise, oui, chacun d'entre nous. Nous avons créé les GAFAM (Google, Apple, Facebook, Amazon, Microsoft) et les ultrariches par nos comportements de consommateurs stupides, et certains d'entre nous travaillent dans les organisations qui mettent en œuvre la surveillance, sans avoir comme Snowden le courage de la dénoncer. Un jour, il faudra peut-être juger ces collaborateurs, mais sans doute pas avec plus de sévérité que tous les humains libres, moi le premier.

(1) Nous sommes libres de changer nos vies.

(2) Nous sommes aussi libres de faire comme tous les autres. Victimes du mimétisme, nous n'usons pas de notre liberté pour nous différencier, mais au contraire pour nous conformer, ce qui fait le jeu des silos (et facilite notre surveillance).

Bien sûr, nous pourrions collectivement lâcher les acteurs devenus trop puissants. Mais c'est une hypothèse à laquelle je crois de moins en moins. Ces acteurs nous connaissent de mieux en mieux, presque trop bien pour que nous puissions les surprendre. Au moindre frémissement, ils rachètent ceux qui pourraient un jour leur nuire.

Inutile également d'invoquer comme voie de salut la main invisible chère aux libéraux. La situation de monopole sur un réseau devient si flagrante, si universelle, qu'elle ne laisse plus sa chance aux nouveaux acteurs, à moins qu'ils déplacent la bataille sur un réseau émergeant. Est-ce possible quand ce réseau implique toute la sphère numérique ? J'ai quelques doutes, voilà pourquoi une législation s'impose, donc une forme de gouvernance.

Mais attention, ne chassons pas des dictateurs pour en mettre d'autres à leur place et construire un réseau pire que l'actuel. Pour éviter de nous fourvoyer, nous devrions passer la nouvelle structure au crible des trois règles de légitimité proposées par Olivier Auber[39].

(1) **A ou liberté.** Tout agent A peut-il accéder ou quitter librement le réseau ? C'est par exemple en gros le cas sur Facebook ou Twitter, et sur Internet en général, mais ce n'est pas le cas dans le réseau monétaire où on nous plonge dès la naissance.

(2) **AB ou égalité.** Tout agent B (présent ou futur, y compris les agents qui conçoivent, développent, administrent et font évoluer le réseau) est-il traité comme l'agent A ? C'est rarement le cas, surtout sur Facebook où Zuckerberg dispose de davantage de droits que nous.

(3) **ABC ou fraternité.** L'appartenance des agents A, B et C (ABC étant le début d'une multitude) à un réseau satisfaisant aux deux premiers critères, suffit-il à ce qu'ils se reconnaissent comme pairs ? Ce n'est pas simple, c'est l'idée que nous pouvons faire communauté en toute harmonie.

Au regard de ce crible, Internet n'est de toute évidence pas légitime. Des acteurs étant mécaniquement propulsés à sa tête par l'inflation, la règle AB est bafouée et la fraternité n'a aucun moyen d'y naître, quels qu'aient été nos espoirs initiaux.

Plus grave, comme Internet englobe toute la sphère marchande et culturelle, on retrouve l'inflation partout, jusque dans la littérature où le premier cancre venu se retrouve propulsé au Panthéon des lettres. Ni plus ni moins que par un coup de chance. Voulons-nous d'un monde où nos idoles sont tirées au sort ?

---

39 « Manifeste Monnaie P2P », Olivier Auber, 2014.

— Mais c'était semblable avant.

— Pas tout à fait. On avait alors des progressions linéaires, voire géométriques, désormais nous avons passé la vitesse exponentielle de l'inflation. Que faire ? Pas d'autres choix que gouverner, reprendre le pouvoir collectivement, en gardant en tête le crible de légitimité.

Le plus grave serait de nier la loi winner-take-all. Ce serait comme nier la gravitation, arriver au sommet d'une falaise et se jeter dans le vide en se persuadant que tomber est une illusion. C'est une loi naturelle, ne lui cherchons pas des explications sociopolitiques. À elle seule, elle démontre l'inanité du libéralisme économique, et met en garde tous ceux qui rêvent d'une société sans État. Nous avons besoin d'un État, fluide, léger, en réseau, un État de connecteurs, qui minimise les lois, mais prend les mesures indispensables pour éviter la domination du réseau par des tiers privés.

CHAPITRE 3

NE PAS ÉTUDIER

Le devoir de différence

Plus on est semblable à tout le monde, plus on est comme il faut. C'est le sacre de la multitude. Être habillé comme il faut, parler comme il faut, manger comme il faut, marcher comme il faut, vivre comme il faut, j'ai entendu cela toute ma vie.

Léon Bloy

Juin 2005, Palo Alto, Californie. L'année universitaire se termine à Stanford. Avec leurs familles et leurs amis, 5 000 étudiants, fin prêts pour la vie active, persuadés de détenir toutes les cartes qui assureront leur avenir, envahissent les gradins du stade où va se dérouler la cérémonie de remise des diplômes. Comme à l'ouverture d'un match de coupe du monde de football, des ballons s'envolent et des Klaxons lancent des appels de détresse. Alors que les professeurs entrent sur la pelouse, des cris retentissent :
— Steve, embauche-moi !

Derrière le président de l'université, à l'avant du cortège officiel, un quinquagénaire mal rasé, les yeux pétillant sous ses lunettes rondes à monture métallique, lève la tête et sourit. Il aperçoit dans le ciel une bannière publicitaire, traînée par un avion de tourisme, sur laquelle il peut lire un message à son adresse :

— Steve, ne sois pas petit joueur — recycle tous les *e-waste*[40].

Mais déjà l'avion s'éloigne, le révérend Scotty McLennan ramène le calme dans le Stanford Stadium et donne sa bénédiction, puis le président introduit l'invité d'honneur de la cérémonie : Steve Jobs, le charismatique fondateur d'Apple Computers. Il le décrit comme un visionnaire et rappelle sa volonté de toujours privilégier l'innovation. Décontracté, Steve monte sur le podium. Comme tous les dignitaires, il porte une robe noire à col violet, mais il l'a passée au-dessus d'un jean délavé, sans se soucier du protocole. Cette nonchalance ne fait que préfigurer la teneur du discours que va prononcer Steve.

— Je n'ai jamais été diplômé, dit-il dès le début sur un ton de mise en garde. En vérité, je n'ai jamais été aussi près d'une cérémonie de remise de diplômes qu'aujourd'hui.

Il raconte alors comment il abandonna l'université après six mois parce que ses parents adoptifs n'avaient pas les moyens de payer ses études.

— Je n'avais aucune idée de ce que je voulais pour ma vie et je ne voyais pas comment l'université pouvait m'aider. Et pourtant, j'y dépensais l'argent que mes

_____
40 Résidus de l'industrie électronique.

parents avaient économisé durant toute leur vie. Aussi je décidai d'abandonner, persuadé que je m'en sortirais de toute façon. J'étais un peu effrayé, mais, quand je regarde en arrière, ce fut l'une des meilleures décisions que je n'ai jamais prises. À la minute où j'ai abandonné [décidé de ne plus payer, donc de ne pas passer de diplôme], j'ai eu la liberté de ne plus suivre les cours obligatoires et j'ai assisté à ceux qui m'intéressaient.

Comme à son habitude, en ce dimanche de juin 2005, Steve Jobs joue le porte-parole de sa génération. Sans faux-fuyant, il annonce aux étudiants de Stanford que les diplômes ne servent à rien. Un diplôme implique un ensemble de connaissances stéréotypées, avec des cours obligatoires. Au contraire, un homme libre doit étudier selon ses goûts et ses aspirations. Il se constitue ainsi un cursus sur mesure qui, de ce fait, ne peut plus porter aucune appellation standardisée.

— Parce que j'avais décidé de ne passer aucun examen, je n'avais pas à suivre les cours normaux. Je me suis alors inscrit en calligraphie. […] Je l'ai fait sans songer à une application quelconque dans ma vie. Mais dix ans plus tard, quand nous avons conçu le Macintosh, tout m'est revenu. Et nous avons inclus tout cela dans le Mac. Ce fut le premier ordinateur avec de belles polices de caractère. Si je n'avais pas suivi ce cours de typo à l'université, le Mac n'aurait jamais disposé de plusieurs polices avec des jeux de caractères proportionnels.

Si les parents adoptifs de Steve n'avaient pas manqué d'argent, s'il n'avait pas décidé de n'en faire qu'à sa tête et de n'étudier que ce qui lui plaisait, l'informatique n'aurait peut-être jamais eu le visage que nous lui connaissons. Si Steve n'avait pas momentanément stoppé son cancer du pancréas, il n'aurait sans doute jamais terminé son discours de Stanford par une dernière invective :

— Votre temps est limité, aussi ne le gaspillez pas en vivant la vie de quelqu'un d'autre. Ne vous laissez pas piéger par les dogmes [...]. Et, par-dessus tout, ayez le courage de suivre votre cœur et vos intuitions.

Pour Steve Jobs, les jeunes diplômés de Stanford avaient déjà perdu trop de temps en suivant les dogmes que constituent les programmes universitaires. Il était temps pour eux de commencer à vivre ; en conclusion, il leur dit :

— Restez sur votre faim. Soyez fous[41].

Les études à temps partiel

Avec ses injonctions, Steve Jobs ne se contente pas de rabâcher le credo du *carpe diem* : s'épanouir implique de développer ses spécificités en quittant les routes toutes tracées, à commencer par celle des diplômes universitaires. Steve ne conseille pas de ne pas étudier, mais de ne pas passer des examens, aussi inutiles que les élections démocratiques dont ils sont le pendant. Comme les nations aux frontières closes, les cursus souffrent d'une centralisation excessive. Ils restreignent la liberté créative des élèves, les forcent à lire les mêmes livres, à résoudre les mêmes problèmes, à penser de la même façon.

— Ne devons-nous pas partager la même culture pour nous comprendre ?

— Pourquoi nous imposer de lire tel auteur et pas tel autre ? La culture est un immense champ où chacun peut cueillir les fleurs qui lui plaisent.

---

41 « *Stay Hungry. Stay Foolish.* »

Si un pouvoir central est inefficace pour régir une société, un système éducatif centralisé est lui aussi inefficace. Incapable de répondre à chaque élève en tant qu'individu, il les considère comme des groupes et non comme des agents autonomes qui interagissent les uns avec les autres. Il commet la même erreur que l'ingénieur qui assimile le trafic routier à un ensemble de flux et nie l'existence des voitures. Un recteur d'académie ressemble au chef fantôme d'une flotte de boids.

— Volez en V, ordonne-t-il.

Il ne veut pas admettre que ses oiseaux n'ont pas besoin de lui, qu'ils peuvent se débrouiller seuls. Comme nous pouvons nous passer des hommes politiques, des chefs de toutes sortes, nous pouvons nous passer des professeurs et de leurs notations qui, avec les examens, n'ont d'autre fonction que de nous hiérarchiser socialement.

— Qui va donc enseigner ?

— Vous, moi, nous tous deviendrons les professeurs des autres. Je vous apprends ce que je sais, vous m'apprenez ce que vous savez.

— Encore une utopie.

— Il me suffit de surfer sur Internet pour être convaincu que cette utopie est déjà à l'œuvre. Les gens qui se sentent pédagogues créent spontanément autour d'eux des classes virtuelles. Les blogs et les chaînes YouTube sont le meilleur exemple de cette redistribution des savoirs.

Pour Steve Jobs, plutôt que de suivre un cursus à temps plein, nous devrions en suivre plusieurs à temps partiel. Les professeurs eux aussi devraient occuper leur fonction temporairement. Il y a un temps pour l'étude, un temps pour la pratique, un temps pour l'enseigne-ment. La décentralisation appliquée à la démocratie et au système éducatif peut s'étendre à l'ensemble de notre vie : nous devons nous décentraliser. Et Steve Jobs donne l'exemple. Devant les étudiants de Stanford, il raconte sa vie après avoir été licencié d'Apple, en 1985 :

— Les cinq années qui suivirent, j'ai lancé une société appelée NeXT, une autre appelée Pixar, et je suis tombé amoureux d'une femme merveilleuse qui est devenue ma femme. Pixar a créé le premier film d'animation numérique, *Toy Story*, et aujourd'hui, c'est le studio le plus célèbre au monde. Par un remarquable revire-ment de circonstances, Apple acheta NeXT, je retournai chez Apple, et la technologie que nous développions chez NeXT devint le moteur de l'actuelle renaissance d'Apple.

Comme Steve Jobs, nous devons vivre plusieurs vies en même temps ; les professeurs aussi, sous peine de se dessécher de l'intérieur. Nos vies, non plus tracées une fois pour toutes, se décentrent.

— Déchirez vos diplômes, aurait pu crier Steve aux étudiants médusés sur les gradins du Stanford Stadium. Partez à l'aventure !

Il existe un pays proche de cet idéal. Un pays où le système éducatif est décentralisé, où les professeurs définissent les programmes et gèrent leur budget, où les élèves ne sont pas notés, où les examens sont rares et encore plus rarement nationaux. Il se trouve que dans ce pays, la Finlande, les enfants se classent premiers aux tests d'évaluation scolaire internationaux[42]. Il se

---

42 "Bad education blights Europe", *The Economist*, 23 mars 2006.

trouve que ce pays dispose du meilleur système éducatif au monde et, comme par hasard, ce système est massivement décentralisé.

La cybernétique

En septembre 1906, dans la banlieue de Boston, le matin de la rentrée des classes, un jeune garçon en culotte courte se lança lui aussi à l'aventure, une aventure qui allait justifier les propos radicaux de Steve Jobs. Cet enfant un peu rebondi, portant des lunettes dorées à gros foyer, embrassa ses parents et sautilla vers sa nouvelle école. Il dépassa un lycée où se rassemblaient d'autres enfants de son âge puis se dirigea vers le campus de la Tufts University. Les étudiants le regardèrent avec ironie, peut-être se moquèrent-ils de lui, mais ils n'allaient pas tarder à découvrir que Norbert Wiener serait tout au long de l'année, et pour les années à venir, leur compagnon de classe. À 11 ans, il était le plus jeune étudiant que les États-Unis aient connu. Un mois plus tard, le journal *New York World* faisait de lui une célébrité en publiant à la une un article à son sujet.

— Je ne vois pas pourquoi on s'intéresse à moi juste parce que je suis jeune, dit-il au journaliste venu l'interviewer[43]. Les autres garçons aussi sont jeunes. Je ne vois pas ce qu'il y a de merveilleux à aimer étudier. Je n'étudierais pas si je ne voulais pas le faire.

Quarante ans plus tard, ce surdoué espiègle qui avait appris l'alphabet en deux jours à 18 mois et était sorti de Harvard avec un doctorat de mathématique à 18 ans,

---

43 Propos reportés dans *Dark Hero of the Information Age*, biographie de Nobert Wiener publiée en 2005.

fonda une nouvelle science, la cybernétique, dont le nom vient du grec *kubernêtikê*, art de gouverner les navires. Il ne savait pas que le physicien français André Marie Ampère avait employé ce terme en 1834 pour désigner la science du gouvernement des hommes. Mais pour Norbert Wiener, la cybernétique poursuivait le but plus modeste d'étudier les systèmes biologiques ou mécaniques qui se contrôlent eux-mêmes.

Par exemple, un thermostat installé à la sortie d'une chaudière lui ordonne de chauffer plus quand la température est insuffisante et de chauffer moins quand elle est trop élevée. L'information récupérée à la sortie du système est alors réintroduite à l'entrée du système par une boucle d'asservissement ou de feedback. La cybernétique avait pour but d'étudier ce phénomène afin de comprendre comment des systèmes plus complexes pourraient se contrôler eux-mêmes ; elle ouvrit la voie à la robotique et mit à la mode le préfixe cyber.

— Aujourd'hui, Norbert Wiener est quelque peu oublié, mais ses découvertes influencèrent l'économie et la culture mondiales, écrivent Flo Conway et Jim Siegelman[44]. [...] En moins d'une décennie, la cybernétique transforma le quotidien des ouvriers dans toutes les industries et, durant l'après-guerre, engendra la mise au point d'une myriade de nouveaux appareils.

La maîtrise du feedback ouvrit la porte à des automatismes jusque-là impensables, des machines à laver aux robots assembleurs dans les usines automobiles. Norbert Wiener nous fit entrer dans l'âge de l'information,

---

44 Flo Conway, Jim Siegelman, *Dark Hero of the Information Age*, 2005.

dont il fut l'un des théoriciens, avec son ami le mathématicien Claude Shannon.

Éloge du généralisme

Pour comprendre comment des animaux et des machines communiquent et se contrôlent, Norbert Wiener comprit tout de suite qu'il fallait être à la fois biologiste et physicien, neurologue et psychologue, mathématicien et médecin : la cybernétique était une science pluridisciplinaire.

— Malheureusement, depuis Leibniz peut-être, aucun homme n'a été capable d'embrasser tous les savoirs de son temps, écrivit-il[45]. Depuis cette époque, la science a été de plus en plus l'œuvre de spécialistes, dans des domaines qui ont tendance à devenir de plus en plus étroits.

Norbert Wiener milita contre cet enfermement, contre l'étiquetage de chacun à des postes fixes. Steve Jobs lui emboîta le pas et, avec lui, tous les connecteurs. Nous avons le droit de changer plusieurs fois de métier dans notre vie comme de nous intéresser à des domaines aussi divers que la physique ou la musique. Plus personne n'a de prérogative, la connaissance est la propriété de tous et tout un chacun peut contribuer à son évolution, même s'il ne possède pas le diplôme adéquat.

Tout au long de sa vie, Steve Jobs démontra les vertus de la polyvalence. Cet étudiant buissonnier, bientôt programmeur de jeux vidéo pour Atari, devint un génie du

---

45 Norbert Wiener (1894–1964), *Cybernetics: or Control and Communication in the Animal and the Machine*, 1948.

marketing puis un producteur de cinéma après avoir racheté les studios de trucage de George Lucas. Le slogan *Think different* qu'il choisit pour Apple lors de son retour aux commandes en 1996 peut être repris par tous les connecteurs : refus de s'enfermer dans des modes rigides et désir d'apporter le regard neuf de celui qui découvre quelque chose pour la première fois.

Le *curriculum vitae* n'est plus un sésame et devient une simple autobiographie. Il mesure l'aspiration au généralisme, l'aptitude à sauter d'un domaine à l'autre et à apporter sa contribution là où personne ne l'attend. Avoir commencé sa carrière comme informaticien, être devenu journaliste, avoir collaboré à une start-up en biotechnologie puis s'être mis à jouer en Bourse avant de s'installer à son compte et de vendre du vin sur Internet est le parcours possible d'un connecteur quadragénaire. Lorsqu'il décide de revenir dans l'industrie, un directeur des ressources humaines ne devrait pas le regarder avec des gros yeux. On ne demande plus à quelqu'un quel métier il fait, quelles études il a suivies, mais comment il pense résoudre tel ou tel problème.

La philosophie centrale des connecteurs, le généralisme et la polyvalence, est donc née sous l'impulsion de Norbert Wiener. Dorénavant, elle s'épanouit grâce au Web, qui relie des connaissances disparates et nous permet de sauter de l'une à l'autre, presque incidemment. Il suffit qu'un mathématicien cite les travaux d'un physicien pour que le lecteur s'intéresse à ces travaux, qui eux-mêmes font référence à un pigment utilisé par un peintre, qui s'est lui-même inspiré d'une symphonie... Nos savoirs s'interconnectent au-delà de toute frontière. L'éclectisme de Leibniz, qui n'est pas sans rappeler celui des penseurs grecs comme Ératosthène ou Aristote, devient un modèle implicite pour les connecteurs. Surfer sur Internet nous transforme en généralistes pour peu que nous laissions libre cours à notre curiosité, curiosité qui constitue la capacité la plus vitale de l'*homocyber*.

Suivant l'exemple de Norbert Wiener, cet homme nouveau ne fait plus de différences entre art et science, entre philosophie et poésie, entre travail et loisir. Son attitude se généralise peu à peu, en même temps que s'étiole la vieille garde, arc-boutée sur des institutions et des conventions qui se fissurent de toutes parts. Qu'est-ce qu'un roman ? Qu'est-ce qu'un essai ? Qu'est-ce qu'un tableau ? Qu'est-ce qu'une bande dessinée ? Les connecteurs ne se préoccupent plus de genres : seul le marché, celui des librairies ou des galeries par exemple, cherche encore à maintenir un semblant d'ordre afin de simplifier les rayonnages, qu'ils soient physiques ou virtuels. Le Web contamine peu à peu la société dans un réseau resserré d'interconnexions. Il nous impose l'éclectisme sans pour autant faire de nous des amateurs. Au contraire, les experts doivent développer leurs expertises hors de leur domaine d'origine, par exemple en s'associant à d'autres experts.

— Si pour résoudre un problème physiologique il faut recourir aux mathématiques, dix physiologistes ignorant les mathématiques n'iront pas plus loin qu'un seul physiologiste ignorant les mathématiques, écrivait encore Norbert Wiener.

Sans un mathématicien, Alan Turing, les botanistes n'auraient jamais compris la croissance des végétaux. Sans un graphiste, Craig Reynolds, les ornithologues n'auraient jamais compris le vol des oiseaux. Sans une biologiste moléculaire, Evelyn Fox Keller, associée à un mathématicien, Lee Segel, les mycologues n'auraient jamais compris le cycle de vie du *Dictyostelium discoideum*. Sans le regard de l'étranger, les spécialistes seraient restés prisonniers de leur coterie. Après avoir décodé l'ADN, les généticiens n'auraient pas mieux compris les organismes vivants ; en revanche, grâce à l'étude de la topologie des réseaux, notamment d'Internet, ils imaginent le réseau des réactions chimiques. Ils voient comment une réaction se propage à travers les hubs et influence d'autres réactions à venir. Seuls des généralistes, des hommes ouverts à toutes les disciplines, sont capables d'étudier la complexité sans se laisser enfermer dans des frontières arbitraires.

Causalité circulaire

Au cours du XXᵉ siècle, une ville a compté plus que toutes les autres dans l'histoire des arts et des idées ; et ce n'est pas Paris ou New York, mais Vienne, où se croisèrent, en l'espace de quelques années, les deux plus grands philosophes du siècle, Ludwig Wittgenstein et Karl Popper[46], le père de la psychanalyse, Sigmund Freud, deux immenses écrivains, Hermann Broch et Robert Musil, sans parler des mathématiciens comme Rudolph Carnap ou Kurt Gödel, des musiciens comme Gustav Mahler et Arnold Schönberg ou des peintres comme Egon Schiele et Oskar Kokoschka. Dans ce

---

46 Ludwig Wittgenstein (1889–1951) est considéré comme le plus grand philosophe du xxe siècle, au côté de Karl Popper (1902–1994), qui fut son grand rival.

creuset de l'Art nouveau et de tous les paradoxes[47], naquit, en 1911, le plus ardent défenseur du généralisme : Heinz von Foerster.

— Je ne sais pas de quoi je suis expert ; mon expertise est de ne pas être un spécialiste, dit-il[48]. Je recommande d'abandonner toute spécialisation dès que possible. Elles sont des séquelles du monde académique. Dans ce monde, vous embauchez quelqu'un et devez pouvoir l'appeler historien, physicien, chimiste, biologiste, biophysicien ; il y a toujours un nom pour lui. C'est un être humain : Joe Smith – il porte soudainement un collier autour du cou : biophysicien. Dorénavant, il doit vivre avec cette étiquette et s'écarter de tout ce qui n'est pas biophysique.

Heinz von Foerster tomba dans le généralisme comme d'autres entrent en religion. Ses parents vivaient à Vienne, au cœur de l'effervescence intellectuelle et artistique de l'entre-deux-guerres. Enfant, il se cachait sous le piano pendant que les compositeurs d'avant-garde jouaient leurs œuvres pour la première fois. Chez lui se côtoyaient les scientifiques et les peintres, les danseurs et les philosophes, les acteurs et les hommes politiques, les journalistes et les écrivains.

— Grandir dans un tel environnement vous plonge dans un état d'esprit où vous avez bien du mal à vous intéresser à une seule discipline, dit-il.

Alors que l'éducation viennoise traditionnelle exigeait la maîtrise du grec et du latin, de l'histoire et de la géographie, Heinz von Foerster se laissa séduire par

---

47 À la même époque, Adolf Hitler vivait lui aussi à Vienne.
48 Interview de Heinz von Foerster (1911–2002) publiée en 1994 dans la *Stanford Humanities Review*.

les mathématiques, la physique et la philosophie. Un des premiers admirateurs de Wittgenstein, il tomba en extase devant son *Tractatus logico-philosophicus*, au point d'apprendre par cœur ses absconses propositions.

— Ainsi, très jeune, je fus exposé à ce que j'appelle aujourd'hui une notion de second ordre – une notion qui parle de notion [...].

En s'intéressant à la pensée qui pense à propos d'elle-même, cette pensée réflexive très particulière aux êtres humains, Heinz von Foerster avait rencontré une forme de feedback chère à Norbert Wiener. Lorsqu'il émigra aux États-Unis en 1949, il devint l'un des plus ardents défenseurs de la cybernétique, cette science par essence pluridisciplinaire.

— Pour moi, la cybernétique [...] introduit pour la première fois [...] la notion de circularité [... Elle] s'intéresse aux systèmes qui agissent sur eux-mêmes.

Heinz von Foerster parla de causalité circulaire. En 1960, il fut le premier à s'intéresser à l'auto-organisation des agents autonomes. Il comprit que lorsqu'un système s'auto-organise, causant lui-même sa propre évolution, il accroît sa complexité. Pour saisir ce qui se passe, un observateur doit élargir sa description, quitte à ajouter de nouvelles perspectives. En d'autres mots, l'étude des systèmes complexes qui s'auto-organisent implique l'ouverture d'esprit, le généralisme.

Ainsi Heinz von Foerster, un généraliste né, justifiait sa position circulairement. Dans un monde complexe, en évolution constante, le généralisme est la seule attitude viable. Il faut s'intéresser à tout, car tout se transforme sans arrêt.

— Tu avances ou tu recules, tu n'as pas d'autre choix.

Les connecteurs ne pouvaient que faire de cette attitude leur profession de foi. Devant les étudiants de Stanford, Steve Jobs se devait de les inciter à un éclectisme étranger à tout cursus universitaire. En tant qu'agents autonomes, plus nous nous différencions les uns des autres, plus les interactions qui nous lient sont fécondes, plus nous avons de chances de nous auto-organiser en structures complexes et souples. Nous avons non seulement le droit à la différence, mais le devoir de différence.

Les sociétés centralisées reposent sur des soldats formatés, les seuls individus aptes à répondre à des ordres. Les sociétés décentralisées se construisent grâce à des rebelles généralistes. Spontanément, ils créent des réseaux sociaux où chaque lien vibre à sa fréquence propre comme autant de notes de musique. De cette cacophonie émerge, par auto-organisation, un accord parfait, jamais un ton monocorde. Le passage de la centralisation à la décentralisation est, pour la société, comme le passage du contrepoint à la polyphonie en musique. Plutôt qu'une voix unique qui se fait écho à elle-même, de multiples lignes mélodiques s'entremêlent et se répondent.

— Par opposition aux soldats formatés des sociétés centralisées, vos rebelles généralistes ne risquent-ils pas de favoriser le terrorisme ?

— Les pieuvres distribuent leur intelligence dans leurs bras qui, chacun, disposent d'un système nerveux autonome pour éviter de surcharger le cerveau central. Cette distribution de l'intelligence est un gage d'efficacité. De même, parce que le terrorisme est décentralisé, il est plus efficace que les armées centralisées. Jusqu'à preuve du contraire, elles n'ont jamais pu grand-chose contre lui. Elles ont été conçues pour gagner ou défendre des territoires, lui s'attaque au réseau de communication/transport garant de l'intégrité de la société de l'information. Si nous voulons le vaincre, nous devons le combattre avec ses propres armes.

Dans un monde décentralisé, le terroriste est l'équivalent du soldat dans le monde centralisé. Je ne porte ni les uns ni les autres dans mon cœur. J'entrevois tout de même une lueur d'espoir. Si les soldats ont prouvé leur efficacité dans les combats entre mastodontes centralisés, je crois les terroristes incapables d'affecter en profondeur la société décentralisée. Hautement délocalisée, elle n'est pas vulnérable, sinon psychologiquement. La bataille contre le terrorisme se gagnera individuellement. En attendant, les terroristes continueront de frapper, car ils n'ont pas d'autre moyen de s'exprimer dans un monde qui ne leur convient pas. Plus ils frapperont, plus les systèmes centralisés devront se fractionner pour encaisser les coups et répondre à armes égales. Le terrorisme aura sans doute pour effet de précipiter l'avènement des structures décentralisées et métalocales.

L'informatique pour commencer

Parmi les cybernéticiens des origines, aux côtés de Norbert Wiener et Heinz von Foerster, siégeait une autre figure légendaire : John von Neumann. Dès mon adolescence, comme tous mes contemporains, j'ai croisé son nom à maintes reprises. À l'école, les calculatrices électroniques que nous utilisions, avec leurs afficheurs rouges ou verts et leurs touches en caoutchouc souple, fonctionnaient suivant une architecture von Neumann. Aujourd'hui, en 2005, alors que j'écris ce texte, je travaille encore sur un ordinateur von Neumann. Sa marque commerciale n'a aucune importance : Apple, Sony, Dell... ne font que fabriquer des machines qui utilisent un principe en apparence enfantin tant il va de soi : les programmes et les données sont stockés dans la même mémoire *(stored-program computer)*. En d'autres mots, une machine von Neumann est reprogrammable, c'est une machine universelle qui repose sur une astuce technique découverte durant les années 1940, mais pas uniquement par von Neumann.

La paternité des découvertes est souvent difficile à établir. Certains historiens essaient, par exemple, d'attribuer la relativité restreinte à Henri Poincaré plutôt qu'à Einstein. Les Grecs anciens avaient baptisé le théorème de Pythagore en l'honneur d'un de leurs plus brillants mathématiciens alors que Babyloniens et Égyptiens connaissaient le théorème depuis mille ans. Pythagore avait simplement réussi la plus belle démonstration. Il en va de même avec von Neumann et son architecture, qui fut pour la première fois mise en œuvre par John William Mauchly et John Presper Eckert lorsqu'ils dessinèrent l'ENIAC, ordinateur commandé par l'US Army en 1941[49]. John von Neumann, leur collègue, était le théoricien de l'équipe, c'était aussi l'un des esprits les plus brillants de son temps.

Né à Budapest en 1903 dans une famille de banquiers, il se prénommait alors János. À 6 ans, von Neumann blaguait en grec ancien avec son père. Diviser de tête des nombres de huit chiffres ne lui posait aucun

---

49 Electronic Numerical Integrator And Computer.

problème. Sa mémoire était prodigieuse. Lorsque ses parents recevaient des invités, il se livrait à un petit jeu avec eux. Après avoir lu une page de l'annuaire téléphonique choisie au hasard, il donnait le numéro de n'importe quelle personne ou récitait, dans l'ordre, la totalité de la page. Dès 1911, ses professeurs virent en lui un futur mathématicien de génie et lui prodiguèrent toute leur attention. Il suivit des cours particuliers avec un jeune universitaire et, en collaboration avec lui, publia son premier papier scientifique à dix-sept ans. En 1921, comme son père ne voulait pas qu'il étudie les mathématiques, passe-temps trop mal rétribué, le fils prodige partit étudier la chimie à Berlin puis à Zurich, où il obtint un diplôme d'ingénieur en 1926. Mais rien ne pouvait l'empêcher de s'intéresser aux mathématiques. À Zurich, il assista aux cours de George Pólya, qui dit plus tard :

— Johnny fut le seul étudiant dont j'aie jamais eu peur. Lors d'un cours, j'évoquai un problème encore irrésolu. À la fin du cours, Johnny vint me voir avec la solution griffonnée sur un bout de papier.

En 1926, von Neumann obtint, en même temps que son diplôme d'ingénieur, un doctorat en mathématique à l'université de Budapest, où il ne s'était jamais montré, se contentant d'y passer les examens. Il publia alors sa théorie des ensembles, qui lui valut une renommée internationale. Dans les conférences, ses collègues le désignaient comme le jeune génie. En deux ans, de 1927 à 1929, il élabora seul les fondements mathématiques de la toute nouvelle mécanique quantique, unifiant les théories de Schrödinger et de Heisenberg. En 1930, il émigra aux États-Unis. L'année suivante, il fut nommé professeur de la prestigieuse université de Princeton. En 1933, à côté d'Albert Einstein, il devint un des fondateurs de l'Institute for Advanced Study où il développa sa théorie des jeux, discipline qu'il créa avec l'économiste Oskar Morgenstern.

Durant la guerre, il travailla à la mise au point des premiers ordinateurs. Il rencontra Norbert Wiener puis, à la fin du conflit, Heinz von Foerster lors des Macy Meetings, qui rassemblaient des mathématiciens et des physiciens, mais aussi des anthropologues et des médecins. Dans ce creuset multidisciplinaire, l'informatique était en train de naître. Grâce à une bande de généralistes géniaux, l'ordinateur devint le plus généraliste des outils jamais inventés par l'homme. Aussi utile au chirurgien qu'au financier, à l'architecte qu'au musicien, il trouva des applications dans tous les domaines. Poussé à la transdisciplinarité, forcé de suivre les conseils de Steve Jobs et de ne s'enfermer dans aucun cursus, l'informaticien est devenu, aussi paradoxal que cela puisse paraître, le plus généraliste des généralistes.

Loin de rester emprisonné dans sa spécialité, l'informaticien s'ouvre aux autres et à la nature qui l'environne. Sans lui, les flottes d'oiseaux comme les colonies d'insectes seraient demeurées mystérieuses. Nous n'aurions jamais découvert la puissance des structures décentralisées. Et ce n'est pas un hasard si les pères de l'informatique, à commencer par Alan Turing, furent aussi les pionniers de l'étude des structures complexes. Ils inventèrent un nouvel outil pour comprendre les phénomènes qui nous avaient toujours échappé. L'exploration de la complexité ne pouvait aller de pair qu'avec le perfectionnement des ordinateurs.

Ainsi, souvent dans l'histoire des sciences, une étape décisive ne peut être franchie que grâce à la mise au point d'un nouvel outil. La lunette conçue par Hans Lippershey permit à Galilée en 1609 de confirmer que la Terre n'était pas au centre de l'univers. Il s'ensuivit une révolution philosophique dont nous sommes les descendants spirituels. L'ordinateur, innovation plus radicale que la lunette, découverte peut-être aussi fondamentale que les premiers silex des hommes préhistoriques, nous aide lui aussi à mieux voir le monde. Au lieu de nous éloigner de la réalité, il nous en rapproche et nous révèle des phénomènes négligés par le passé parce qu'ils étaient trop complexes. Nous pouvons maintenant regarder voler les oiseaux avec plus de sérénité, plus d'émerveillement même, car nous n'avons plus besoin de chercher une logique mystérieuse à leur intelligence. Nous pouvons nous laisser traverser par la pure beauté.

Je suis toujours surpris de rencontrer des jeunes gens de 20 ans qui ne savent pas programmer. Je crois qu'il leur manque une qualité essentielle pour percevoir la merveilleuse beauté du monde. L'informatique devrait être une matière fondamentale au même titre que les langues ou les mathématiques. Nous devrions tous savoir écrire, compter et programmer, sinon nous ne pouvons plus comprendre le monde et nous y épanouir.

— Pour moi, écrit le mathématicien Gregory Chaitin[50], vous ne comprenez quelque chose que si vous êtes capable de le programmer. (Vous, et personne

---

50 Gregory Chaitin, *Meta Math!*, 2005.

d'autre !) Autrement, vous ne le comprenez pas vraiment, vous pensez seulement que vous le comprenez.

Les enfants de Berlin

La guerre du Vietnam venait de s'achever avec la prise de Saigon par les communistes. Pour la première fois, un module spatial Soyouz s'amarrait à un module Apollo pendant que George Lucas commençait le tournage de *Star Wars*. Le prince Juan Carlos montait sur le trône d'Espagne et Margaret Thatcher prenait la tête du parti conservateur anglais. C'était l'année 1975. Pendant qu'à Londres la révolution punk battait son plein, la société MITS commercialisait l'Altair 8800, premier micro-ordinateur de l'histoire[51]. Sans que personne n'y prête attention, Steve Jobs quittait l'université[52]. Dans le même temps, un autre jeune homme, lui aussi né en 1955, l'imitait. Il s'appelait Bill Gates et, incidemment, allait devenir l'homme le plus riche du monde[53].

Alors qu'une nouvelle génération prenait le pouvoir dans le domaine du business, une autre révolution se

---

51 La société MITS (Micro Instrumentation and Telemetry Systems) publia les plans de l'Altair 8800 le 1er janvier 1975 dans le magazine *Popular Electronics*. En juillet 1974, le magazine concurrent *Radio-Electronics* avait publié les plans du Mark-8 Personal Minicomputer, qui passa presque inaperçu.

52 Steve Jobs quitte l'université en 1972 et devient programmeur en 1974. Il comprend tout de suite que l'Altair 8800 manque de convivialité. Fin 1975, son ami Stephen Wozniak et lui créent une machine concurrente, l'Apple I. Le 1er avril 1976, ils lancent Apple Computers.

53 Bill Gates comprit que le langage de programmation de l'Altair était trop rudimentaire pour séduire un large public. Il créa donc un Basic pour l'Altair, que son ami Paul Allen réussit à vendre à MITS. Microsoft venait d'éditer son premier logiciel.

jouait dans le domaine des arts. À Berlin, une institutrice demanda gentiment à ses élèves de s'aligner dans le calme puis, un à un, de se placer dos au tableau noir devant lequel un photographe faisait leur portait.

— Je les prenais au flash les uns après les autres. C'était comme si je les fusillais, dira le photographe dix ans plus tard[54].

Il s'appelait Christian Boltanski. Cet artiste européen parmi les plus avant-gardistes allait juxtaposer les portraits des enfants en une œuvre unique, composée de quatre lignes de huit photos (fig. 9).

— Cette pièce, dira-t-il, joue sur le caractère foncièrement mortifère de la photographie.

Trente ans plus tard, je la trouve au contraire joyeuse et pleine d'espoir, peut-être parce que j'aurais pu me trouver parmi ces garçons et ces filles. Je me reconnais en eux, avec leurs sous-pulls Stretch à col roulé, leurs vêtements aux couleurs bariolées, leurs cheveux longs comme ceux des footballeurs de l'époque. Mais cette seule raison ne justifie pas l'importance de l'œuvre de Boltanski. Sa technique artistique obéit à un désir de généralisme plutôt qu'au désir d'idéalisme de bien des œuvres du passé.

Au XVIIᵉ siècle, Velázquez peignait les enfants du roi d'Espagne et faisait d'eux des enfants idéaux, censés représenter tous les autres. Au même moment, les Hollandais comme Vermeer de Delft ou Pieter De Hooch peignaient d'autres enfants, mais qui chaque fois, en leur nom propre, incarnaient tous les autres. Un tableau

54 Christian Boltanski, « Ceci n'est pas une photographie », entretien avec Bernard Marcadé, Frac-Aquitaine, 1985.

Figure 9 En 1975, avec *Les enfants de Berlin*, Christian Boltanski échantillonne la réalité alors que Velázquez, en 1656, lorsqu'il peint Les Ménines, poursuit l'enfance idéale. L'échantillonnage employé par Boltanski est de même nature que celui utilisé pour numériser la musique.

unique devait résumer la diversité des caractères existants, apporter une définition de l'enfance, comme la Joconde pouvait incarner la femme. Deux siècles plus tard, les romantiques puis les impressionnistes rejetèrent cette approche idéaliste et peignirent les traits particuliers : qu'ils soient beaux ou laids, tout pouvait être représenté. Mais là encore, parmi les diverses facettes à leur disposition, ils choisissaient celles qu'ils allaient représenter. Ils restaient en quelque sorte des spécialistes. Boltanski, en revanche, ne choisit pas. Il prit les enfants tels qu'ils étaient, accola leurs portraits et laissa émerger de lui-même le portait d'ensemble de leur génération. Son œuvre découle d'une auto-organisation d'agent autonome qui se produit dans l'esprit du spectateur.

Boltanski applique la méthode philosophique de Ludwig Wittgenstein : une chose ne peut être définie avec précision, mais tout au plus circonscrite. Par exemple, quand un homme est grand, nous savons qu'il est grand, tout comme nous savons quand il est petit. Les problèmes surviennent quand nous nous retrouvons face à un homme moyen. Est-il grand ou petit ? Faute de pouvoir trancher, nous introduisons une troisième catégorie, celle des hommes moyens. Et ainsi de suite, le langage s'invente. Chaque mot renvoie à une catégorie, chaque adjectif déforme la catégorie à laquelle nous l'appliquons, suivant une sorte de circularité.

L'impossibilité de dire où commence et où se termine la catégorie des hommes grands rend caduc le projet de vouloir définir avec rigueur les choses dont nous parlons, encore moins de les idéaliser. Pour la même raison, une seule image ne peut symboliser toute une génération. Alors Boltanski en juxtapose plusieurs. Il procède comme les enregistreurs de musique numérique, qui découpent le son en échantillons régulièrement espacés dans le temps. La musique numérisée n'est pas complète, mais sa restitution le paraît. Ainsi *Les enfants de Berlin* représentent tous les enfants occidentaux des années 1970. Boltanski aurait pu photographier d'autres enfants, la sensation ressentie aurait probablement été la même.

Cette façon de procéder, cette digitalisation de l'information, est typique de la « pensée réseau ». Elle part du principe que le complexe (le portrait d'une génération) émerge de l'interaction entre des entités simples (les portraits de membres de cette génération). Implicitement, elle nie l'idéalisme, l'existence de l'enfant idéal, mais aussi celle de la culture idéale, de la formation idéale. Un portrait réaliste ne peut que se composer de multiples facettes. Une formation viable ne peut qu'être éclectique. Un homme accompli ne peut qu'être généraliste.

À l'époque où les choses ne changeaient que lentement, une connaissance acquise dans la jeunesse restait valable tout au long de la vie. Il y avait encore de la place pour les professeurs à temps plein, pour l'idéalisation de la culture. Lorsque le monde évolue sans arrêt, lorsque les savoirs se réactualisent sans cesse, les professeurs ne peuvent plus suivre. À un cursus idéal, les étudiants préfèrent un cursus sur mesure. Étudier garde tout son sens, mais plus un sens convenu : c'est un processus dynamique et incessant.

— Nous vivons depuis longtemps dans une société fondée sur la capacité de répondre aux questions, écrit

Roger Schank, professeur à l'université de Carnegie Mellon[55].

Il explique ainsi le succès des jeux comme *Trivial Pursuit*. La culture traditionnelle cherche à nous transformer en base de données.

— Mais l'intelligence est-elle la capacité de connaître des réponses à des questions ou la capacité de savoir poser des questions ? demande encore Roger Schank.

Depuis l'avènement du Web, être intelligent, c'est savoir trouver l'information, la vérifier, la discuter et la relier à d'autres informations, étendant le réseau de connaissances, répondant peut-être au passage à des questions auxquelles personne n'a encore jamais répondu. Nous devons jouer avec les faits, non plus les mémoriser bêtement. Suivant ce principe, les écoles devraient réviser leurs programmes. Les instituteurs, plutôt que de demander à leurs élèves d'apprendre une liste de rivières ou de villes, devraient leur montrer comment consulter les cartes virtuelles. Pour exercer leur mémoire, ils devraient jouer à la belote avec eux et leur apprendre à compter les atouts.

M'entendant défendre le droit pour chacun d'accéder à toutes les connaissances, un médecin s'est un jour insurgé :

— Les patients se croient maintenant informés de tout. Lorsque j'arrive chez eux, ils me disent de quoi ils souffrent et ont déjà rédigé leur ordonnance.

---

55 Roger Schank, "Are we going to get Smarter?" article publié dans le recueil *The Next Fifty Years*, 2002.

Ce médecin n'acceptait pas de voir son petit royaume menacé. À force d'écouter mon éloge du généralisme, il me dit :

— Voilà pourquoi les étudiants se détournent de la médecine.

J'avais une autre explication :

— Pour ce que j'en sais, les études de médecine demandent aux étudiants de savoir et non pas de questionner. L'examen d'entrée repose sur la capacité de mémoriser et non de raisonner. Aucun étudiant doué ne devrait accepter cette épreuve.

Mais je voyais bien que le médecin en face de moi souffrait d'un autre mal : il était triste de ne plus être respecté. Plus personne ne l'appelait docteur. Quand il arrivait chez ses patients, ils lui disaient bonjour comme ils disaient bonjour à l'électricien ou au plombier. Au grand regret de mon médecin, le vieux monde des privilèges s'était écroulé. Au temps du généralisme, nous devons sans cesse prouver notre capacité à résoudre de nouveaux problèmes. Notre statut passé ne suffit plus à nous faire respecter.

La troisième culture

En France, le 6 septembre 1960, le bimensuel *Vérité-Liberté* publia le Manifeste des 121 contre la guerre d'Algérie. Les plus illustres intellectuels de l'époque, Marguerite Duras, Alain Robbe-Grillet, Michel Leiris, Nathalie Sarraute, Jean-Paul Sartre, Claude Simon, Vercors, Jean-Pierre Vernant – pour ne citer que les plus connus –, disaient non à la barbarie colonialiste. Parmi eux, je reconnais des écrivains, des cinéastes, des acteurs, des journalistes… mais pratiquement aucun spécialiste des sciences dures, le seul qui me saute aux yeux est le naturaliste Théodore Monod. Pourtant, au début des années 1960, la France pouvait s'enorgueillir d'une pléiade de grosses têtes comme les mathématiciens du groupe Bourbaki, le biochimiste Jacques Monod ou le physicien Louis Leprince-Ringuet. N'étaient-ils pas des intellectuels?

En 1959, avec *The Two Cultures*, C.P. Snow publia un livre source de discorde. Ce physicien le jour, écrivain la nuit, opposa le monde des sciences à celui des arts et des humanités, qu'il qualifia de littéraire. Pour lui, au cours du XXe siècle, les littéraires s'étaient arrogé le titre d'intellectuels. En 1960, le Manifeste des 121 lui donnait raison. Un demi-siècle plus tard, en apparence, rien n'a changé: les pétitions se succèdent et les scientifiques y sont toujours sous-représentés.

— Les intellectuels postmodernes[56] sont très souvent fiers (par esprit de contradiction) d'ignorer les avancées intellectuelles de notre temps, dit John Brockman[57], l'agent littéraire scientifique le plus célèbre de New York, surnommé « The Connector ». Leur culture, qui rejette la science, est souvent non empirique. Elle jargonne et lave son linge sale en famille. Elle se caractérise par l'usage abusif de commentaires de commentaires, le tourbillon des commentaires finissant par atteindre le point où le monde réel s'évanouit.

Brockman dénonce les spécialistes qui développent un langage de plus en plus pointu afin de protéger leur pré carré par un fil barbelé de mots incompréhensibles.

---

56 Poststructuralistes, déconstructionnistes, multiculturalistes...
57 John Brockman, *The Third Culture: Beyond the Scientific Revolution*, 1996.

— Vous ne savez pas de quoi nous parlons, disent les spécialistes. Laissez-nous tranquilles. Vous n'avez pas le droit de donner votre avis.

Cette attitude n'est plus acceptable. Autour de John Brockman, le Reality Club rassemble des scientifiques persuadés qu'ils doivent cesser de jargonner. Prix Nobel comme jeunes prodiges, ils ont tous décidé de publier leurs réflexions dans des livres grand public plutôt que dans des revues universitaires. Pour eux, les dernières avancées scientifiques doivent être comprises et intégrées dans la vie quotidienne, non seulement comme technologie, mais aussi comme philosophie. Ils se font les apôtres d'une troisième culture, mi-littéraire, mi-scientifique. Prophétisée par C.P. Snow, elle exige que chacun d'entre nous, à l'exemple de Léonard de Vinci ou de Blaise Pascal, soit généraliste et ne se revendique d'aucune école en particulier. Elle a trouvé son vecteur grâce au Web, réseau de connaissances qui dépasse les frontières des genres.

CHAPITRE 4

NE PAS PROMETTRE

De l'impuissance des gouvernements

La mort d'Hitler n'a supprimé ni les camps de concentration ni la torture. Hitler n'avait fait que cristalliser à un moment donné les aspirations d'une société. C'est pour cela que même s'il existe, le chef d'orchestre ne m'intéresse pas parce qu'il est accidentel. Ce qui m'intéresse, ce sont les mécanismes.

Jacques Ellul

Quand je traverse le quartier de l'Élysée à Paris, j'éprouve toujours un malaise. J'ai l'impression de ne plus être en France, mais d'approcher le palais du dictateur d'une république bananière. À chaque croisement, des militaires à l'attitude spartiate, mitraillette à l'épaule, regard prétentieux plus que suspicieux, toisent les promeneurs avec un air de mépris qui incite à la révolte.

— Mesurez-vous à nous, semblent-ils nous crier.

Et nous passons notre chemin, empruntant le trottoir opposé à l'Élysée comme les barrières nous l'ordonnent.

En général, les choses en restent là, nous ravalons notre envie d'en découdre avec cette démonstration ostentatoire de l'autorité centrale. Mais le 30 novembre 2004, huit promeneurs avaient une autre idée en tête. À première vue, ils ressemblaient à des touristes, ils avaient juste un point commun : ils portaient un pull violet ou une écharpe violette. Soudain, ils traversèrent le faubourg Saint-Honoré, sortirent de leur besace des poches en plastique pleines de peinture rouge et les jetèrent sur les façades du palais présidentiel. Les colonnes corinthiennes encadrant le portail furent maculées d'impacts sanglants, comme si des oiseaux aveugles s'y étaient écrasés.

Les militaires, pourtant si menaçants, manquèrent de répondant. Un terroriste aurait pu en profiter pour défoncer la grille et dévaster le saint des saints. Mais les huit promeneurs, en fait des militants d'Act Up[58], se contentèrent de s'allonger par terre et se mirent à scander :

— Chirac menteur !

Ils dressèrent des pancartes sur lesquelles on pouvait lire : « Les promesses non tenues de Chirac sont légion. En ce qui concerne le sida, ses mensonges tuent. L'annonce que le sida serait une grande cause nationale ne pourra nous satisfaire si le gouvernement et le chef de l'État ne changent pas de politique. Nous tenons Jacques Chirac pour un des plus grands complices de l'épidémie et un ennemi des malades. »

Les militaires finirent par se ressaisir et embarquer tout ce petit monde vers le commissariat du VIIIe arrondissement. Moins de deux mois plus tard, le 27 janvier

---

58 « Chirac : le premier responsable », Act Up Paris, 2004.

2005, les huit militants d'Act Up comparaissaient devant la vingt-neuvième chambre correctionnelle de Paris au motif « d'avoir volontairement dégradé un bien classé ou inscrit, le palais de l'Élysée (monument historique), appartenant à la présidence de la République, dégradation dont il est résulté un dommage grave ». En vérité, aucun dommage n'avait été commis : les militants avaient utilisé un colorant alimentaire, lavable à l'eau, nettoyé deux heures après leur coup d'éclat, comme un huissier le constata. Cela n'empêcha pas la présidente du tribunal de requérir une amende de 600 euros contre chacun des contrevenants.

Mais alors pourquoi les fausses promesses de Jacques Chirac ne sont-elles pas condamnées ? Durant sa campagne présidentielle, il a juré de faire du sida une priorité de son gouvernement et n'a pas tenu parole. Sur les 10 milliards de dollars consacrés annuellement à la lutte contre le sida dans le monde, la part française ne s'élève qu'à 150 millions. Au regard de son PIB, le pays devrait dépenser 450 millions et, s'il voulait faire de la lutte contre le sida une priorité, il devrait imiter la Grande-Bretagne et investir 900 millions. Act Up a surpris Jacques Chirac en flagrant délit de mensonge.

Pourquoi le mensonge politique n'est-il pas pénalisé ? Peut-être parce que les politiques en abusent. Depuis le début de la crise du pétrole dans les années 1970, tous les gouvernements, de gauche comme de droite, tous les candidats à toutes les élections, ont fait de la réduction du chômage leur priorité. Résultat : le chômage n'a pas baissé, hormis à la fin des années 1990, lorsque l'économie mondiale connaissait une embellie à l'époque du boom Internet.

Les politiques ont le don de faire des promesses qu'ils ne peuvent pas tenir. Cette seule raison devrait nous pousser à ne plus voter pour eux. Mais il existe une autre raison, plus profonde, pour mettre en doute la capacité des gouvernants à nous gouverner. Outre l'inefficacité des structures centralisées dont ils émanent, outre le fait que nous pouvons nous auto-organiser et nous passer d'eux, les politiques ne peuvent prédire les conséquences de leurs actes. Même s'ils cherchent à respecter leurs promesses, ils ont peu de chance d'y parvenir.

Étourdissante complexité des réseaux

Maintenant que nous avons conscience de l'existence des réseaux qui nous entourent, nous devrions nous montrer prudents avant de prendre des mesures qui, en se propageant de nœud en nœud, pourraient s'avérer fatales à une branche du réseau. Depuis que nos sociétés sont hautement interconnectées, les décideurs jouent aux apprentis sorciers, car ils agissent sans connaître la topologie des réseaux qu'ils manipulent. Voici pourquoi les décisions politiques aboutissent souvent à des résultats opposés à ceux escomptés.

Des chemins imprévus dans un réseau causal peuvent s'avérer catastrophiques. En dérégulant le trafic aérien américain dans les années 1970, les politiciens escomptaient réduire les coûts des billets et accroître la qualité des services.

— Trente ans plus tard, nous avons moins de vols directs, moins de compagnies, des prix hasardeux…, explique Alex Marshall, un spécialiste des transports[59].

---

59 Cité par Marc Buchanan dans *The Social Atom*, 2007.

Certaines conséquences imprévues parce qu'imprévisibles peuvent être moins dramatiques. En 1968, les élus de l'État du Vermont voulurent protéger les paysages en interdisant au bord des routes les panneaux publicitaires trop volumineux. Un concessionnaire Volkswagen eux alors l'idée de construire un gorille portant à bout de bras une Coccinelle Volkswagen. Personne n'avait interdit les sculptures géantes et elles se multiplièrent.

Cette anecdote démontre simplement qu'aucune décision ne peut être jugée à l'aide du seul bon sens. Nous devons prendre en compte les réseaux. Malheureusement, leur cartographie n'est jamais évidente et toute décision reste hasardeuse. Dans le domaine écologique, nous devons prendre garde de ne pas foncer tête baissée dans les solutions qui finiront par s'avérer pires que le mal.

Entre ordre et désordre

Comme la plupart d'entre nous, les politiciens sont souvent issus d'une culture scientifique conservatrice, une culture qui suppose que l'avenir est prévisible. À l'école, au lycée ou à l'université, en bons héritiers de Newton, nous avons appris à traiter de deux types de problèmes.

(1) D'une part, nos professeurs nous ont fait travailler sur des systèmes mettant en œuvre deux ou trois variables : orbite des planètes, tension d'un ressort, passage du courant dans un conducteur... Des robinets qui remplissent des bassines jusqu'aux fusées obéissant à la relativité générale d'Einstein, nous nous trouvons dans cette situation. Dès que le nombre de

variables augmente, nous nous efforçons de le réduire par des approximations.

(2) Le moment arrive toutefois où le nombre de variables devient vertigineux, comme lorsque nous analysons un gaz en suspension dans un ballon ou essayons de comprendre les mouvements browniens des poussières. Pour se tirer d'affaire, au XIXᵉ siècle, les physiciens inventèrent les méthodes statistiques de la thermodynamique. Ils supposèrent que toutes les molécules de gaz étaient équivalentes et les traitèrent en groupe. Le système étudié était certes complexe, mais sa complexité pouvait être réduite par des moyennes et des estimations.

À force de voir le monde en termes de problèmes de type (1) ou (2), nous acceptons implicitement d'être gouvernés. Suivant la première perspective, le monde obéit à des lois de cause à effet. Un gouvernement peut prendre des décisions et anticiper leurs conséquences comme un astronome peut anticiper la trajectoire des planètes. En d'autres mots, gouverner est possible, car prévoir est possible.

Quand les problèmes deviennent plus difficiles, suivant la seconde perspective, il suffit de nier l'originalité des agents autonomes et de supposer qu'ils s'assemblent en une masse informe. Cette double approche, causale et statistique, souvent appelée positiviste, montra pourtant vite ses lacunes. Dès 1884, Henri Poincaré, le père de la théorie du chaos, prouva qu'un problème mettant en œuvre trois corps – Terre, Lune et Soleil – était insoluble analytiquement[60]. L'avenir d'un tel système était

---

60 Henri Poincaré (1854–1912), *Sur certaines solutions particu-*

imprévisible[61], car pour le prévoir il faut en connaître les conditions initiales avec une précision infinie, chose impossible. Le ver était dans le fruit bien avant la découverte des réseaux et de leur topographie alambiquée. La complexité du monde devenait évidente. Une troisième catégorie de problèmes était née. Depuis les années 1950, elle s'avère si vaste qu'elle relègue les problèmes traditionnels au rang de particularités.

(3) Lorsque les agents autonomes interagissent les uns avec les autres, ils ne peuvent pas toujours être moyennés. Si, dans un ballon, les molécules de gaz se répartissent aléatoirement – elles sont désorganisées –, dans d'autres situations, au contraire, elles peuvent s'auto-organiser comme peuvent s'auto-organiser les oiseaux qui volent en flotte. Nous nous trouvons dans le cas de problèmes dit complexes[62]. Ils se situent entre les problèmes qui traitent de structures ordonnées et ceux qui traitent de structures désordonnées.

Par exemple, dans l'eau à température ambiante, les molécules se distribuent aléatoirement. Lorsque la température devient négative, les molécules se figent et s'ordonnent en un réseau régulier, la glace se forme. Nous passons ainsi du désordre à l'ordre, et inversement. À zéro degré Celsius se produit un phénomène extraordinaire, mais longtemps négligé : une transition

---

lières du problème des trois corps. Pour un système à trois corps, les équations différentielles n'ont le plus souvent pas de solution.
61 Un ordinateur a beau être une machine purement déterministe, ses temps de calcul sont eux imprévisibles. "Chaos in computer performance", 2005.
62 Il est impossible d'écrire les équations différentielles de ces systèmes, qui n'en montrent pas moins des régularités.

de phase, passage d'un état de la matière à l'autre, d'un état d'organisation à l'autre (fig. 10). À ce point précis de basculement, entre ordre et désordre, apparaît la complexité, alliance d'anarchie et de rigueur, zone merveilleuse où des agents autonomes peuvent s'auto-organiser en structures émergentes. La vie se joue autour de ces transitions, passage d'une forme d'organisation à une autre. Ailleurs, dans les zones d'ordre ou de désordre excessifs, règne la mort[63].

La complexité caractéristique de ces paradis étroits, entre un néant glacial et un autre brûlant, n'est pas due à notre ignorance, mais au fait que les interactions se produisent en grand nombre suivant des processus dynamiques qui perdurent. Le vol des oiseaux n'est pas complexe en soi, mais l'interaction des oiseaux les uns avec les autres, même si elle est comprise, engendre des structures qui échappent à un simple enchaînement de causes et d'effets que notre entendement peut saisir. Quand un oiseau change de direction, il pousse les autres oiseaux à modifier leur propre route. Leurs changements de direction influencent alors les oiseaux autour d'eux, notamment celui qui avait changé de direction en premier. Par ce phénomène de feedback « Mes actions influencent en retour mes actions à venir. »

Comme les structures complexes reposant sur le feedback dominent le monde, comme nous dessinons nous-mêmes de telles structures, nous ne pouvons que sourire

_____

63 Jusqu'au milieu du XXe siècle, avant l'apparition des ordinateurs, la science étudia essentiellement les zones d'ordre et de désordre. Elle n'avait aucun moyen de comprendre comment la vie pouvait émerger de l'inanimé.

Ordre	Auto-organisation	Désordre
Cristal **Réseau ordonné**	Flotte **Réseau décentralisé**	Bombe **Réseau aléatoire**
Analogie politique		
Gouvernement centralisé et hiérarchisé (royauté, démocratie classique...)	Décentralisation et responsabilisation des agents autonomes (démocratie métalocale)	Anarchie (chaos social, révolution, tuerie, pogrom, barbarie...)
Analogie biologique		
Mort parce qu'il fait trop froid	Conditions de vie idéales	Mort parce qu'il fait trop chaud
Analogie mathématique		
Problèmes simples (une ou deux variables)	Problèmes complexes (grand nombre de variables qui ne peuvent être confondues)	Problèmes statistiques (millions de variables qui peuvent être confondues)

Au centre : **transition de phase**

Figure 10 Aux trois grands domaines scientifiques, on peut associer trois visions du monde. Les systèmes politiques ont généralement cherché à nous attirer vers l'ordre ou le désordre excessifs alors que la vie s'épanouit au juste milieu, au point de transition de phase.

à l'idée de gouvernements centraux. Ils apparaissent trop désireux d'imposer un ordre qui ne sied pas à la vie. Ils appliquent une méthode simpliste pour diriger une société complexe. Plus la complexité est grande, plus ils montrent leur impuissance. À l'opposé, l'anarchie, ou plus précisément l'anomie, n'est pas plus souhaitable, car elle aspire à un désordre lui aussi mortel. Entre ces deux extrêmes, dans le domaine de la complexité, zone étroite et fragile, survient l'auto-organisation.

Ubiquité des états critiques

En 1987, alors que Craig Reynolds publiait ses découvertes sur l'auto-organisation des oiseaux, trois autres scientifiques, Per Bak, Chao Tang et Kurt Wiesenfeld, s'apprêtaient à révéler des résultats tout aussi révolutionnaires. Depuis quelque temps, ils se demandaient comment se forment les tas de sable. Quand un grain tombe sur un tas préexistant, soit il s'immobilise tout de suite, soit il roule sur une pente et entraîne d'autres grains, provoquant parfois d'immenses avalanches. Bak, Tang et Wiesenfeld cherchaient à comprendre pourquoi certains grains entraînent des perturbations plus grandes que les autres. Transposée dans notre vie quotidienne, leur question revenait à se demander pourquoi certains de nos actes ne servent à rien alors que d'autres changent notre vie. La réponse qui allait émerger était au premier abord terrifiante : il n'y avait aucune raison.

Plutôt que d'observer un tas de sable réel, Bak, Tang et Wiesenfeld programmèrent une simulation où le tas de sable se composait d'un ensemble de colonnes formées de grains cubiques (fig. 11). Ils faisaient tomber un grain sur leur tas virtuel, ce qui revenait à accroître

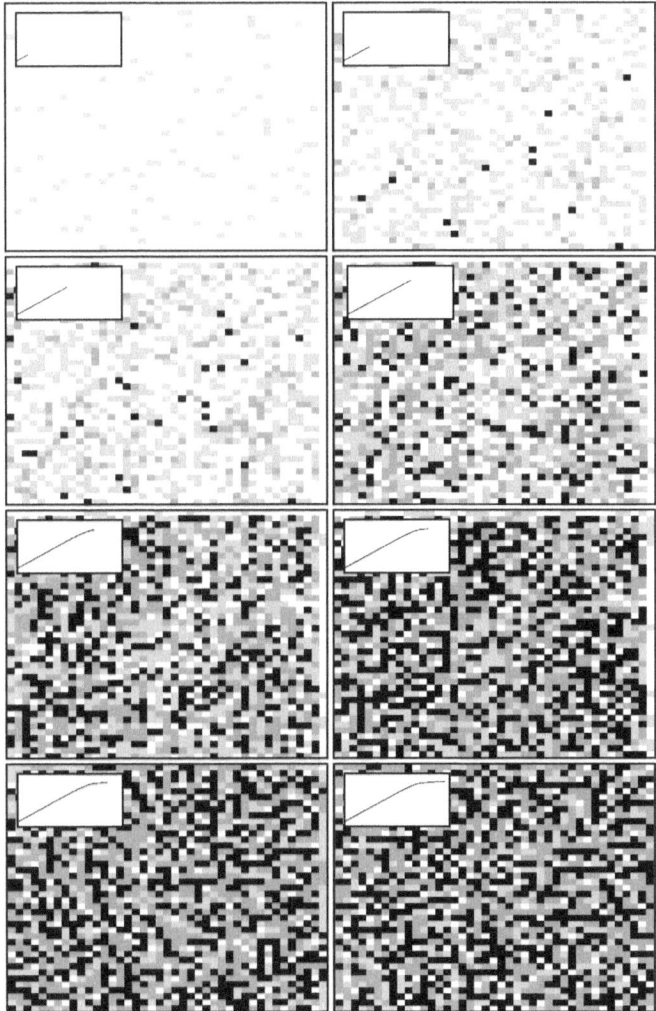

Figure 11 Plus le temps passe, plus les pentes s'accentuent dans le tas de sable (s'assombrissent). La pente moyenne augmente jusqu'à se stabiliser. À ce moment, le tas de sable est entré dans un état critique auto-organisé. Un grain peut provoquer un cataclysme comme n'avoir aucune influence.

de un grain la hauteur d'une colonne choisie au hasard. Lorsqu'elle devenait plus haute de quelques grains que les colonnes voisines (la hauteur dépassait un certain seuil), la colonne s'écroulait, laissant tomber autour d'elle les grains qu'elle possédait en trop. Ces grains surnuméraires atterrissaient sur les colonnes voisines qui risquaient, à leur tour, de s'écrouler.

Ce jeu en apparence enfantin allait se révéler riche d'enseignements. Bak, Tang et Wiesenfeld cherchèrent tout d'abord à savoir quelle était la taille typique d'une avalanche. Après des centaines d'heures de simulation, ils découvrirent qu'il n'y avait pas de taille typique. Certaines avalanches comportaient un grain, d'autres une poignée, d'autres des millions. Il n'y avait aucune règle. Ce fut une surprise, car, lors d'études statistiques, on s'attend en général à découvrir une répartition dite normale. Par exemple, lorsqu'un professeur corrige un examen et qu'il classe les élèves, il découvre que la plupart obtiennent la moyenne ou à peu près et que, dès qu'on s'éloigne de la moyenne, on trouve beaucoup moins d'élèves. Le professeur peut alors tracer une courbe indiquant le nombre d'élèves ayant obtenu chacune des notes, il obtient une cloche dont le sommet correspond à la moyenne.

De leur côté, Bak, Tang et Wiesenfeld n'obtinrent aucune avalanche moyenne. Plus une avalanche impliquait de grains, moins elle était fréquente, ce fut tout ce qu'ils réussirent à constater. Avant de lâcher un grain, ils ne pouvaient pas espérer obtenir la moyenne. Ils ne savaient tout simplement pas ce qui allait se passer. Ils se retrouvaient dans la même situation que les hommes politiques qui s'apprêtent à prendre une décision en réponse à une de leurs promesses : face à un système complexe, il est impossible d'anticiper les conséquences de ses actes.

Pour faire mieux que les politiques, les scientifiques s'amusèrent à colorer les tas de sable en fonction de leur déclivité. Le vert correspondait aux zones de plaine, le rouge aux zones abruptes. Comme on peut s'y attendre intuitivement, lorsqu'un tas commence à se construire, le vert domine, puis les zones rouges gagnent de l'importance. À ce stade, tout grain risque de provoquer une avalanche monstre. Le système est alors entré dans un état critique. Au cours de son évolution, il oscille entre des moments où rouge et vert dominent alternativement, mais sans aucune périodicité.

Dans *Ubiquity*, Mark Buchanan explique comment, dans un tas de sable, les zones rouges peuvent étendre leurs ramifications d'un bout à l'autre de la structure, traçant une sorte de réseau qui, s'il reçoit une impulsion à l'une de ses extrémités, peut déclencher un cataclysme à l'autre. L'état critique est en quelque sorte doué du don d'ubiquité, il est présent partout en même temps.

— Si notre monde [comme un tas de sable] est en permanence réglé pour être à la veille de changements radicaux, écrit Buchanan, les catastrophes doivent être strictement inévitables et imprévisibles, même un instant avant qu'elles ne surviennent.

— Mais alors la moindre de nos actions bouleverserait le monde du tout au tout ?

— Le fameux effet papillon, le battement d'ailes qui, en mer de Chine, provoque une tempête au Canada, n'a de sens que s'il se produit dans une zone rouge. Mais si vous agissez sur une zone verte, rien ou pas grand-chose n'arrive. Certains systèmes auto-organisés sont ainsi d'une grande stabilité. Même de grosses variations ne les affectent pas. Par exemple, la biosphère maintient depuis quatre milliards d'années une température quasi constante, température propice à la vie. Ce régime n'est pas éternel, mais il ne se bouleversera soudainement qu'après avoir subi de nombreuses agressions.

Nous vivons dans un monde relativement stable, un monde où les structures auto-organisées sont robustes. Les villes perdurent des siècles, les régimes politiques souvent presque aussi longtemps. Nous en venons à oublier que des lignes critiques les traversent. Qu'un évènement survienne sur une de ces lignes et l'avenir en est bouleversé. L'URSS s'effondra ainsi comme un château de cartes. Internet émergea sans que personne ne soit capable de l'anticiper. Plus le monde devient complexe, plus les imprévus se multiplient, moins l'avenir est prévisible. Nassim Nicolas Taleb appelle black swans ces évènements improbables et qui surviennent souvent, et même de plus en plus souvent en même temps que la complexité sociale augmente[64].

Habitués aux problèmes simples ou aux problèmes simplifiables grâce à l'approche statistique, nous supposons souvent que comprendre un phénomène implique d'en prévoir l'évolution. Aujourd'hui, nous comprenons de mieux en mieux les phénomènes complexes au point d'être capables de les simuler avec une grande fidélité. Nous savons simuler la construction grain à grain d'un tas de sable. Nous comprenons donc ce qui se passe. Néanmoins nous sommes incapables de prédire la taille

---

64 Nassim Nicolas Taleb, *The Black Sawns*, 2007.

des avalanches qui se produiront. Comprendre n'est pas prévoir.

Zig-Zag-Zoug

Trois enfants forment une mêlée. Tête baissée, ils regardent leur pied droit qu'ils ont placé en avant. Soudain, l'un d'eux s'écrie « Zoug » et chacun choisit alors de retirer ou non son pied. Si un enfant n'a pas fait comme les deux autres, il est décrété chef.

En 1997, Yi-Cheng Zhang et Damien Challet de l'Université de Fribourg découvrirent à l'aide de ce jeu comment des joueurs égoïstes pouvaient coopérer en l'absence de communication.

Ils utilisèrent une version généralisée du *Zig-Zag-Zoug*, appelée *The Minority Game*. À chaque tour de jeu, les joueurs, peu importe leur nombre, doivent choisir entre A et B. Ceux qui optent pour le choix minoritaire l'emportent.

Ce jeu, comme le raconte Mark Buchanan dans *The Social Atom*, reprend et simplifie un problème proposé par Brian Arthur. En 1992, cet économiste entra au Santa Fe Institute. Le vendredi soir, lorsqu'il quittait le centre de recherche spécialisé dans l'étude de la complexité, il traversait parfois la rue pour entrer au El Farol Bar. Certains jours, il y avait foule, certains autres non.

Arthur se demandait toujours s'il devait entrer ou non. Il se trouvait dans la même situation que l'enfant qui doit retirer ou non son pied. Entrer dans le bar bondé, faire le choix majoritaire, c'était perdre. Tous les clients faisaient face à ce dilemme. Arthur imagina les stratégies qu'ils appliquaient.

(1) Il y a de vendredi en vendredi autant de clients.

(2) Si le bar n'est pas bondé trois vendredis de suite, il le sera le quatrième.

(3) Si le bar est bondé un vendredi, il ne le sera pas le suivant.

Arthur prolongea cette liste autant que possible et supposa que chacun des clients utilisait une dizaine de stratégies alternativement. Dès qu'ils en découvraient une qui les plaçait dans la minorité, ils la suivaient jusqu'à ce qu'ils se retrouvent dans la majorité. Ils apprenaient et s'adaptaient. Lorsqu'Arthur lança une simulation numérique, il découvrit que ses clients virtuels se comportaient comme les clients réels. La fréquentation du bar virtuel variait comme celle du El Farol à Sante Fe.

Après la publication de ses résultats en 1994, Arthur se demanda s'il ne pouvait pas de la même façon simuler l'évolution des marchés boursiers. Lui et ses collègues imaginèrent des stratégies d'investissement et lancèrent de nouvelles simulations. Ils réussirent à reproduire les variations erratiques des cours. Plus étonnant, l'ensemble des stratégies utilisé importait peu, chaque fois la simulation était réaliste.

D'une certaine façon, Arthur venait de comprendre la Bourse puisqu'il était capable de la simuler avec une grande fidélité. Il avait aussi compris les traders et leur façon de fonctionner, sans avoir eu besoin d'entrer dans leur intimité. Lorsque des centaines d'agents autonomes interagissent, ils obéissent à des interactions qui dépassent leur particularité. Arthur prouva que la sociologie pouvait devenir une science pour peu qu'elle cesse de se centrer sur le moi.

The Minority Game

Mais comprendre n'est pas prévoir. Arthur n'avait pas découvert une martingale imparable. En 1997, Yi-Cheng Zhang et Damien Challet prolongèrent ses travaux. Lors des parties de *The Minority Game*, ils découvrirent qu'il existait deux situations.

(1) Tant qu'il y a peu de joueurs, ils ont peu de chance d'utiliser toutes les stratégies possibles. Certaines séquences dans le jeu ne se produisent pas, aucun joueur ne cherche à les exploiter, alors que d'autres séquences se maintiennent. Si on les identifie, on peut prévoir l'avenir à court terme. En quelque sorte, on a repéré un rail que la locomotive ne quittera pas pendant quelque temps.

(2) Quand le nombre de joueurs augmente, ils finissent par découvrir toutes les stratégies possibles. Aucune structure ne peut se maintenir, il n'y a plus de prévision possible.

En 1998, Neil Johnson, un physicien de l'université d'Oxford, découvrit cette propriété avec stupeur. Il se demanda s'il n'existait pas des poches de prévisibilité dans les marchés financiers. Il suffirait que peu d'acteurs interagissent sur un cours pour qu'il soit ponctuellement prévisible, laissant certaines structures se perpétuer.

Johnson assigna des stratégies à des agents autonomes jusqu'à ce que ses simulations reproduisent les fluctuations du New York Stock Exchange. Lorsque des poches de prévisibilité apparaissaient, il réussissait à anticiper de quelques secondes les cours du Yen par rapport au dollar. Bien sûr, une fois la stratégie de Johnson connue, les traders l'adoptèrent, réduisant d'autant la durée de vie des poches de prévisibilités.

Nous étions en train de comprendre que nous maîtrisions bien peu souvent notre destinée. En fait, cinq cas de figure se présentent à nous.

(1) Nous savons prévoir l'avenir des systèmes simples. Demain il fera jour (et donc les gérer avec les vieilles approches hiérarchiques).

(2) Nous savons prévoir l'avenir des systèmes réductibles statistiquement. Nous savons prévoir l'évolution d'un gaz (en tous cas quand il est dans un système fermé, système idéal qui n'existe jamais). Quand je chauffe l'eau, elle finit par bouillir (et il en va de même te la Terre quand on lui pose dessus un couvercle de gaz à effet de serre).

(3) Dans les systèmes complexes, il existe des poches de prévisibilité, notamment quand les agents autonomes ne sont pas trop actifs. Certains chanceux peuvent exploiter ces poches, mais elles ne constituent que des cas rares, qui n'embrassent pas l'ensemble de la société, des cas sur lesquels ne peuvent pas s'appuyer les gouvernements pour justifier leurs promesses. Nous n'avons jamais l'assurance qu'une poche perdurera, car, si elle se prolonge, de nombreux agents la repéreront et l'exploiteront.

(4) Les systèmes complexes peuvent s'auto-organiser de manière robuste et former des systèmes qui perdurent. Une ville par exemple. Nous pouvons prévoir que demain la France sera en démocratie. Dans ces situations, la meilleure anticipation du lendemain est souvent de dire qu'il sera identique à la veille. Mais rien n'empêche le surgissement d'un black swan. Longtemps

la Russie est restée communiste de jour en jour pour cesser de l'être soudainement.

(5) Les autres systèmes complexes, justement parce qu'ils sont trop complexes, sont imprévisibles. Cette imprévisibilité n'est pas due à notre ignorance, elle émerge. Nous savons d'ailleurs la faire émerger dans nos simulations. Personne ne sait prévoir le taux de croissance (alors même qu'il ne varie pas de façon faramineuse d'une année sur l'autre). Aucun politicien n'est capable d'anticiper les conséquences de ses mesures.

Bien sûr certaines choses qui nous paraissent imprévisibles aujourd'hui pourront être prédites dans l'avenir. Nous pourrons améliorer nos estimations météo par exemple. Mais, quels que soient nos progrès, les progrès de nos calculateurs, l'avenir de la plupart des systèmes complexes restera mystérieux. Il le restera d'autant plus que nous complexifions de plus en plus le monde en multipliant les interactions entre les agents autonomes. Plus nous nous interconnectons, plus nous ouvrons la porte aux black swans.

— Mais le monde est-il dans un état critique ? est-il si complexe que ça ?

— Très probablement. Je vais vous expliquer pourquoi.

La loi de Zipf

Un de mes morceaux de piano préférés, la *Sonate en si mineur* de Liszt, commence par une descente aux enfers, une plongée dans les graves d'où un frémissement jaillit et grimpe vers les aigus. La vie s'arrache du chaos primordial, les notes fusent, légères, joyeuses, mais parfois s'entremêlent, s'enlacent, se font des crocs-en-jambe, frisent à nouveau le chaos avant de retrouver leur allégresse. Une tension se dessine, un conflit entre le bien et le mal qui verra le mal l'emporter, le monde regagner le néant. J'ai l'impression de lire *Salammbô*. Je chemine avec les mercenaires en route pour détruire Carthage :

— Puis un choc terrible éclata, pareil au craquement de deux flottes qui s'abordent, écrit Flaubert. Le premier rang des Barbares s'était vite entrouvert, et les gens de trait, cachés derrière les autres, lançaient leurs balles, leurs flèches, leurs javelots. Cependant, la courbe des Carthaginois peu à peu s'aplatissait, elle devint toute droite, puis s'infléchit ; alors les deux sections des vélites se rapprochèrent parallèlement, comme les branches d'un compas qui se referme.

Quand je lis *Salammbô*, j'ai l'impression de courir sous une pluie de sang une nuit d'orage. Quand j'écoute la sonate de Liszt, j'ai l'impression d'entendre les mercenaires comploter contre Hamilcar. Si je lis Flaubert en écoutant Liszt, je ne sais plus qui me parle, qui me berce. Leurs œuvres fusionnent comme si elles n'en formaient qu'une.

En 1949, un an avant de mourir, George Kingsley Zipf, un linguiste de Harvard, publia *Human Behaviour and the Principle of Least-Effort*, livre majeur où il explique l'origine de l'affinité singulière entre littérature et musique. Durant les années 1930, en essayant de définir ce qui faisait l'unité d'un texte en même temps que sa variété, Zipf avait découvert une loi inattendue. Pour juger de la richesse syntaxique de divers textes, il avait dénombré les mots employés puis avait compté les apparitions de chacun. En anglais, l'article *the* apparaissait des centaines de fois à l'inverse d'autres mots peu usités. Dans la liste des mots employés, *the* arrivait au premier rang, il était le plus courant. Outre le rang des mots, Zipf avait mesuré leur fréquence d'apparition (rapport entre le nombre d'apparitions d'un mot et le nombre total de mots dans le texte). Jusque-là, Zipf avait agi comme un statisticien méthodique.

Les choses devinrent beaucoup plus intéressantes quand Zipf étudia des textes de Joyce. Il découvrit que *the* apparaissait deux fois plus fréquemment que le mot au deuxième rang, trois fois plus fréquemment que le mot au troisième rang et ainsi de suite. Cette propriété semblait vraie, quels que soient les mots choisis. Connaissant le rang d'un mot, Zipf pouvait en déduire sa fréquence. S'il était logique que la fréquence baisse en même temps que le rang, rien n'avait laissé supposer qu'elle devait le faire régulièrement. Pourquoi le mot au deuxième rang était-il deux fois moins fréquent que le mot au premier rang? En théorie, rien ne l'empêchait d'être trois fois moins fréquent ou juste une fois et demie moins fréquent.

Zipf crut d'abord qu'il avait découvert une particularité propre à Joyce. Il étudia alors des textes d'autres écrivains et obtint sensiblement les mêmes résultats. En fait, tous les textes, anglais ou non, suivent plus au moins la même loi. Pour essayer d'y voir clair, Zipf rassembla ses statistiques dans un graphe. Sur un axe, il indiqua les fréquences d'apparition des divers mots, sur l'autre leur rang. Il obtint une courbe caractéristique d'une loi de puissance[65] (fig. 12). Reportée sur une

_____

65 Mathématiquement, une loi de puissance s'écrit $y = ax^k$ ou a est une constante de proportionnalité et k l'exposant de la loi de puissance. En prenant le log de la fonction, on obtient $log(y) = k\ lo$-

échelle logarithmique, elle se traduit par une droite. Sur Internet, j'ai découvert un programme qui effectuait les statistiques de Zipf. J'y ai collé le texte de ce livre, lui aussi suivait une loi de puissance!

Structure fractale

Zipf n'était pas au bout de ses surprises. En considérant les notes de musiques comme des mots, il décrypta le *Concerto pour basson en si bémol majeur* de Mozart et l'*Étude en fa mineur* de Chopin. Comme dans les textes, il découvrit une loi de puissance. Texte et musique semblaient posséder un lien secret, une structure fondamentale invisible, peut-être liée à la nature particulière de notre cerveau. Lorsque j'ai découvert cette théorie, j'ai compris pourquoi Liszt et Flaubert éveillaient en moi les mêmes émotions. D'une certaine façon, ils traçaient tous deux la même loi de puissance. Un musicien pouvait me raconter des histoires.

Très vite, les choses devinrent plus étranges. Zipf réalisa que la distribution du nombre d'habitants dans les villes suivait une loi semblable. Sur l'échelle logarithmique, la droite n'avait pas la même inclinaison que pour les textes ou les morceaux de musique, mais son interprétation était la même. En connaissant le rang d'une ville dans le classement mondial, on pouvait en déduire approximativement le nombre d'habitants. La loi de Zipf fut rapprochée de la loi des 80-20 de l'économiste Vilfredo Pareto : 20 % des Italiens disposent de 80 % des richesses. Si la loi est à nouveau appliquée,

---

$g(x) + log(a)$, soit, sur une échelle logarithmique, l'équation d'une droite de type $y = mx + c$.

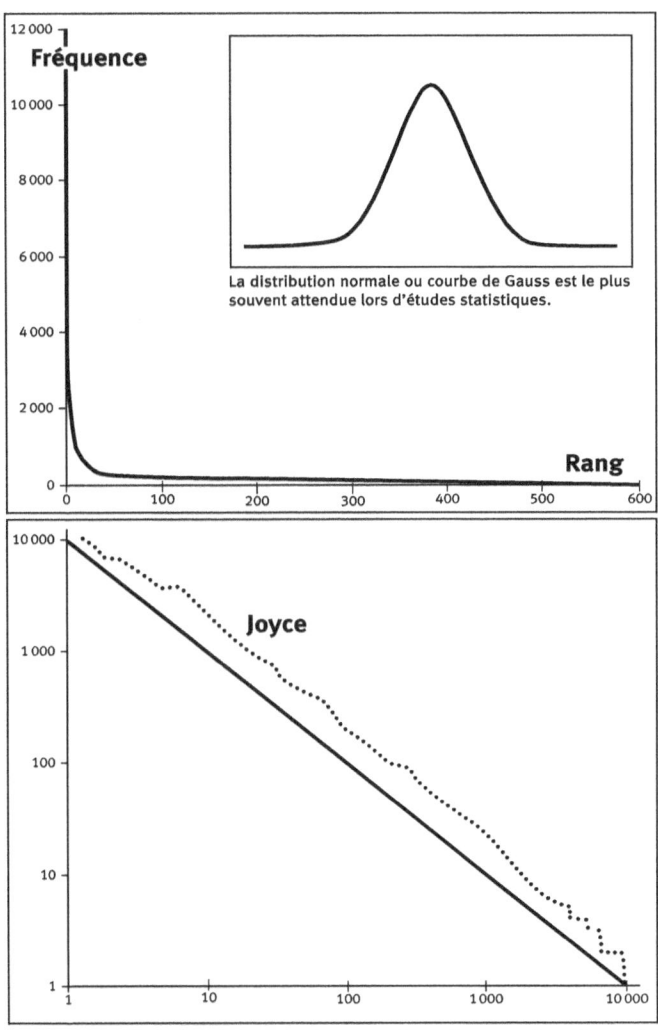

La distribution normale ou courbe de Gauss est le plus souvent attendue lors d'études statistiques.

Figure 12 La première courbe représente une fonction de puissance (fréquence=1000/rang) sur une échelle linéaire. La seconde représente la même fonction sur une échelle logarithmique. Elle forme alors une droite de pente -1, très proche des tracés obtenus par Zipf avec les textes de Joyce.

20 % de 20 % des Italiens, soit 4 % des Italiens disposent de 80 % de 80 % des richesses, soit 64 % des richesses. La distribution suit, elle aussi, une loi de puissance.

En 1963, le mathématicien français Benoît Mandelbrot eut l'intuition que la loi de puissance révélait une invariance d'échelle : tout le texte d'un livre suit la loi de puissance, tout un chapitre aussi, une simple page également. Quel que soit le niveau auquel nous étudions un texte, il montre la même structure, celle inhérente au langage. Mandelbrot découvrit la notion d'invariance d'échelle, aussi appelée *self-similarity*, en analysant les cours du coton sur la place boursière de Chicago, qui, eux aussi, suivent une loi de puissance. En ramenant sur la même échelle les variations des prix sur une journée, un mois ou une année, Mandelbrot obtint le même type de graphique : les cours du coton variaient de façon semblable, quelle que soit l'échelle de temps considérée. En 1983, Mandelbrot introduisit la géométrie fractale pour décrire les objets et les phénomènes qui manifestaient une invariance d'échelle[66]. À partir de ce moment, les scientifiques devinrent capables de décrire les formes irrégulières qui avaient toujours échappé à leurs investigations.

Dans le cas des textes, l'économiste américain Herbert Simon, prix Nobel en 1978, expliqua l'apparition d'une loi de puissance, signe d'invariance d'échelle, en remarquant que, lorsqu'un discours se développe, il engendre un environnement où les mots déjà employés ont tendance à se répéter. J'ai par exemple, dans les paragraphes suivants, plus de chances d'écrire « fractal »

---

66 Benoît Mandelbrot, *The Fractal Geometry of Nature*, 1983.

que « chocolat ». D'une certaine manière, les mots s'auto-organisent pour suivre la loi de Zipf.

Mais la loi de puissance n'est pas une fatalité. Mandelbrot a révélé que si les œuvres de Haydn, Mozart et Beethoven possédaient une structure fractale, ce n'était pas le cas de celles de Boulez ou Stockhausen. Une fois que nous connaissons une loi, nous avons la liberté de nous en affranchir. Il semble toutefois que les œuvres qui suivent une loi de puissance nous sont plus agréables, d'où le peu de succès de la musique atonale ou dodécaphonique. Il est même possible de reconnaître automatiquement les genres musicaux en comparant leur loi de puissance[67].

Ces lois sont bien sûr des idéalisations mathématiques. Les scientifiques ont découvert que beaucoup de phénomènes naturels, comme la répartition des galaxies dans l'univers ou la taille des agglomérations mondiales, suivaient en fait des courbes paraboliques plutôt que des droites pures initialement imaginées par Zipf[68]. Ces résultats ne rendent pas moins étrange et fascinante la régularité des phénomènes observés. Là où nous nous attendons à découvrir le hasard, nous voyons émerger une forme d'ordre.

_____

[67] "Evolutionary Music and the Zipf-Mandelbrot Law: Developing Fitness Functions for Pleasant Music", par Bill Manaris, Dallas Vaughan, Christopher Wagner, Juan Romero et Robert B. Davis, 2003.
[68] Jean Laherrère, « Distributions de type fractal parabolique dans la nature », 1996.

États critiques auto-organisés

En 1987, Bak, Tang et Wiesenfeld travaillaient en pleine révolution fractale. Ils ne pouvaient pas manquer de classer les avalanches dans les tas de sable virtuels en fonction de leur magnitude. Ils découvrirent que si deux fois plus de grains sont impliqués dans une avalanche, l'avalanche a deux fois moins de chances de se produire[69]. En d'autres termes, si 1 000 avalanches entraînent 100 grains, 500 avalanches en entraînent 200, 250 avalanches en entraînent 400... Cette courbe est caractéristique d'une loi de puissance. Les avalanches ont beau être imprévisibles, elles se distribuent régulièrement suivant la loi de puissance, comme si le tas de sable obéissait à une logique. Une forme d'ordre émerge de la chute pourtant aléatoire des grains.

Pour Bak, Tang et Wiesenfeld, le tas de sable s'auto-organise spontanément afin de suivre la loi de puissance. L'expérience a beau être répétée des milliers de fois, les grains lâchés les uns après les autres et s'écroulant au hasard, les différents tas dessinent des zones critiques qui entraîneront des avalanches dans la proportion et l'importance définies par la loi de puissance. Le tas de sable est dans un état critique auto-organisé (*self-organized criticality*). Il n'est pas en équilibre, comme pourrait l'être un tas de sable où rien ne se passe, mais il n'est pas non plus le siège d'un chaos total. Sous l'impulsion des nouveaux grains, sa forme fluctue autour d'un état loin de l'équilibre.

Un tas de sable de 100 000 grains se comporte comme un tas de 1 000 grains, à l'échelle près. Quel

---

69 Bak, Tang et Wiesenfeld obtinrent en fait une valeur de 2,14.

que soit le tas de sable, nous voyons la même chose se produire. Si 100 avalanches entraînent 10 000 grains, alors 50 en entraînent 20 000. Les quantités ont beau varier, leurs relations restent inchangées. Les petites comme les grandes avalanches se produisent suite à la chute des mêmes grains de sable anodins. Il n'y a pas de cause particulière aux grands cataclysmes.

Jusqu'à la découverte de Bak, Tang et Wiesenfeld en 1987, les scientifiques dédaignèrent les états critiques auto-organisés, qu'ils jugeaient exceptionnels. En 1996, dans son livre *How Nature Works: The Science of Self-Organized Criticality*, Bak démontra, au contraire, que nous vivions dans un monde qui se maintient dans un état critique auto-organisé. Il trouva partout des lois de puissance, à commencer dans les tremblements de terre, qui deviennent quatre fois moins fréquents quand leur énergie double.

— Il y aurait un lien entre la fréquence des séismes et leur puissance ! Mais pourquoi ?

— Pourquoi existe-t-il un lien de même nature dans la simulation du tas de sable ? Nous observons un modèle physique simplifié et nous voyons les états critiques apparaître et le système s'auto-organiser. Il n'y a pas de mystère, pas de loi cachée, simplement un grand nombre d'agents autonomes s'auto-organisent, entrent en état critique et s'arrachent au chaos qui les environne. Dans le cas des grains de sable virtuels comme dans celui des plaques tectoniques, de petites causes peuvent avoir de grands effets. Le tsunami du 26 décembre 2004 a commencé comme des millions d'autres secousses imperceptibles.

— Un homme politique serait un marchand de sable ?

— Certaines de ses décisions peuvent entraîner un changement pendant que d'autres, pourtant bien intentionnées, n'ont aucun effet. Si notre société est dans un état critique auto-organisée, elle est ingouvernable.

— Mais nous n'agissons pas bêtement comme des grains de sable ou des plaques tectoniques ?

— Nous pouvons nous le demander !

Découverte macabre

En décembre 1917, sur le front franco-allemand, les ambulanciers de la Section sanitaire anglaise Treize dormaient sur les brancards qui, durant la journée, avaient vu agoniser des soldats. Aux côtés de William Olaf Stapledon, qui rêvait d'une société de télépathes, le Prof Lewis Fry Richardson restait les yeux ouverts, effrayé. Il ne pensait plus à sa théorie météorologique, mais à toutes les morts inutiles, à toutes les souffrances qui l'entouraient de leur présence fantomatique. Au loin, des coups de feu claquaient au-dessus des vallées enneigées, un des hommes de la seizième division d'infanterie venait de succomber pendant que ses compagnons frigorifiés pleuraient de peur.

Le Prof avait refusé de porter les armes et s'était engagé comme objecteur de conscience. Cette décision lui valut de ne jamais plus pouvoir enseigner. Par la suite, jusqu'à sa mort en 1953, il vécut en marge du monde académique et se livra à des recherches personnelles, essayant de comprendre l'origine des conflits qui déchirent les hommes.

Il émit l'hypothèse suivante : la probabilité pour deux nations d'entrer en conflit est proportionnelle à la longueur des frontières qui les séparent. En consultant des traités de géographie, il releva des valeurs contradictoires pour la longueur des frontières entre l'Espagne et le Portugal – tantôt 987 km, tantôt 1 214 km –, ou les Pays-Bas et la Belgique – tantôt 380 km, tantôt 449 km. Il lui parut alors évident que la longueur mesurée dépendait de l'outil employé par les arpenteurs. Plus leur échelle de travail était précise, plus les frontières devenaient longues, car de nouveaux détails étaient comptabilisés. Une droite à grande échelle pouvait se transformer en une succession de segments de droites à petite échelle. Quand le géographe détaillait une partie d'une frontière, il obtenait une nouvelle frontière de structure semblable à la frontière totale. Richardson avait découvert une invariance d'échelle, comme Mandelbrot plus tard avec les cours du coton.

L'impossibilité de mesurer les frontières empêcha Richardson d'étayer son intuition quant à la probabilité de déclenchement des conflits. Par ailleurs, son observation préfigurant la géométrie fractale n'attira pas l'attention, pas plus que la plupart de ses autres travaux. En refusant de porter les armes, le Prof s'était exclu du système académique. Aucun universitaire n'acceptait qu'un étranger à sa coterie empiète sur ses plates-bandes. Le mathématicien Richardson, inspirateur de l'écrivain William Olaf Stapledon, devenu météorologiste, historien et sociologue des conflits guerriers puis géographe, ne pouvait que divaguer. Ce connecteur avant l'heure était puni pour excès de généralisme, d'autant plus que son livre de 1950, *Statistics of Deadly Quarrels*, accumulait des résultats inacceptables. Afin de comprendre les conflits guerriers, le pacifiste Richardson était allé trop loin.

— Il y a dans le monde beaucoup de discussions politiques brillantes, spirituelles même, qui pourtant ne mènent à aucune conviction solide, écrivit-il. Mon but a été différent : j'ai examiné quelques données avec des techniques quantitatives dans l'espoir d'aboutir à des réponses fiables.

Le Prof qui avait côtoyé la mort s'efforça de prendre ses distances en l'analysant avec le regard froid du statisticien. Il étudia quatre-vingt-deux guerres survenues entre 1820 et 1929 et les classa en fonction du nombre de leurs victimes. Combien de guerres avaient fait entre 5 000 et 10 000 morts ? Combien entre 10 000 et 15 000 ? Miracle : il obtint une loi de puissance. Chaque fois qu'il doublait le nombre de morts, ce type de guerre avait quatre fois moins de chances de se produire. Il y avait une invariance d'échelle dans les conflits humains. Comme pour les avalanches dans un tas de sable virtuel, comme pour les tremblements de terre, les causes des petits et des grands conflits étaient les mêmes.

— [...] la loi de puissance implique qu'une guerre, quand elle commence, « ne sait pas combien grande elle deviendra » – personne d'autre ne le sait d'ailleurs, remarque Mark Buchanan.

Une escarmouche mineure peut déclencher une petite avalanche ou un cataclysme général ; et la seule façon de le savoir est d'attendre la suite des évènements. Dans ces circonstances, personne ne peut prévoir notre avenir, ni les politiques, ni les futurologues, ni même les astrologues. Réciproquement, notre passé n'est pas plus explicable. Comprendre l'origine d'une guerre, c'est retrouver le minuscule évènement, perdu parmi d'autres, qui précipite l'état critique vers un état plus stable.

Pour beaucoup d'historiens, la Première Guerre mondiale débuta par l'assassinat de l'archiduc austro-hongrois François-Ferdinand à Sarajevo. Le 28 juin 1914, le chauffeur de ce malheureux monarque se trompa de chemin. Engagé par erreur dans une ruelle, il s'immobilisa par hasard devant un étudiant membre d'une organisation terroriste serbe, qui sortit un pistolet de sa poche et tira deux fois, une fois sur l'archiduc, une fois sur sa femme. Ce double assassinat accidentel servit alors d'alibi à l'Autriche pour envahir la Serbie. Une réaction en chaîne s'ensuivit qui plongea l'Europe dans le chaos.

Est-ce l'erreur d'un chauffeur, qui causa 10 millions de morts ? Ou l'état critique dans lequel se trouvait le monde ? Et pourquoi cet état critique était-il aussi instable ? Un autre grain de sable, tombé à un autre endroit, aurait lui aussi pu servir d'alibi. Ou, au contraire, il aurait peut-être provoqué une avalanche de moins grande amplitude. La cause de la guerre est donc l'instabilité de l'état critique, mais les états critiques sont instables par nature. Il n'y a donc pas de cause particulière, mais seulement des causes accidentelles. Les identifier est impossible, comme le prouvent les querelles incessantes entre historiens. Pour la Première Guerre mondiale, l'assassinat de l'archiduc n'est qu'une hypothèse de travail parmi d'autres, chaque spécialiste du conflit se devant de défendre la sienne. Dès lors, le rôle de l'historien ne peut plus être de nous expliquer le passé, mais seulement de nous le raconter.

Aux frontières du chaos

Les lois de puissance, présentes tant dans la distribution des villes que dans celle des guerres, indiquent que nous nous auto-organisons autour d'états critiques, que nous le voulions ou non. Il existerait en quelque sorte des lois sociales comparables à des lois physiques, idée que développe Mark Buchanan dans *The Social Atom*. Dans certaines situations, nous faisons émerger des structures, une loi de puissance par exemple.

Lorsque les oiseaux volent en flotte, ils dessinent des formations en V ou W. Nous ferions la même chose, obéissant à une physique sociale. Tout en étant des individus libres, en tant que groupe, de part nos interactions, nous nous auto-organiserions en structures prévisibles. Mais prévoir l'émergence d'une structure ne dit pas qu'elle sera son incarnation effective. Nous découvrons des règles qui semblent toujours valides, mais nous ne savons pas prévoir comment elles se combineront pour mener au lendemain.

C'est un peu comme si nous démontrions qu'un algorithme génère un nombre entier. Savoir que le nombre est entier nous apprend beaucoup de choses sur lui, mais ne nous dit pas qu'elle est sa valeur. Si on vous dit que vous venez de gagner un nombre entier d'euros au loto, ne vous réjouissez pas trop vite. Vous avez peut-être gagné un euro comme un million.

En 1998, Albert-László Barabási et son équipe illustrèrent magistralement notre propension à faire émerger des lois de puissance. Après avoir cartographié le Web et découvert sa structure décentralisée avec ses hubs, ils dénombrèrent sur chaque page les liens qui la connectaient à d'autres pages. Surprise : ils obtinrent une loi de puissance. Les pages contenant deux fois plus de liens que d'autres étaient sensiblement deux fois moins fréquentes. La loi était vraie pour les pages recevant dix liens comme pour celles en recevant des dizaines de milliers.

Si le Web s'était construit au hasard, la plupart des pages auraient disposé d'à peu près le même nombre de liens. Classées suivant ce critère, elles auraient dû manifester une loi normale, dessiner une courbe en forme de cloche (fig. 13). Mais tel n'était pas le cas. Les webmasters travaillant chacun dans leur coin, sans aucune coordination, avaient néanmoins dessiné un réseau qui obéissait à une loi de puissance. Des hubs comme Google ou Facebook étaient apparus. De leur côté, Duncan Watts et Steven Strogatz étudièrent d'autres réseaux, notamment les réseaux sociaux des acteurs et des mathématiciens, et ils découvrirent encore une fois des lois de puissance.

— [Elles] expriment mathématiquement le fait que dans la plupart des réseaux réels la majorité des nœuds ne possèdent que quelques liens et que ces nœuds coexistent avec de rares hubs, nœuds avec un nombre anormalement grand de liens, explique Albert-László Barabási[70]. [...] l'absence de pic dans une loi de puissance implique que dans les réseaux réels il n'y a pas de nœud caractéristique. [...] Le hub le plus important est talonné par deux ou trois hubs plus petits, talonnés par

---

70 Albert-László Barabási, *Linked : how everything is connected to everything else and what it means for business, science, and everyday life*, 2002, p.70.

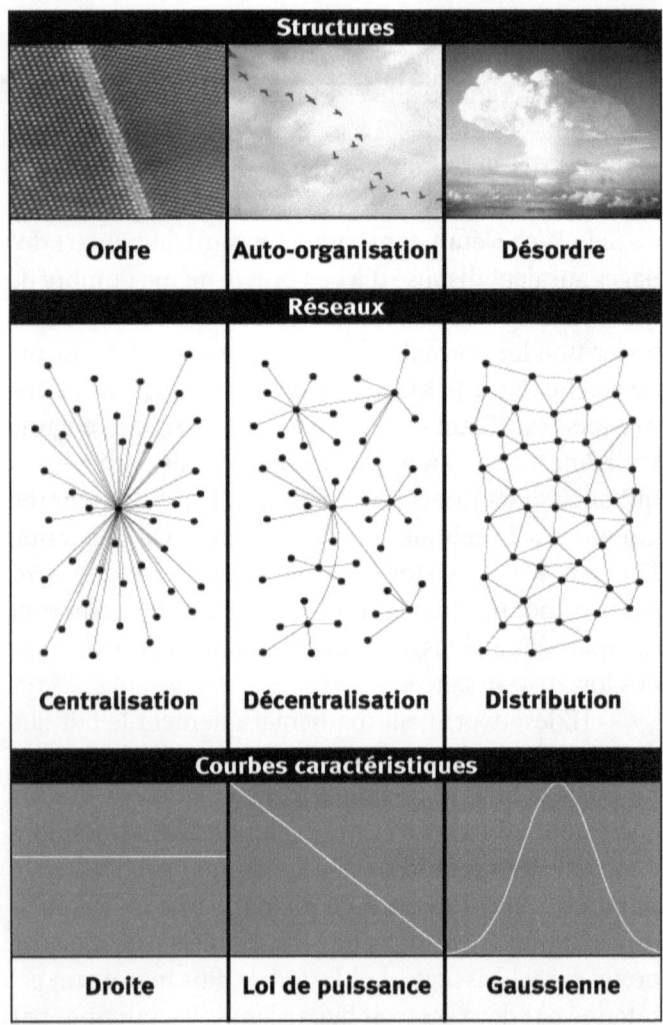

Figure 13 Trois types de structures, trois types de réseaux, trois types de courbes caractéristiques. À la fin du XXᵉ siècle et au début du XXIᵉ, une révolution scientifique extraordinaire se joue par lente accumulation de découvertes qui, peu à peu, s'organisent en un ensemble cohérent.

une douzaine encore plus petits, et ainsi de suite, jusqu'à finalement atteindre une myriade de petits nœuds.

Plus loin, Albert-László Barabási précise :

— Les lois de puissance apparaissent rarement dans les systèmes réglés par des jets de dés. Les physiciens ont appris que, le plus souvent, elles manifestent une transition entre le désordre et l'ordre. Ainsi, la loi de puissance que nous avons découverte sur le Web indiquait, pour la première fois en termes mathématiques précis, que les réseaux réels étaient loin d'être dus au hasard. […] Finalement, les réseaux complexes commençaient à nous parler en termes familiers pour les spécialistes de l'auto-organisation et de la complexité. Ils nous parlaient de comportements émergents.

Durant les années 1960, les physiciens découvrirent que lors des transitions de phase entre l'ordre et le désordre, de nombreux phénomènes obéissaient à des lois de puissance. En 1971, Kenneth Wilson lia la présence d'une loi de puissance à une invariance d'échelle. Cette découverte d'une nouvelle loi universelle lui valut le prix Nobel de physique en 1982. Nous avions la preuve que lorsque des lois de puissance apparaissent, nous nous trouvons souvent dans des transitions de phase. À ce moment, l'auto-organisation canalise le hasard propre au désordre, elle dessine un chemin entre le désordre et l'ordre. Réciproquement, si le Web et les réseaux sociaux manifestent une loi de puissance, c'est vraisemblablement la preuve que nous nous auto-organisons spontanément.

— Si nous suivons une loi de puissance comme des grains de sable, nous sommes donc aussi stupides que des grains de sable : c'est ça que vous insinuez ?

— Non, tout simplement nous nous influençons sans jamais trouver un point d'équilibre, nous restons en tension, tentés de pencher dans un sens ou dans un autre. Nous sommes des organismes vivants, nous nous comportons comme tels. Pour nous, les états d'équilibre signifient l'absence d'échanges, ils impliquent la mort. Nous ne pouvons nous épanouir qu'aux points de transition de phase, dans ces régions où de minuscules impulsions peuvent entraîner des conséquences immenses. La vie ne pouvait se jouer ailleurs qu'en ces lieux, où elle dispose de leviers de force maximale. Là, elle est la plus performante. Mais si elle va trop loin, elle bascule dans le chaos, dans le désordre total, dans les échanges trop rapides qui empêchent les structures de maintenir leur intégrité, ce qui implique la mort. Si au contraire la vie recule, elle entre dans des zones de plaine, des zones où chaque action demande trop d'efforts, où les leviers sont de plus en plus courts.

Les chimistes ont compris cette règle depuis longtemps : les réactions à l'équilibre demandent plus d'énergie et de temps que loin de l'équilibre. Par exemple, lorsqu'on plonge un sucre dans l'eau à température ambiante – eau à l'équilibre –, il se dissout plus lentement que dans de l'eau chaude, voire bouillante, eau dans un état loin de l'équilibre. Nous vivons et nous nous maintenons au point où il se passe le plus de choses, où la chimie organique est la plus performante. Si nous habitions un tas de sable virtuel, nous construirions nos villes aux frontières entre les zones vertes et rouges. Comme les pentes d'un volcan, ces endroits dangereux sont fertiles. Sans cesse de nouveaux évènements s'y produisent. Nous sommes tous des grains de sable. Nos actions dépendent de la couleur de la zone où nous nous agitons.

— Mais nous ne pouvons choisir cette zone.

— C'est une chance. Les pentes de notre société ne sont pas aussi faciles à colorer que celles du tas de sable.

— Alors pourquoi incriminer les politiques ?

— Parce que nous autres connecteurs savons que nous vivons dans un monde à l'avenir imprévisible, nous nous méfions des gourous et des prophètes en tout genre. Dès que quelqu'un prétend régenter l'avenir, nous sommes sur nos gardes, même si ce quelqu'un souhaite œuvrer pour le bien de tous.

Prévoir pour mieux gouverner

Lors de conférences, de débats ou de discussions sur mon blog, j'ai constaté combien la plupart des gens refusent cette idée d'un avenir imprévisible. Les arguments rationnels ne les touchent pas. Comme de nombreuses choses sont prévisibles, nous en induisons que la plupart le sont, oubliant l'existence des systèmes complexes. Même si nous savons qu'un tel raisonnement inductif est défaillant, nous nous laissons souvent abuser par notre sens commun. Nous voulons croire à l'avenir, nous voulons des repères quitte à les inventer. Mais les gouvernements, depuis toujours, s'appuient sur cette faiblesse individuelle pour la transformer en arme de pouvoir.

Au nom de l'avenir qu'ils ont prévu, prévision dont la possibilité est socialement admise, ils nous commandent d'agir de telle ou telle façon. Par exemple, parce que cet avenir serait désastreux, il nous impose une politique de rigueur, voire une tyrannie. De nombreux auteurs de science-fiction ont traité de ce thème jusqu'à imaginer l'incarcération des criminels avant qu'ils ne commettent leur crime[71]. Ils ont montré que toute connaissance de l'avenir est susceptible de modifier cet avenir ce qui suffit à expliquer pourquoi l'avenir est imprévisible. Mais leurs œuvres, négligées, rabaissées, n'ont pas engendré une prise de conscience quant à l'inévitable imprévisibilité.

Ainsi, même si l'avenir est imprévisible, même si les gouvernants le savent, ils ont tout intérêt de nous faire croire qu'il est prévisible. Ils peuvent ainsi inventer l'avenir qu'ils souhaitent, ou plutôt qu'ils ne souhaitent pas, et nous commander d'agir pour l'éviter. Ils utilisent des prétextes pour se jouer de nous. Par exemple, en annonçant des taux de croissance fantaisistes, ils justifient des mesures encore plus fantaisistes.

Si connaître l'avenir peut être une façon de nous forcer à agir, cette connaissance factice peut servir à nous paralyser. Par exemple, en annonçant de réels bouleversements climatiques dans cinquante ans, on évite les paniques aujourd'hui et on retarde les mesures qui nous permettraient de régler les problèmes déjà avérés.

Les autocrates savent que nous n'acceptons pas longtemps les ordres arbitraires. Nous nous révoltons vite contre eux. Ils cherchent alors des raisons supérieures pour asseoir leur autorité. Longtemps Dieu leur servit de béquille, maintenant ils invoquent les futurologues et autres experts. Ils ont besoin d'un avenir écrit pour exercer leur autorité et la rationaliser. Nous vivons dans un monde où nos dirigeants nous mentent au nom de leur

---

71 Philip K. Dick, *Minority Report*.

connaissance du futur. Pour nous faire avaler leurs mensonges, ils s'entourent d'ailleurs d'oracles. Les empereurs romains n'étaient pas les seuls à consulter les devins. L'exercice du pouvoir passe par la divination. Nos gouvernants ont besoin de bouffons, qui cautionnent leurs décisions.

Maintenant, si nous acceptons l'imprévisibilité, aucun gouvernant ne peut invoquer l'avenir pour justifier de nous pousser dans une direction ou dans une autre. S'il le fait, nous savons qu'il nous impose son autorité. Nous ne pouvons être libres que dans un monde sans avenir écrit, que cette écriture soit d'origine fantasmagorique, mystique ou pseudo-scientifique ne change rien. Nous ne nous libérerons des autocrates qu'une fois que nous aurons admis que l'avenir est définitivement imprévisible, qu'il est aujourd'hui plus imprévisible que jamais à cause de la complexification croissante de nos sociétés.

Je trouve tout simplement plus excitant de vivre dans un monde riche en surprises que dans un monde qui suivrait des rails aux aiguillages identifiés. Nassim Nicolas Taleb explique que les gens qui réussissent en affaires n'ont pas prédit l'avenir, mais ont simplement eu de la chance par rapport à ceux, beaucoup plus nombreux, qui n'ont pas eu de chance. C'est dur à accepter, mais il n'existe pas de martingale pour mener sa vie. À trop s'intéresser à l'avenir écrit par les oracles, on ne songe qu'à lui, qu'à son avènement et on rate à coup sûr le véritable avenir qui est en train de se construire aujourd'hui.

Nous n'avons pas besoin d'oracles pour rêver, pour croire à nos rêves, pour vivre comme s'ils allaient se réaliser. Les politiciens, manitous trop prétentieux, n'ont pas compris que le monde ne ressemblait plus à celui forgé par les penseurs des Lumières. L'avenir n'est pas écrit. Le centralisme, la concentration des pouvoirs, empêche de réagir efficacement aux fluctuations violentes d'une société organisée autour d'états critiques, d'autant plus que, quand cette société se globalise, le risque d'avalanches cataclysmiques augmente.

Vivement la guerre!

— Or, la guerre était presque toujours agréable au Peuple, parce que, par la sage distribution du butin, on avait trouvé le moyen de la lui rendre utile, écrivit Montesquieu[72]. [...] On avait donc mis de la discipline dans la manière de piller, et on y observait à peu près le même ordre qui se pratique aujourd'hui chez les Petits Tartares. [...] Rome était donc dans une guerre éternelle et toujours violente. Or une nation toujours en guerre, et par principe de gouvernement, devait nécessairement périr ou venir à bout de toutes les autres, qui, tantôt en guerre, tantôt en paix, n'étaient jamais si propres à attaquer, ni si préparées à se défendre.

Suivant l'adage populaire, une bonne petite guerre ne fait jamais de mal. Peut-être vaut-il mieux quelques actes terroristes épars qu'une troisième guerre mondiale.

— Vous n'êtes pas sérieux!

— La paix totale est-elle possible? J'aimerais le croire, mais cet état idéal n'a encore jamais existé. Si nous vivons dans un monde plongé dans un état critique, il

---

72 Montesquieu (1689–1755), *Considérations sur les causes de la grandeur des Romains et le leur décadence*, 1734.

faut bien que des avalanches se produisent de temps à autre : crises économiques, guerres, épidémies… Un monde sans secousses se rapprocherait dangereusement d'une région de plaine, il ne s'y passerait plus rien, il risquerait la décadence ultime, la mort.

— […] plus vous attendez un séisme, plus vous avez de chances de l'attendre longtemps, nous explique Mark Buchanan en faisant référence aux travaux de Keisure Ito de l'université de Kobe au Japon.

En 1995, ce sismologue découvrit grâce à une simulation comparable à celle de Bak, Tang et Wiesenfeld que le temps entre deux tremblements de terre suivait, lui aussi, une loi de puissance. Des durées de deux semaines sans activité sismique sont 2,8 fois moins fréquentes que des durées d'une semaine. Cette valeur de 2,8, calculée en laboratoire, n'est pas très éloignée de celle de 2,6, mesurée dans la nature suivant la loi d'Omori.

Lorsque de nombreux petits séismes surviennent, la chance d'irruption d'un grand séisme diminue. On constate la même chose pour les feux de forêt. Mieux vaut laisser de petits feux se produire que les empêcher, comme le service de protection des forêts s'y efforça dans le Wyoming. Quand l'incendie monstre de Yellowstone éclata en juillet 1988, il y avait longtemps qu'aucun feu sérieux n'avait consumé plus de quelques milliers d'hectares. Les petits incendies ont l'intérêt de relâcher les zones de tension, ils coupent les ramifications des états critiques. Dans une forêt, cela revient à ouvrir des clairières qui se transforment en coupe-feu naturels.

— Les terroristes auraient la même fonction ?

— D'une certaine façon, mais nous pouvons leur couper l'herbe sous le pied si, individuellement, pacifiquement, nous parvenons avant eux à détendre les tensions sociales, tensions jamais deux fois identiques, et qui toujours exigent des traitements sur mesure. C'est une autre raison de plébisciter la décentralisation, la suppression des armées monolithiques au profit des rebelles généralistes.

— Vous transposez des résultats scientifiques hors de leur domaine d'origine.

— Nous devons cesser de nous considérer comme des cas particuliers dans la nature. Nous avons évolué comme elle, nous subissons les mêmes règles que les autres êtres vivants et que les autres phénomènes. La présence de la loi de puissance aussi bien dans les phénomènes physiques qu'humains nous encourage à développer cette attitude. Nous sentons que les dernières découvertes au sujet des états critiques, comme celles au sujet l'auto-organisation des agents autonomes, peuvent nous guider dans nos vies. Elles décrivent des processus historiques et, comme nous-mêmes sommes plongés dans l'Histoire, comme nous sommes des histoires à nous seuls, il n'y a aucune raison qu'elles ne s'appliquent pas à nous.

— Que faites-vous de notre liberté ?

— Elle-même découle de lois puisqu'elle fait partie du monde ; son existence ne fait aucun doute pour les connecteurs. Que des groupes sociaux engendrent des structures prévisibles ne nous empêche pas, chacun individuellement, de mener notre vie à notre guise.

CHAPITRE 5

NE PAS MANIFESTER

Agir localement, penser globalement

Liberté implique responsabilité. C'est là pourquoi la plupart des hommes la redoutent.

George Bernard Shaw

Dans les collines de Bavière, à une centaine de kilomètres de Munich, l'hôtel Dorint Sofitel Seehotel Überfahrt dessine un U imposant face au tranquille lac de Rottach-Egern. Les façades blanches du bâtiment principal de quatre étages, chapeauté d'un toit rouge, s'imposent devant l'arrière-plan presque noir d'une forêt de conifères. Par réflexion, l'eau paraît grise, presque métallique. En ce début de mai 2005, le printemps peine à s'imposer. Des nuages menaçants arrivent du nord. À quelques encablures du rivage, un hors-bord coupe ses moteurs et se laisse dériver vers un appontement. Quelques canards effrayés s'envolent avec difficulté, puis se posent plus loin, avec des coin-coin d'agacement.

Des hommes en costumes impeccables apparaissent sur le rivage. L'un était assis sous un parasol, un autre à l'abri d'un kiosque à musique, un autre encore se cachait derrière un des bosquets du jardin. Ils portent une main vers leur tempe gauche pour mieux entendre les ordres chuchotés dans leur oreillette et convergent vers l'appontement, pirouettant sur eux-mêmes, parcourant du regard le lac et le ciel, scrutant les terrasses des chambres. Ils tournent alors le dos au hors-bord, comme s'ils ne voulaient pas voir un vieil homme et une jeune femme mettre pied à terre. L'homme porte un costume semblable à ceux des gardes du corps, il leur ressemble, hormis qu'il marche avec l'assurance d'un monarque. La femme se cache sous un grand chapeau, elle marche elle aussi avec assurance, non pas celle d'une princesse, mais celle d'une femme qui sait que personne ne peut rien lui refuser.

À l'autre extrémité du jardin de l'hôtel, sous une série de drapeaux, d'autres vigiles s'agitent. Des limousines s'arrêtent devant la porte du lobby. Des grooms accourent, les portières claquent. La reine d'Espagne apparaît. Quelques secondes plus tard, Henry Kissinger, David Rockefeller puis le nouveau président de la Banque mondiale, Paul Wolfowitz, suivent. Pourtant, il n'y a aucune caméra, aucun photographe, c'est étrange. Arrivent maintenant le prince Philippe de Belgique et le secrétaire général de l'OTAN, Jaap de Hoop Scheffer. La réunion de plus de cent personnalités n'est pas top secrète, mais les médias ne lui accorderont aucune importance parce qu'ils n'en connaîtront jamais l'objet, sinon que les puissants de ce monde se rassemblent pour discuter de l'avenir de l'Occident et en fixer les orientations.

Initié par le prince Bernard des Pays-Bas, ce petit jeu commença en mai 1954 à l'hôtel Bilderberg, en Hollande. Depuis, chaque année au printemps, les magnats de la haute finance et de la politique, réunis sous le nom de club de Bilderberg, se retrouvent dans une villégiature luxueuse, tantôt en Europe, tantôt aux États-Unis. George Bush Senior, Bill Clinton, Tony Blair, Lionel Jospin, Romano Prodi... ont participé aux séances du club qui, par son caractère occulte, n'est pas sans rappeler la franc-maçonnerie.

— Le monde est gouverné par de tout autres personnages que ne se l'imaginent ceux dont l'œil ne plonge pas dans les coulisses, écrivit en 1844 Benjamin Disraeli[73], ministre des Finances britannique de la reine Victoria.

Au milieu du xixᵉ siècle, les propos de Benjamin Disraeli pouvaient être pris au sérieux. Le Comité des 300 fut créé en 1729 par la British East India Merchant Company pour rassembler les représentants du système bancaire mondial. En 1804, l'ordre des Templiers fut restauré en France par Bernard Raymond Fabré-Palaprat, avec la bénédiction de Bonaparte. Et, en 1891, la Round Table n'allait pas tarder à se constituer dans le but d'établir un nouvel ordre mondial. La mode était à l'occulte, aux forces secrètes d'inspirations luciférienne et franc-maçonnique.

Cette mode a perduré tout au long du xxᵉ siècle, surtout chez les gens riches et puissants. Le Bilderberg ne fut pas la dernière des confréries fondée pour leur propre gloire. Créé le 8 avril 1968 à l'initiative du clan Rockefeller, le Club de Rome regroupe les membres

---

73 Benjamin Disraeli (1804–1881), *Coningsby*, 1844.

de l'*establishment* international. Au travers d'une de ses publications, il aurait influencé les médias pour faire croire à une crise de l'énergie[74]. David Rockefeller, encore lui, récidiva en créant la Trilatérale en 1973, un Bilderberg étendu à l'Orient.

Toutes ces agitations m'amusent, je suis incapable de les prendre au sérieux. Je me demande comment ces hommes politiques et ces financiers peuvent avoir l'air aussi sévères quand les paparazzi réussissent à les photographier à l'entrée de leurs hôtels. Ont-ils perdu le sens de l'humour ? Croient-ils réellement qu'ils jouent un rôle historique ? Ne savent-ils pas que les structures centralisées dont ils émanent sont inefficaces, que l'avenir du monde ne peut être prédit, que son histoire ne peut être contrôlée. J'ai l'impression qu'ils ignorent les dernières avancées intellectuelles. Ils continuent d'agir comme si nous étions encore au XIXᵉ siècle, à l'époque où la science croyait comprendre tous les possibles, une époque où les rois et les riches pouvaient encore se flatter de présider au destin de l'humanité. J'aimerais les imaginer plus lucides, conscients de leur impuissance, plus drôles, comme des amis qui se retrouvent pour se soulager de leur peine et évoquer le bon vieux temps.

— Nous ne servons à rien alors buvons un coup, pourraient-ils se dire pour se consoler.

Mais, par le peu qui filtre de leur réunion, j'ai l'impression qu'ils ne s'amusent pas. La « pensée réseau » n'est pas arrivée jusqu'à eux, alors ils poursuivent leurs pantomimes, comme Gustav Von Aschenbach, le héros

---

74 Rapport écrit par Donella Meadows (1941–2001), *The Limits to Growth*, 1972.

de *Mort à Venise* qui se croit encore jeune alors qu'il dégoûte les jeunes.

Antimondialisation

Le matin du 30 novembre 1999, lors de l'ouverture de la réunion de l'Organisation mondiale du commerce, des bandes hétéroclites de manifestants déferlèrent durant cinq heures dans les rues de Seattle. Les activistes du Direct Action Network commencèrent par bloquer l'accès au palais des congrès, pendant que des étudiants arrivaient par le nord et les représentants des pays défavorisés par le sud. Des fermiers aveyronnais distribuèrent du roquefort devant un McDonald's. Les membres d'une association pour la défense des tortues défilèrent en portant sur leur dos des carapaces bleues. Les Black Blocs, anticapitalistes et anarchistes, s'attaquèrent aux symboles du libéralisme. Ils défoncèrent les vitrines de quelques banques et d'enseignes internationales : Old Navy, Banana Republic, GAP, Nike, Levi's, Starbucks… Les militants pacifistes s'interposèrent et les matraquèrent avant que la police ne les bombarde à coups de fumigènes puis de balles en caoutchouc. La pagaille ne fit que gagner de l'ampleur au fil de la matinée, jusqu'à ce que les forces de l'ordre chassent les manifestants vers Capitol Hill, le quartier bohème sur les hauteurs de la ville.

— Même en Europe, où les manifestations contre le programme économique néolibéral existaient déjà depuis une dizaine d'années, Seattle fut perçu comme un début de quelque chose, écrit un éditorialiste sur le site d'ATTAC. Les militants des pays industrialisés, mais aussi les habitants des pays du Sud ont senti que, pour la première fois, il était possible de répondre à un système capitaliste mondial qui échappait – et échappe encore – à tout contrôle. Mieux encore peut-être, les manifestations semblaient marquer une renaissance du mouvement syndical américain, resté trop longtemps le complice des politiques du temps de la guerre froide.

Que réclamaient les manifestants ? Contre quoi se révoltaient-ils ? Non pas contre le centralisme étatique des grandes puissances, mais, au contraire, contre le manque de vigueur de ce centralisme. Les antimondialistes exigeaient plus de contrôles des institutions financières, plus de contraintes. Ils se plaignaient que le capitalisme ne soit plus sous contrôle, et pour atteindre cet objectif ils réclamaient en quelque sorte un État plus fort, un État capable de contre-balancer la loi winner-take-all.

Mais est-ce légitime de demander à une entité centrale de combattre d'autres entités du même type quelle ? N'est-ce pas lui demander de faire appliquer pour elles ce qu'elle ne s'applique pas à elle-même, c'est-à-dire le refus à l'embonpoint ?

D'ailleurs, comment contrôler un système tel que le capitalisme auto-organisé autour d'états critiques ? Pour tenir les rênes d'un tel système, il faut l'isoler, en limiter les interactions, le simplifier à l'extrême, couper les interconnexions. Le contrôle des phénomènes sociaux n'est envisageable que dans une société féodale, vivant en vase clos, où n'existe aucun connecteur.

Est-ce donc le rêve des antimondialistes ? Difficile de ne pas le supposer. Ils veulent rétablir les mesures protectionnistes aux frontières afin de réduire la fluidité des échanges. Non, ce n'est pas la solution. Au contraire nous devons tracer de nouvelles routes, densifier et décentraliser le réseau qui nous interconnecte, plutôt que le limiter, ce qui ne peut que participer à la création de nouveaux centres de pouvoir. En nous interconnectant les uns aux autres, nous éviterons de dégringoler en cas de coup dur. Chacun de nous se trouvera au nœud d'un filet social qui encaissera les catastrophes en se déformant, mais sans se rompre. Le réseau est notre Sécurité sociale. L'État doit donc favoriser la transversalité tout en pénalisant les trop hauts degrés d'interconnexion, ce qui revient à pénaliser les hubs du réseau. Il doit pousser vers la décentralisation, et lui même de toute ses forces se décentraliser.

Dans un monde centralisé, nous ne sommes soutenus que par la famille, les amis, le travail... et, surtout, avant tout, que par l'État (système de santé, droit au chômage, protection sociale...). Si un de ces liens se rompt, nous nous retrouvons en perdition. Dans les sociétés hautement décentralisées, la multitude des liens rendra nos vies moins précaires. Des liens souples et dynamiques nous maintiendront au sein d'un réseau social resserré, qui ne sera pas sans rappeler celui des villages d'antan tout en étant étendu à l'humanité. Par l'effort individuel de chacun de nous, nous aboutirons à cette plus grande justice sociale appelée par les antimondialistes.

Et puis, pourquoi manifester contre l'Organisation mondiale du commerce ou une de ses variantes incarnée par le G8 ? Même si ces institutions possèdent un statut officiel et représentent les pays les plus riches du monde, elles n'en sont pas moins aussi stériles que le club de Bilderberg. Instances centralisées au-dessus d'autres instances centralisées, elles émanent d'un monde désuet qui ignore la puissance des réseaux, jusqu'à négliger la terrible gravité de la loi winner-take-all. Alors manifester contre ces reliques du passé revient à leur concéder un pouvoir qu'elles n'ont plus. Les connecteurs, eux, ne manifestent pas. Ils ne cherchent pas à arracher des promesses intenables à des gouvernants impuissants, ils n'exigent même pas leur démission. Ils les laissent se déliter et, lorsqu'ils veulent quelque chose, ils retroussent leurs manches et se mettent au travail. À juste titre, ils ne comptent que sur eux-mêmes.

— Attendez, vous allez trop vite. Je vais résumer votre raisonnement. Le monde serait dans un état critique, plutôt dans un enchevêtrement d'états critiques. En gros, avant d'entreprendre une action, nous ne pouvons espérer savoir quelles seront ses conséquences. Pour cette raison, entre autres, vous pensez que les gouvernements n'ont plus d'utilité, que le G8 comme le Bilderberg n'ont aucun pouvoir. Ils peuvent agir s'ils le souhaitent, mais ils ne contrôlent pas les conséquences de leurs actes. À ce stade, je ne vous suis plus. À cause de l'invariance d'échelle propre aux états critiques auto-organisés, chacun de nous se trouve dans la même situation que les gouvernants, nous sommes aussi impuissants qu'eux. Comment alors pouvons-nous compter sur nous-mêmes ?

— Nous sommes libres, un gouvernement ne l'est jamais.

— Vraiment ?

Un prisonnier confiné dans sa cellule jouit d'une liberté presque nulle. Il peut décider de se lever, de tourner en rond, de s'allonger, ça ne va pas beaucoup plus loin. Dès qu'il sort dans la cour de la prison, il dispose d'une liberté accrue. Il peut discuter avec d'autres prisonniers, imaginer de s'évader, puis s'évader et gagner une liberté plus grande. Toute liberté acquise nous permet de prétendre à plus de liberté.

En informatique, nous appelons ce phénomène le *bootstrapping*. Lorsqu'un ordinateur démarre, il ne dispose que d'un minuscule programme capable de charger en mémoire un autre programme enregistré sur un disque ou accessible sur un réseau. Ce nouveau programme peut alors charger à son tour une myriade de programmes qui géreront l'écran, le clavier, la souris… De cette façon, les systèmes d'exploitation comme Windows ou Linux prennent peu à peu le contrôle de l'ordinateur. Lors d'un *bootstrapping*, on dit boot pour abréger, un premier logiciel charge un logiciel plus compliqué qui en charge un autre plus compliqué encore. Une fois l'ordinateur opérationnel, les logiciels intermédiaires n'ont plus aucun intérêt, ils sont effacés.

Au cours de l'Histoire, le même phénomène s'est produit avec la liberté : chaque bribe de liberté gagnée a permis d'en conquérir une autre. C'est un peu comme avec les fusées à plusieurs étages : chaque étage amène plus haut l'étage suivant. Aujourd'hui, les hommes politiques élus démocratiquement correspondent à un étage déjà consommé de la fusée liberté. Maintenant qu'ils nous ont mis en orbite, nous n'avons plus besoin d'eux. Dorénavant, nous pouvons agir par nous-mêmes, localement, sans recevoir d'ordres venant d'en haut.

Si par malheur nous étions encore tentés d'agir globalement, que ferions-nous ? Nous serions obligés de nous regrouper en partis ou en syndicats et de recréer des instances centralisées que nous savons inefficaces. Face à la complexité, le centralisme est un frein, car il apporte des réponses stéréotypées. Au contraire, si nous agissons chacun de notre côté, nous pouvons faire du sur-mesure. Ainsi, les structures décentralisées, éclatées, pariant sur les agents autonomes, s'adaptent mieux aux imprévus, elles réagissent plus vite, car elles ne perdent pas de temps en consultant un central de commandement. Comme l'évolution, elles appliquent la méthode de l'essai et de l'erreur.

Et si encore une fois, nous persistions dans la voie centralisatrice et globalisatrice, nous nous heurterions à une énième difficulté insurmontable. Comme les états critiques subsistent quoiqu'il arrive, toute action globale commence par une infime action locale qui déjà bouleverse l'état de la structure. Il faudrait à ce moment reconsidérer l'ensemble du plan global, refaire une planification fastidieuse, qui serait remise en cause à la première seconde de son application. De ce fait, personne ne peut agir globalement. Toute action ne peut être que locale, justement à cause de l'invariance d'échelle. Plus le monde est complexe, plus il est imprévisible, plus nous devons réagir en fonction des particularités locales. Les connecteurs ne manifestent pas parce qu'ils sont conscients de ce fait. Nous sommes silencieux, non par faiblesse, mais parce que nous savons que faire beaucoup de bruit ne sert à rien.

— Si je vous suis bien, les gouvernements ne peuvent qu'agir localement même s'ils croient le contraire. Ils agissent donc comme des individus, sans plus de pouvoir qu'eux. S'il y a de la place pour les individus dans la société, il y a donc aussi de la place pour les gouvernements.

— Malheureusement, un gouvernement est un mastodonte, un individu lent et récalcitrant qui compte sur l'intelligence de sa garde rapprochée, toujours peu nombreuse. Quand les connecteurs que nous sommes ne disposaient pas de moyens de communication élaborés, ils ne pouvaient pas s'auto-organiser et manifester une intelligence de groupe. Mais une fois cette intelligence apparue, l'intelligence du réseau de connecteurs a surpassé celle du gouvernement, quelles que soient les élites qu'il recrute. L'essaim du gouvernement est toujours plus petit que celui de la communauté qu'il cherche à régenter.

— Cette idée d'une intelligence de groupe me fait peur. Nous ne sommes pas des oiseaux qui volent en flotte, des termites qui construisent leur nid ou même des feux rouges qui s'auto-organisent.

Intelligence en essaim

— Mon père, soucieux de l'avancement de nos études, nous conseilla de renoncer aux jeux inutiles : il nous recommanda l'observation minutieuse des mœurs des insectes, et de commencer par celles des fourmis, car il voyait en elles le modèle du bon citoyen, écrivit Marcel Pagnol en 1957 dans *La Gloire de mon père*. C'est pourquoi le lendemain matin, nous arrachâmes longuement les herbes et la « baouco » autour de l'entrée principale d'une belle fourmilière. [...] Les fourmis, qui ne se doutaient de rien, allaient et venaient en double colonne, comme les dockers sur la passerelle d'un navire. Je m'assurai d'abord que personne ne pouvait nous voir, puis je versai longuement le pétrole dans l'orifice principal. Un grand désordre agita la tête de la colonne, et des dizaines de fourmis remontèrent du fond [...]. J'enfonçai alors dans le trou une mèche de papier : Paul réclama la gloire d'y mettre le feu [...] et nos études commencèrent.

Enfant, j'ai suivi le conseil de Pagnol. Lorsque j'obturais une galerie, les cueilleuses qui revenaient au nid abandonnaient leurs prises et se transformaient en terrassiers. Les chasseuses recherchaient l'ennemi responsable de l'attaque. Elles le trouvaient incarné par une brindille au bout de mes doigts qu'elles escaladaient et mordaient avec rage. En quelques minutes, les ouvrières déblayaient le passage, puis les cueilleuses reprenaient leur collecte. Comme les fourmis étaient plus petites que moi, j'avais l'impression d'être un adulte face à elles et les considérais comme des enfants dotés d'une intelligence minuscule. Pour le reste, je ne pouvais m'empêcher de les croire organisées comme la société humaine à laquelle je prenais de plus en plus conscience d'appartenir.

— Nous parlons de la société des fourmis comme s'il s'agissait d'une société humaine hiérarchisée, où un individu, qui aurait accès à un maximum d'informations, distribuerait ses ordres à ses congénères, dit Jean-Louis Deneubourg[75]. Cette analogie exprime l'idée répandue, mais fausse, que la complexité des réalisations d'une société ne peut trouver son origine que dans la complexité des individus qui la composent.

Au milieu des années 1970, pendant que je jouais avec les fourmis, Deneubourg, spécialiste des phénomènes

---

75 Jean-Louis Deneubourg, article publié dans *@rchipress* en 1998.

collectifs dans les sociétés animales et des systèmes artificiels, professeur à l'Université libre de Bruxelles, commença son travail sur les insectes. Il montra que, même si chacun d'eux ne dispose pas d'une grande intelligence, ils peuvent ensemble créer des structures sociales complexes. Sans organisation centrale – la reine ne servant que de reproductrice –, sans plan, sans moyen de communication avancé, ils sont capables de construire des structures immenses. Certaines colonies de fourmis s'étendent sur des centaines de kilomètres.

— Le « projet » global n'est donc pas programmé explicitement chez les individus, dit Jean-Louis Deneubourg, mais émerge de l'enchaînement d'un grand nombre d'interactions élémentaires entre individus, ou entre individus et environnement. Il y a en fait intelligence collective construite à partir de nombreuses simplicités individuelles.

Les spécialistes parlent d'intelligence en essaim (*swarm intelligence* en anglais). Deneubourg expliqua comment elle se déployait, par exemple quand les fourmis exploitent les sources de nourriture :

— Un « éclaireur », qui découvre par hasard une source de nourriture, rentre au nid en traçant une piste chimique. Cette piste stimule les ouvrières à sortir du nid et les guide jusqu'à la source de nourriture. Après s'y être alimentées, les fourmis ainsi recrutées rentrent au nid en renforçant à leur tour la piste chimique. Cette communication attire vers la source de nourriture une population de plus en plus nombreuse.

Jean-Louis Deneubourg montra aussi comment les fourmis pouvaient choisir entre deux sources de nourriture, sans recourir à la moindre intelligence centrale.

— Au début, les deux sources seront exploitées de manière plus ou moins égale, explique Jean-Louis Deneubourg. Mais, assez rapidement, l'énorme majorité des fourmis se retrouveront sur la piste conduisant à la source la plus riche. [...] Le choix résulte simplement de la compétition de deux informations, à savoir les deux pistes qui mènent aux sources de nourriture. Ces pistes sont en compétition dans la mesure où elles puisent au même stock : les fourmis qui sortent du nid. Toute fourmi attirée par une piste renforce cette piste, et renforce par conséquent son attrait. Le choix systématique de la source la plus riche s'explique aisément par le fait, démontré, que les fourmis marquent plus la piste lorsqu'elles se sont approvisionnées à une source plus riche en nutriment. La piste qui conduit à la source la plus riche se renforce plus rapidement et devient donc plus attrayante. Au niveau de la société des fourmis, il y a donc bien un choix collectif, construit avec des individus ne disposant que d'informations locales, mais interagissant fortement les uns avec les autres.

Dans les colonies animales comme dans les flottes d'oiseaux virtuels de Craig Reynolds, les agents autonomes, quelle que soit leur position initiale, finissent toujours par former un essaim, qui restreint leur liberté tout en les incitant, d'une certaine manière, à créer des formes émergentes.

Un boids unique vole au hasard, mais, dès que ses congénères apparaissent, il les rejoint et dessine avec eux une structure qui, par sa beauté autant que par sa complexité, dépasse celle de chacun de ses composants, poussant les ornithologues à croire que la flotte est plus intelligente qu'un oiseau isolé. Mais ils ne se trompent pas tout à fait. Ce que nous appelons intelligence – et à un degré supérieur conscience – résulte peut-être d'une auto-organisation qui reste à découvrir. Il n'y aurait pas de mystère particulier, d'âme ou d'esprit au cœur du processus ; ou plutôt, l'esprit serait une structure émergente et en aucune manière préexistante. Il serait une création *ex nihilo*, à partir de quelques règles.

Sans aller aussi loin, il est aujourd'hui certain qu'Alan Turing, puis Pierre-Paul Grassé, Evelyn Fox Keller, Lee Segel, Craig Reynolds... et bien d'autres percèrent un des mystères de la nature aussi sûrement qu'Einstein avec la théorie de la relativité. Leurs découvertes apparaissent, en un sens, plus fondamentales, car elles concernent la vie de tous les jours, celle qui met en relation des agents autonomes, les oiseaux comme les bactéries, les boids virtuels comme les êtres humains. L'essaim qui émerge de leurs interactions se comporte de façon imprévisible au regard des règles initiales. Par exemple, les oiseaux en flotte ou les cyclistes en peloton économisent leur force tout en gagnant de la vitesse. D'une certaine manière, l'intelligence de l'essaim est supérieure à celle de chacun de ses individus qui le composent, ou plutôt, l'essaim accomplit des actions inaccessibles aux individus. Aucun oiseau n'est capable de régler le vol de ses congénères pourtant ils parviennent à former une flotte.

Pour expliquer le concept d'émergence, certains philosophes disent que les propriétés de l'eau ne peuvent être dérivées de celles de l'hydrogène et de l'oxygène : il y aurait une sorte de césure entre l'état liquide et l'état gazeux initial, une discontinuité quasi mystique. Ces philosophes comprennent fort mal la physique.

La mécanique quantique explique comment l'hydrogène et l'oxygène mènent à l'eau. Une simulation sur ordinateur peut montrer comment les atomes se rassemblent et engendrent l'élément liquide. Il n'y a pas de magie, pas de qualités extérieures qui viennent habiter l'eau. Certes, l'eau possède des propriétés nouvelles, étrangères aux gaz initiaux, mais ces propriétés s'expliquent parce que l'eau possède une structure nouvelle. De la nouveauté peut apparaître dans le monde, mais son apparition s'explique scientifiquement, ne serait-ce que par des simulations. En fait, nous parlons d'émergence, parce que nous ne pouvons pas prévoir les propriétés qui émergent à partir des règles initiales. Nous ne pouvons les reconstruire qu'*a posteriori*. C'est le mécanisme même de l'évolution : la nature essaie des combinaisons et les conserve si elles présentent un avantage. L'émergence signifie simplement que, à partir de règles simples, des comportements complexes peuvent apparaître, comportements dont la causalité est pour le moins floue – mais cette causalité existe néanmoins.

La révolution wiki

Si les insectes, comme les oiseaux et bien d'autres animaux d'ailleurs, forment des essaims qui manifestent une forme d'intelligence, il serait bien surprenant que nous ne les imitions pas. Après tout, l'évolution nous a fabriqués, employant avec nous les mêmes recettes qu'avec les autres créatures de l'univers. Le biologiste Jesper Hoffmeyer émit l'hypothèse que notre corps résultait de l'interaction entre plusieurs essaims[76]. Des

---

76 Jesper Hoffmeyer, "The swarming body", 1995.

essaims d'un niveau hiérarchique cellulaire interagiraient pour former des essaims de niveaux supérieurs, qui interagiraient à leur tour. En quelque sorte, nous serions l'assemblage d'une myriade de termitières.

L'écrivain, homme de loi et naturaliste Eugène Marais développa cette analogie durant les années 1920[77]. Il releva les ressemblances entre la société des termites et le corps humain. Pour lui, les soldats rouges et blancs équivalaient aux globules, la reine au cerveau et les termites qui essaiment étaient des espèces de spermatozoïdes. Le même raisonnement analogique peut être reproduit à l'échelle de la planète, faisant de toutes nos constructions des termitières géantes. Il est possible de voir le Web comme un espace où nous communiquons en modifiant notre propre environnement, exactement comme les termites qui sèment des boulettes de terre, boulettes qui inciteront d'autres termites à en semer d'autres. Par ce procédé, cette stigmergie selon Pierre-Paul Grassé, nous nous stimulons les un les autres.

Les blogs, et dans une plus grande mesure les wikis, ces encyclopédies interactives qui naissent d'un travail collaboratif, nous fournissent le meilleur exemple de ce phénomène. Un internaute ébauche une définition, qu'un autre complète, qu'un autre corrige, qu'un autre lie à d'autres définitions. Peu à peu, un discours s'élabore sans qu'il soit explicitement l'œuvre de quelqu'un. Néanmoins, il apparaît comme le fruit d'une pensée, il est une pensée collective. Sans plan d'ensemble, sans structure

---

77 Eugène Marais (1871–1936), *L'Âme de la Fourmi Blanche*, publiée à titre posthume en 1937.

préétablie, les wikis se développent et démontrent une nouvelle possibilité de gérer nos connaissances.

Les défenseurs des anciennes stratégies éditoriales centralisées, coercitives, dictatoriales, se défendront en disant que les wikis ne sont pas édités, que le code typographique n'est pas respecté, que l'orthographe est parfois douteuse, que les informations ne sont pas vérifiées... Ils diront tout ce qu'ils voudront : pendant ce temps, les wikis grandiront sans cesse, devenant de plus en plus riches, de plus en plus précis, de plus en plus accessibles, car le lecteur qui ne comprendra pas un concept essaiera de mieux l'expliquer, celui qui trouvera une faute la corrigera. La connaissance n'est plus figée, empaquetée une fois pour toutes et enfermée dans un coffre-fort, elle devient vivante. Pour l'éditorialiste Alain Lefebvre, les wikis sonnent l'avènement du troisième âge de l'informatique[78]. Après les mainframes centralisés, les micros décentralisés, nous en venons à la connaissance répartie. La stigmergie est à l'œuvre. Le lecteur reçoit des incitations au travail, il complète alors le travail des premiers auteurs, devenant lui-même auteur.

Dans le cas des wikis, l'intelligence en essaim prend tout son sens. Mais l'emploi du mot intelligence n'est-il pas abusif une fois appliqué aux insectes ? Lorsque nous savons qu'ils obéissent mécaniquement à quelques règles, nous doutons de leur intelligence. En revanche, un observateur ignorant cet automatisme aveugle ne peut s'empêcher de voir une intelligence à l'œuvre, exactement comme quand il observe les oiseaux voler en flotte. La

---

78 Alain Lefebvre, chronique publiée en mai 2005 dans Le Journal du Net.

structure émergente est capable d'actions interdites à chacun des individus. Ainsi un wiki ne pouvait résulter du travail d'un seul homme ou même d'une seule équipe, il est au-delà du rêve des encyclopédistes du XVIIIe siècle.

La mesure de l'intelligence – sans parler de sa définition – a toujours été délicate, le problème ne se simplifiera pas avec les formes d'intelligence en essaim. On peut toutefois s'amuser à demander à des apprentis informaticiens de simuler une termitière. S'ils ignorent qu'elle résulte de la collaboration entre agents autonomes, ils devront déployer des trésors d'ingéniosité, écrire des milliers de lignes de programme, et, dans le meilleur des cas, ils n'obtiendront que des termitières approximatives. En fait, pour un homme ignorant la « pensée réseau », la recréation d'une termitière est un défi intellectuel. C'est pour cette raison que les insectes sont souvent supposés intelligents : parce qu'ils se comportent d'une manière se rapprochant de la nôtre.

Maintenant, sachant qu'ils agissent automatiquement, doit-on pour autant les juger stupides ? Sans doute pas. Leurs réalisations restent toujours aussi belles et complexes. Expliquer comment fonctionne une intelligence ne rend pas ses créations moins merveilleuses. L'ambition des connecteurs n'est pas de désenchanter le monde, mais seulement, en le comprenant mieux, d'y vivre avec moins de préjugés.

Le tag IMG

Les connecteurs montrent l'exemple. Quand ils ne se satisfont plus des encyclopédies existantes, ils en écrivent d'autres. Dès qu'ils ont besoin de quelque chose, ils l'inventent. Plutôt que de se plaindre et de revendiquer, plutôt que d'exiger que les instances centrales règlent leurs problèmes, ils agissent par eux-mêmes. En modifiant leur environnement local, ils changent le monde globalement. L'histoire du Web éclaire cette attitude.

En 1991, Tim Berners-Lee ouvrit un forum sur Internet pour discuter des évolutions possibles du HTML[79]. Très vite, les nouveaux utilisateurs se demandèrent s'il était judicieux ou non d'autoriser l'ajout d'images. Les défenseurs de l'hypertexte pur et dur ne voulaient pas de cette adjonction et s'enfermèrent dans un débat stérile. En décembre 1992, Marc Andreessen mit tout le monde d'accord en diffusant un nouveau navigateur, Mosaic, proposant la nouvelle balise IMG. Dès lors, les pages Web allaient ressembler à celles que nous connaissons. Tim Berners-Lee essaya de maintenir un semblant d'ordre en créant le World Wide Web Consortium, mais la course à l'innovation le dépassa.

L'histoire du Web n'est qu'une succession d'actions locales qui se sont généralisées, par une sorte de contagion virale, dès qu'elles ont prouvé leur efficacité. Si Marc Andreessen était entré dans le débat au sujet de la balise IMG, il aurait dû rassembler autour de lui un groupe de supporters, puis ensemble ils auraient dû exercer une pression sur les autres membres de la communauté. Sa proposition aurait été débattue puis critiquée par des spécialistes qui, n'en ayant pas eu l'idée, n'en auraient pas vu la nécessité. En choisissant l'action immédiate, Marc Andreessen changea les règles du jeu. Son action locale, par son succès, inspira d'autres

---

79 HyperText Markup Language (langage de description des documents hypertextes).

entrepreneurs, qui se lancèrent dans l'aventure du Web. En quelques années, la face de notre culture en fut bouleversée. Toutes nos connaissances se retrouvaient connectées en un vaste réseau hypertexte.

Il n'a pas été nécessaire de voter, de délibérer indéfiniment, d'exprimer un quelconque mécontentement, de réclamer des droits, il a suffi d'agir. Il n'y avait personne pour répondre aux réclamations. Il n'y a jamais personne d'ailleurs, car personne ne peut répondre pour nous. Manifester ? Mais manifester contre qui ? Ne pas manifester est un corollaire de ne pas voter et de ne pas promettre, une conséquence de ne pas étudier « scolairement ». Nous appartenons à une société non pas parce que nous ressemblons à ses membres et disposons du même cursus qu'eux, mais parce que nous sommes liés les uns aux autres.

— La religion, l'école, les syndicats… sont des liens !

— Oui, des liens qui nous viennent d'en haut, presque imposés, non pas des liens qui jaillissent d'eux-mêmes.

Lorsque les antimondialistes souhaitent le retour des mesures protectionnistes aux frontières, ils se trompent de cible. Les quotas n'auraient pour effet que de limiter les interactions entre les connecteurs que nous sommes. Ils réduiraient la puissance de l'intelligence en essaim et accorderaient plus de pouvoir aux gouvernements. D'une certaine façon, les quotas ou autres mesures de contrôle entraveraient le *bootstrapping* qui nous amène vers toujours plus de liberté. Quand des agriculteurs bloquent les routes, quand les employés de la SNCF bloquent le trafic ferroviaire, ils amoindrissent notre réseau de communication et affaiblissent les liens qui nous unissent. Une fois encore, ils jouent le jeu des gouvernements et des syndicats, organisations centralisées en lutte contre d'autres organisations centralisées.

L'harmonie des sphères

En février 1665, le savant hollandais Christiaan Huygens était malade. Alité dans sa maison de La Hague, il n'avait d'autre loisir que d'observer les oscillations de deux horloges à balancier de son invention. Il nota un fait étrange : les balanciers se déplaçaient en rythme. Quand l'un s'écartait sur la droite, l'autre s'écartait sur la gauche, et inversement. Quand l'un arrivait en bout de course, l'autre l'imitait. Huygens se demanda par quel hasard les deux mouvements pouvaient être synchronisés aussi précisément : lorsqu'il remontait ses pendules, elles n'étaient pourtant pas synchronisées, mais en moins de trente minutes, elles revenaient invariablement en phase. Après une série d'expériences, Huygens découvrit que les deux pendules communiquaient entre elles par l'intermédiaire d'imperceptibles vibrations. Installées sur des supports isolés l'un de l'autre, elles ne se synchronisaient pas. En revanche, posées à proximité sur une même étagère, elles s'harmonisaient. Au préalable toutefois, elles avaient tendance à faire vibrer l'étagère. Huygens comprit qu'à ce moment, les vibrations propres aux deux horloges se cumulaient, avant peu à peu de se neutraliser.

— En langage moderne, Huygens avait inventé le concept de stabilisation par feedback négatif, explique Steven Strogatz[80]. [...] Huygens avait découvert l'un des phénomènes les plus omniprésents dans la nature.

---

80 Steven Strogatz, *Sync, how order emerges from chaos in the uni-*

Huygens avait découvert que des objets inanimés pouvaient se synchroniser. […] L'affinité des horloges nous enseigne que la capacité de se synchroniser ne doit rien à une forme d'intelligence, ou à une forme de vie, ou à la sélection naturelle. Elle jaillit de la plus profonde des sources : les lois des mathématiques et de la physique.

Bien sûr, les êtres vivants aussi savent se synchroniser. En 1989, Steven Strogatz expliqua comment des milliers de lucioles peuvent clignoter à l'unisson sans aucun chef d'orchestre. Elles imitent les horloges de Huygens, mais, plutôt que de communiquer par des vibrations, elles communiquent par la lumière qu'elles émettent. Lorsqu'une luciole reçoit un éclat de lumière émis par une autre luciole, elle a tendance à avancer ou à retarder le moment où elle va elle-même briller. Ainsi, peu à peu, les cycles des différentes lucioles se rapprochent jusqu'à se synchroniser.

Steven Strogatz et Rennie Mirollo démontrèrent que des oscillateurs communiquant les uns avec les autres ne pouvaient que se synchroniser dans certaines conditions favorables, correspondant à une transition de phase. Le feedback cher au cybernéticien, la mutuelle influence, entraîne l'émergence d'une forme d'ordre. Les lucioles clignotent dans la plus grande cacophonie avant de trouver un rythme commun. Dans une salle de concert, nous faisons souvent de même et finissons par applaudir en rythme, sans aucun métronome. Lorsque nous marchons en groupe, nous avons tendance à marcher au pas. Plus étrange, des femmes vivant dans une certaine promiscuité, au travail par exemple, voient

verse, nature, and daily life, 2003, p.107.

souvent leurs cycles menstruels se rapprocher. Elles s'influencent par l'intermédiaire d'une phéromone, trace chimique imperceptible que leur organisme détecte toutefois.

Cette tendance à la synchronisation nous conforte dans l'idée que les agents autonomes peuvent s'auto-organiser en l'absence d'autorité centrale. Sans gouvernement, sans chef, mais grâce au feedback, nous nous synchronisons et évitons de basculer dans le chaos.

Le libre arbitre

— Si les structures décentralisées sont aussi efficaces, pourquoi ne sont-elles apparues qu'à la fin du XXe siècle ? Même la république athénienne était centralisée.

— Jusqu'à ce jour, nous n'avons jamais été libres. Comme de nombreux mammifères, nous avons subi les pouvoirs de dominance. À ce stade de l'évolution, un chef présentait un avantage : il avait plus de force que les autres ou plus d'intelligence et de connaissances et pouvait prendre de meilleures décisions. Les autres le suivaient aveuglément. Mais dorénavant, l'intelligence en essaim surpasse celle du chef. Nos sociétés métalocales ont atteint la taille critique à partir de laquelle l'intelligence du groupe est plus grande que celle de ses dirigeants qui, du coup, n'ont plus de raison d'être. Mieux nous communiquons, plus nous nous libérons de l'influence des chefs. Leur force ou leur intelligence ne peuvent plus lutter contre celles de l'ensemble, surtout quand l'ensemble rassemble des millions d'hommes et de femmes qui dialoguent à la vitesse de la lumière. Les chefs perdent alors toute légitimité. En nous battant pour plus de liberté, nous avons ouvert la porte à la liberté totale qui, dès qu'elle est mise en œuvre, démontre sa supériorité.

— Sommes-nous vraiment libres ?

— Si nous n'étions pas libres, nous nous contenterions d'obéir à quelques règles comme les insectes, nos sociétés ne seraient pas plus évoluées que les leurs. Or, dans un peloton de cyclistes, un homme fort peut décider de s'échapper. La liberté existe, telle est la croyance la plus profonde des connecteurs. Aux frontières du chaos, entre l'ordre et le désordre, nos actes peuvent prendre du sens, nous pouvons renverser des montagnes.

— Avez-vous une preuve de la réalité de la liberté ?

— Pour certaines écoles philosophiques[81], notre monde résulte d'un enchaînement implacable de causes et d'effets. Il ne peut, de ce fait, conduire à un phénomène qui échappe à la causalité. Notre libre arbitre serait une illusion. Suivant cette interprétation, je suis incapable d'un acte gratuit, par exemple saisir un verre et le briser, si rien ne me pousse à le faire. Par chance, à l'échelle quantique, les physiciens observent des ruptures de causalité. Une particule peut soudain apparaître dans le vide en se matérialisant de nulle part, sans aucune raison. Le hasard devient alors la cause du phénomène. Ai-je décidé de sauver le verre par hasard ? Je n'en ai pas l'impression. Si je dispose d'un libre arbitre, il me faut donc essayer d'expliquer comment il est possible.

Pour d'autres philosophes, dont Platon et Descartes, chacun à leur façon, dans un monde régi par la causalité,

---

81 Durant l'Antiquité, les stoïciens défendaient cette thèse.

la liberté ne peut exister, à moins que l'esprit échappe à la matière. Ce simple raisonnement logique les pousse à imaginer un monde supérieur, une réalité à double face. D'un côté, nous nous retrouvons donc avec les partisans d'une forme de dualisme et, de l'autre, les matérialistes extrémistes qui croient que le sentiment de liberté n'est qu'une illusion. Les connecteurs n'acceptent aucun de ces points de vue. Parce qu'ils sont matérialistes, ils rejettent l'approche dualiste; parce qu'ils vénèrent la liberté, ils refusent de la considérer comme une illusion.

Nous ne pouvons être libres que si certaines de nos décisions échappent à la causalité, que si elles n'imitent pas les boules de billard, qui se percutent les unes les autres. Pour que de telles décisions existent, il nous faut un mécanisme qui échappe à la causalité sans pour autant être assujetti au seul hasard. Avec l'émergence, nous tenons peut-être une solution!

Dans la simulation de Craig Reynolds, les boids obéissent à trois règles et volent en flotte. Il est indéniable que les trois règles causent la flotte, bien que ce soit suivant une causalité indirecte, imprévisible. Les boids n'ont d'autre choix que de se rassembler en flotte. Maintenant, considérons un boids unique. Il se déplace au hasard, usant d'une liberté absolue, tellement absolue qu'elle est aveugle. En revanche, la flotte, accumulation de hasards aveugles, suit une trajectoire «intelligente». La trajectoire de la flotte ne me paraît pas causalement déterminée. Elle canalise le hasard, réduisant ses possibilités à un ensemble de choix viables. En arrivant face à un obstacle, la flotte choisira un mode d'évitement (fig. 14). De retour devant le même obstacle, elle

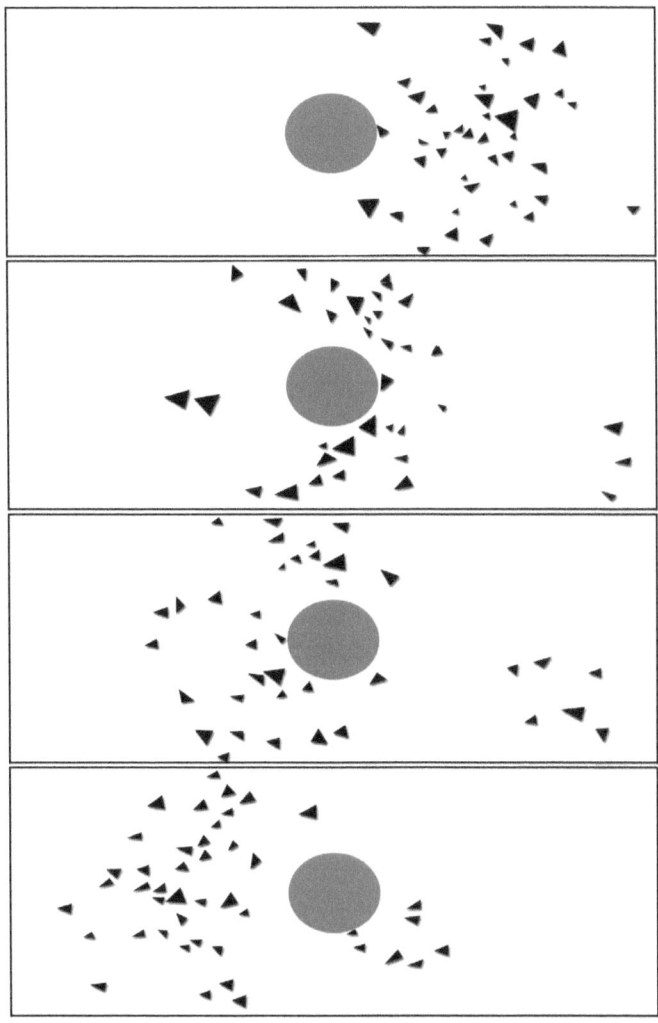

Figure 14 Lorsqu'une flotte de boids qui, par exemple, cherchent un endroit où nicher arrive devant un obstacle, elle n'a pas d'autre choix que de le contourner, mais elle le fera à sa façon. Son choix collectif émerge des décisions de chacun des individus qui la composent.

en choisira probablement un autre. Elle n'optera jamais tout à fait pour la même chose : elle manifeste une forme de liberté primitive.

L'interaction entre le hasard et des contraintes appliquées à un grand nombre d'agents autonomes est une piste possible pour expliquer le libre arbitre. Le hasard coupe la causalité, les contraintes empêchent le hasard de mener au chaos. Nous naissons avec un ensemble de contraintes précâblées puis, avec l'expérience, nous enrichissons notre jeu de contraintes et nos décisions deviennent uniques. Bien sûr, la causalité pousse la flotte à éviter les obstacles, mais elle la laisse choisir la façon de le faire.

— J'aimerais que vous ayez raison, que notre liberté soit aussi simple à expliquer.

— Nous sommes libres dans un cadre contraignant. Quand j'ai soif, je dois boire, mais je peux boire ce que je veux, comme je le veux, quand je le veux.

— Vous n'expliquez pas comment nous passons du choix primitif des boids face à un obstacle à nos propres choix.

— Certes, nous n'avons pas tout compris. Pour la première fois, nous sommes juste capables d'imaginer un phénomène à la base de notre libre arbitre. En disant que le libre arbitre résulte d'une émergence, nous n'avons plus besoin d'imaginer une nouvelle physique, des lois naturelles inconnues ou un monde transcendant. C'est une solution simple, presque triviale. Du moment que des choses existent dans un monde actif, des émergences se produisent, peu importe la physique de ce monde. Dans leur simulation, les boids dessinent une forme émergente et manifestent une liberté primitive.

Le libre arbitre serait un phénomène naturel assez banal : ses formes simples ont toujours été sous nos yeux sans que nous ayons été capables de les voir. D'une certaine façon, Craig Reynolds a démontré le postulat initial de l'existentialisme sartrien : nous sommes libres. Les connecteurs se sont libérés des vieilles interrogations, maintenant, ils peuvent aller de l'avant. Et parce que nous sommes libres, parce que nous sommes tous différents les uns des autres, nous sommes capables de nous auto-organiser en structures bien plus subtiles et complexes que celles des insectes.

CHAPITRE 6

NE PAS COMPLIQUER

L'univers dans trois lignes de code

J'ai souvent émis l'hypothèse que la physique ultime ne nécessiterait aucune formule mathématique [...] et que les lois s'avéreraient aussi simples que celles du jeu d'échecs avec toute son apparente complexité.

Richard Feynman

Hasan ibn al-Sabbah naquit à Ray, près de Téhéran, en 1034. Il vécut une jeunesse très pieuse au sein de la communauté chiite. À 35 ans, il rejoignit la secte des ismaéliens. Missionnaire, il professa que le Coran portait un message allégorique ignoré pas les profanes. En 1071, lors de la prise de la Perse par les Turcs seldjoukides défenseurs de l'orthodoxie sunnite, il s'exila au Caire où régnait le vieux calife fatimide d'obédience chiite al-Moustansir. Il y enseigna la foi ismaélienne, regroupant autour de lui de nombreux intégristes qui voulaient se venger des Seldjoukides.

En 1090, Hasan s'empara de la forteresse d'Alamut, près de la mer Caspienne. Sur ce pic difficile d'accès au cœur des monts Elbrouz, il installa le centre de formation de la secte des ismaéliens. Il inculqua aux jeunes adeptes le devoir sacré de mettre à mort les ennemis de la vérité, quitte à sacrifier leur propre vie lors d'attentats suicides. Il leur apprit comment atteindre l'extase en consommant des feuilles séchées. Les autres musulmans les appelèrent les *hashshashin* ou *hashishiyya*, mangeurs de haschisch.

En 1099, les croisés s'emparèrent de Jérusalem avec la bénédiction de Hasan, qui voyait ainsi ses ennemis Seldjoukides refoulés. Pour les forces latines, les *hashshashin* devinrent les *assassins*. Parmi les chevaliers, Hugues de Payns se prit d'amitié pour eux et se familiarisa avec leur doctrine. Quand, il fonda l'ordre des Templiers, il fit appel à eux pour protéger les pèlerins en Terre sainte. Deux cents ans plus tard, lors de la dissolution de l'ordre par Philippe le Bel, le tribunal accusera les Templiers de cracher sur le crucifix, de pratiquer l'homosexualité et d'avoir entretenu d'excellents rapports avec la secte des Assassins.

En 1776, Adam Weishaupt, jésuite et franc-maçon, professeur en loi canonique, qui se considérait comme un descendant spirituel des Templiers et des Assassins, créa une société secrète dont le but était d'atteindre des états de grâce par l'usage de drogues. Les Illuminatis, comme ils se nommèrent, projetèrent de prendre le contrôle du monde. Ils infiltrèrent les loges maçonniques jusqu'à ce qu'ils en soient exclus, en 1785. Mais beaucoup de spécialistes des grandes conspirations estiment que les Illuminatis agissent toujours dans l'ombre.

— Où vécut Adam Weishaupt?

— À Ingolstadt, en Bavière.

— Quand créa-t-il la secte des Illuminatis?

— Un 1er mai.

— Pourquoi le Bilderberg 2005 s'est-il déroulé en Bavière début mai, à une centaine de kilomètres de Ingolstadt?

— Très probablement en hommage à Adam Weishaupt, le fondateur des Illuminatis.

— Le Bilderberg serait l'incarnation moderne des Illuminatis! Mais comment influencent-ils la politique internationale?

— En 1928, au Caire, Hassan El-Banna ressuscita la secte des Assassins sous le nom de secte des Frères musulmans. Depuis, Al-Quaida, le Hamas, le GIA et de nombreux groupuscules terroristes islamiques se revendiquent de cette secte. La restauration de l'ordre des Assassins n'a pu se faire qu'avec la bénédiction des Illuminatis, qui revendiquent la même filiation. Depuis, ils emploient leurs tueurs pour contrôler l'Occident. Les attentats de New York, Madrid, Londres, Paris... ne sont que les plus visibles de leurs mouvements stratégiques.

Quelques requêtes sur Internet m'ont suffi pour fabriquer cette histoire, à lier le Bilderberg, les Illuminatis et les Assassins. Je suis sûr qu'avec plus de patience, j'aurais pu trouver une multitude d'autres relations mystérieuses, étayer ma théorie d'un complot mondial jusqu'à lui donner une vraisemblance difficile à mettre en doute. Il suffit d'ailleurs de consulter le Net pour mesurer combien beaucoup de gens peuvent croire à n'importe quelle hypothèse du moment que des faits semblent la soutenir. Mais trouver une relation entre deux évènements, un lien hypertexte notamment, ne suffit pas à prouver qu'elle sous-tend une réalité.

Notre cerveau a le don de connecter des faits. Parfois ces connexions conduisent à des découvertes scientifiques, parfois à des œuvres d'art, le plus souvent à des affabulations. Avec l'aide des moteurs de recherche, nous avons multiplié notre capacité à tracer des liens au point qu'imaginer des histoires incroyables, dignes du *Da Vinci Code* de Dan Brown, devient presque enfantin. À force de jouer avec les coïncidences qui émergent d'elles-mêmes, sans aucun effort d'imagination, nous devons veiller à ne pas voir le monde pour plus compliqué qu'il ne l'est. Nous ne devons pas oublier que la technologie aide aussi les obscurantistes à justifier leurs positions. Heureusement, grâce à des jeux sur ordinateur, nous avons acquis la conviction que la complexité apparente du monde découle d'une accumulation de faits simples.

Les automates cellulaires

Durant l'été 1939, Leó Szilárd, Edward Teller et Eugène Wigner, des physiciens juifs d'origine hongroise ayant fui le régime hitlérien, persuadèrent Albert Einstein que la fission nucléaire nouvellement découverte risquait d'être employée par les nazis pour créer une bombe dévastatrice. Einstein avertit le Président américain Franklin Roosevelt qui, en retour, dégagea les fonds indispensables à la recherche atomique. Les expériences se multiplièrent dans le cadre du projet Manhattan, sous la direction de Robert Oppenheimer et d'Enrico Fermi. À Los Alamos, au Nouveau-Mexique, autour d'un ancien ranch aux environs de Santa Fe, l'armée américaine rassembla ses plus éminents scientifiques, dont John von Neumann, le père de l'architecture des ordinateurs.

En 1943, aucune bombe nucléaire n'avait encore jamais explosé, mais il devenait crucial de connaître le comportement des neutrons libérés par la réaction en chaîne. Von Neumann se souvint alors de son enfance hongroise, quand il s'amusait avec ses amis, les uns incarnant de dangereux bandits, les autres des policiers lancés à leur poursuite. Dans leurs jeux, ils recréaient une réalité factice, mais qui présentait certaines caractéristiques de la vie réelle : les méchants et les gentils s'entretuaient avec des pistolets. Contrairement à la plupart des adultes, von Neumann n'oublia pas cette capacité qu'ont les enfants à s'abstraire de la réalité pour plonger dans la simulation. Il savait que par cette méthode ils apprennent à interagir avec leur environnement et à mieux le comprendre. Pour eux, le dialogue avec une poupée ou une figurine de plomb n'est qu'une répétition de la vie sociale.

Von Neumann eut alors l'idée de les imiter et de jouer avec une bombe atomique. Plutôt que de la construire en plastique ou en acier, il la reproduisit virtuellement sur son ordinateur en décrivant ses propriétés puis en déclencha l'explosion. Chaque fraction de seconde correspondait à une batterie de calculs, leurs résultats déformaient le monde virtuel qui, par une boucle de feedback, influençait en retour les calculs effectués la fraction de seconde suivante. Von Neumann créa ainsi la première simulation numérique : un ordinateur pouvait dès lors reproduire un phénomène réel. Les variables dans la mémoire de l'ordinateur dessinaient un espace virtuel. La succession des calculs engendrait une sorte de temps. Il ne disposait pas de la fluidité du temps ordinaire, mais, comme un morceau de musique numérisé, il en restituait la continuité.

Plus que l'acte de naissance de la « pensée réseau », cette découverte signe le moment exact de sa fécondation : toutes les idées ultérieures allaient germer sur ce terreau fertile. Sans ce concept de simulation, Craig Reynolds et Jean-Louis Deneubourg seraient restés des spéculateurs, Bak, Tang et Wiesenfeld n'auraient pas découvert les états critiques auto-organisés grâce à leur tas de sable virtuel, l'ordinateur ne serait jamais devenu un laboratoire pour les scientifiques et les philosophes, personne n'aurait jamais songé qu'il puisse un jour devenir conscient. Mais puisqu'il pouvait mimer une explosion atomique, pourquoi ne pouvait-il pas mimer d'autres phénomènes, en particulier la conscience ? De nouvelles perspectives ahurissantes envahirent soudain l'imaginaire des scientifiques, à commencer par celui de Stanislaw Ulam, un ami de von Neumann.

À Los Alamos, les deux hommes avaient élaboré la méthode de Monte Carlo pour calculer des nombres aléatoires afin de les soumettre à leurs simulations numériques, puis Ulam avait essayé de concevoir des simulations minimalistes. Comme les enfants peuvent lorsqu'ils jouent se plonger dans des situations impossibles, Ulam s'était dit qu'une simulation ne devait pas nécessairement reproduire un phénomène réel, elle pouvait mimer un monde imaginaire dont la physique serait extrêmement simple. En étudiant ce monde, peut-être découvririons-nous des choses nouvelles sur notre propre monde ?

Mais à quoi ressemble le monde le plus simple possible ? Tout d'abord, il faut définir son espace. Si le nôtre comporte trois dimensions, un espace simple ne doit en comporter qu'une. En bon mathématicien, Ulam imagina son espace comme une droite qu'il peupla de points. Il le schématisa par une suite de cases, appelées cellules. Elles pouvaient soit être occupées et alors coloriées en noir, soit être vides et laissées blanches. Il restait à définir la physique de ce monde, c'est-à-dire de quelle façon, au fil du temps, les cellules interagiraient les unes avec les autres. Dans notre monde, la physique repose sur les lois de la relativité d'Einstein et celles de la mécanique quantique. Dans un espace à une dimension, Ulam n'avait pas besoin d'un tel arsenal. Il imagina des lois universelles, elles aussi simples. Par exemple, si une cellule vide avait deux voisines occupées, elle devenait occupée à son tour. Si une cellule occupée se retrouvait isolée, elle s'effaçait (fig. 15).

Ulam commença alors ses parties. Sur une feuille de papier quadrillée, il coloriait certaines cellules, puis il appliquait la physique de son monde et reproduisait le nouvel état des cellules sur une nouvelle ligne. En passant d'une ligne à l'autre, le temps dans la simulation avançait d'un cran. Une nouvelle ligne constituait, en quelque sorte, une nouvelle génération de cellules. Ulam découvrit rapidement que certaines configurations initiales, associées à certaines règles d'évolution, engendraient des figures surprenantes, qui semblaient étrangement complexes. Mais durant les années 1940, les ordinateurs étaient rares et Ulam se livrait à ses simulations sur papier. Il ne pouvait encore les pousser assez loin afin de voir si les mondes qu'il avait imaginés offraient un quelconque intérêt.

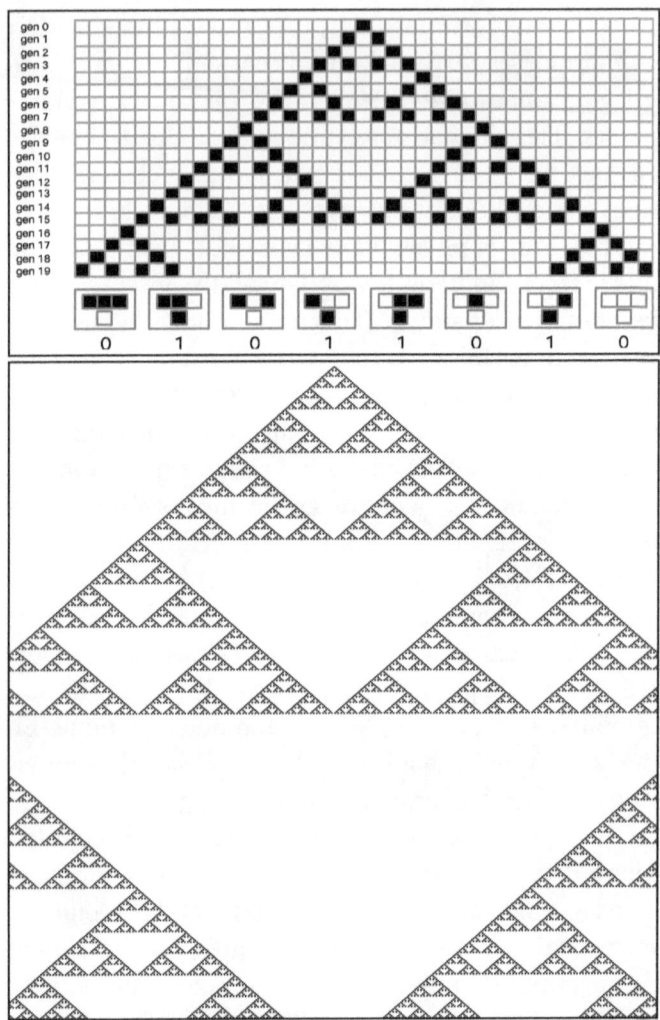

Figure 15 Automate cellulaire numéro 90. Lors d'une nouvelle génération, une cellule devient noire si une seule de ses voisines est noire, sinon elle devient blanche. Les différentes évolutions possibles sont décrites au-dessous du graphe (90 est la conversion en base dix du nombre binaire 01011010).

La vie artificielle

Pendant qu'Ulam jouait avec ses automates cellulaires – comme il les baptisa –, von Neumann essayait de concevoir une machine capable de construire n'importe quelle autre machine. Une usine équipée d'un tel constructeur universel pourrait fabriquer des voitures et, quelques secondes plus tard, des postes de radio. Il suffirait de rêver de quelque chose pour l'obtenir aussitôt. Puisqu'une machine universelle pourrait tout fabriquer, elle pourrait donc se fabriquer elle-même, se reproduire à l'identique. Von Neumann donna à cette machine douée de la capacité reproductrice le nom de réplicateur. Mais existerait-elle un jour ? Il en avait l'intime conviction, car il voyait les êtres vivants, notamment les cellules organiques, comme des réplicateurs. Leur mode de duplication, même s'il entraîne parfois quelques erreurs, n'est pas loin d'être parfait.

Avoir l'intuition de la possibilité de créer des réplicateurs est une chose, en créer en est évidemment une autre. Von Neumann décida de simplifier le problème à l'extrême. Plutôt que de se placer dans notre monde, il se plaça dans l'un des mondes simulés grâce aux automates cellulaires de Stanislaw Ulam. Dans ce cadre expérimental, en 1948, von Neumann réussit à créer des machines autorépliquantes[82]. Ainsi, il prouva mathématiquement que la vie, du moins une vie minimaliste, pouvait se propager dans un univers simpliste et privé de toute divinité. Il prouvait du même coup que la vie

---

82 John von Neumann utilisa un automate cellulaire à deux dimensions dont chaque cellule pouvait prendre vingt-sept états. Les règles d'évolution étaient loin d'être simples, et le réplicateur se composait de 200 000 cellules. Néanmoins, il fonctionnait. Cinq

n'était pas nécessairement biologique, elle pouvait aussi être artificielle.

L'ambition de recréer la vie, à l'instar du docteur Frankenstein, n'était pas nouvelle. En 1863, Samuel Butler, dans sa discussion de la théorie de Darwin[83], supposa que si la vie avait pu apparaître une fois à partir de la matière inanimée, elle le pourrait une seconde fois, sous la forme de machines et avec l'aide des hommes. Cette idée toute simple est devenue l'un des crédos des connecteurs. La vie, aussi merveilleuse soit-elle, émerge sans doute dès que des conditions favorables sont réunies.

Les scientifiques ont découvert des micro-organismes qui s'accommodaient d'environnements extrêmes. Des températures supérieures à 100 °C ou, au contraire, glaciales, des taux d'acidité ou de radiation que nous ne supportons pas n'empêchent pas la vie de s'épanouir. Les exobiologistes se sont alors lancés à la recherche de vie extraterrestre et ont envoyé des messages dans l'espace. La littérature de science-fiction a proliféré avec les auteurs mythiques des années 1950 et 1960 : Van Vogt, Arthur C. Clarke, Frank Herbert, Clifford D. Simac, Robert R. Heinlein... et, bien sûr, Isaac Asimov et son épopée sur les robots.

— Après que Kafka l'eut franchie, la frontière de l'invraisemblable est restée sans police, sans douane,

---

ans plus tard, Francis Crick et James Watson découvrirent que les cellules organiques copient leur propre code génétique inscrit dans l'ADN. Elles sont, ni plus ni moins, des machines autorépliquantes.
83 Samuel Butler (1835–1902), *Darwin Among the Machines*, 1863.

ouverte à jamais, écrit Kundera[84]. Ce fut un grand moment dans l'histoire du roman [...].

D'une certaine manière, les auteurs de science-fiction ont tenté de retrouver le réel au-delà de l'invraisemblable, ils ont essayé de retomber sur leurs pieds et, pour mieux se tenir debout, ont adopté les règles romanesques forgées au XIXᵉ siècle. De ce fait, leurs œuvres n'ont pas joué un grand rôle dans l'histoire de la littérature, en tout cas de cette littérature définie par Kundera, mais elles n'en ont pas moins marqué l'imaginaire des connecteurs, propageant leur influence jusqu'au soubassement de notre monde. Les cinéastes ont suivi le mouvement. En 1953, Byron Haskin réalisait *La Guerre des mondes*. En 1968 sortait *2001 : l'Odyssée de l'espace* de Stanley Kubrick puis, en 1977, *Star Wars* de George Lucas.

Les connecteurs ont grandi dans cet univers étendu au-delà des frontières du système solaire, un univers très différent de celui imaginé par Jules Vernes qui, pour l'essentiel, se limitait à l'exploration de la Terre et de son voisinage. Pour les connecteurs, science et technologie sont devenues matière à rêver, au même titre que les paysages tourmentés pour les romantiques. La Terre n'est plus qu'un point perdu dans un bras excentré d'une galaxie spirale ordinaire, elle-même perdue au cœur du super amas de la Vierge, quelque part dans un espace-temps de plus de 13 milliards d'années-lumière. Mais cette complexité apparente ne cache aucun mystère métaphysique. Nous savons la faire jaillir dans nos simulations (fig. 16).

---

84 Kundera, *Le Rideau*, 2005.

Comme Alexandre le Grand avait étendu les frontières du monde grec jusqu'en Inde, comme Christophe Colomb avait repoussé les frontières de la chrétienté vers l'ouest, jusqu'en Amérique, John von Neumann repoussa celles de l'imaginaire vers un infini accessible à des réplicateurs, sinon aux hommes eux-mêmes. Dans sa *Theory of Self-Reproducing Automata*, publiée à titre posthume en 1966, il montra que, en termes de coût de production, un réplicateur est une machine idéale puisqu'il suffit de la construire à un exemplaire pour qu'elle se multiplie d'elle-même. Il serait possible d'excaver la totalité d'un astéroïde en y envoyant un seul réplicateur. Il utiliserait les matières premières à sa disposition pour se reproduire.

Les ingénieurs cherchèrent des applications à ces idées, notamment dans le domaine des nanotechnologies, mais les pirates informatiques furent les premiers à prouver leur terrible efficacité. En inventant le virus informatique, ils lâchèrent dans le cyberspace des réplicateurs insatiables. Aujourd'hui, des robots constitués de cubes sont aussi capables de se reproduire eux-mêmes : la vie artificielle a commencé à proliférer[85].

Le Jeu de la vie

Comme beaucoup de mes contemporains, j'ai appris à programmer sur une calculatrice de poche Texas Instrument puis, en 1981, j'ai acheté un Sinclair ZX80. Cet ordinateur de trois cents grammes, doté de 4 Ko de mémoire, ressemblait à une machine à écrire miniature,

---

85 Robot autoreproducteur de Viktor Zykov, Efstathios Mytilinaios, Bryant Adams et Hod Lipson.

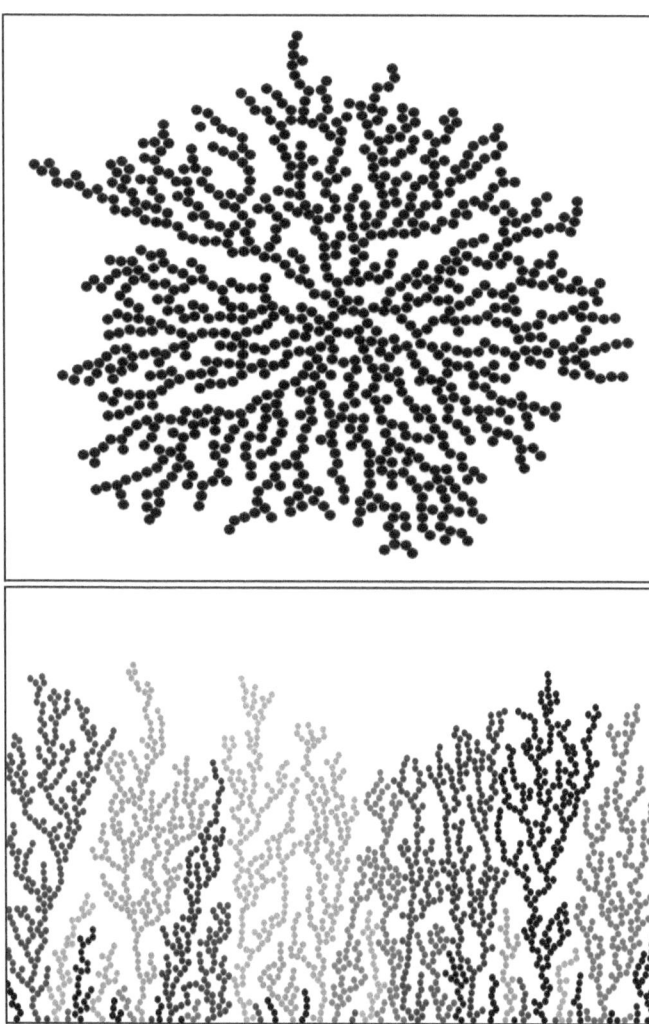

Figure 16 Des particules qui se promènent aléatoirement et s'agrègent les unes aux autres lorsqu'elles se rencontrent dessinent des formes qui évoquent des plantes, des lichens, des cristaux... Aristid Lindenmayer fut le premier à simuler ces structures durant les années 1960.

engoncé dans un boîtier blanc et doté d'un clavier plat. Par rapport à la calculatrice, outre ses plus grandes performances, il présentait d'un avantage de taille : il se connectait à un téléviseur où il affichait, en noir et blanc, 64 x 33 caractères de texte. Tout à coup, j'étais passé de l'espace à une dimension propre à l'affichage linéaire des calculatrices primitives à celui du cinéma. Cet écran devint une sorte d'ardoise magique sur laquelle je ressentis le besoin impérieux de dessiner. Je tombai alors sur un exercice proposé aux apprentis programmeurs : le *Jeu de la vie* (*Life* en anglais).

C'est un automate cellulaire à deux dimensions (fig. 17). Sur un plan quadrillé, les cellules sont soit occupées, soit vides. Si une cellule est vide et que trois de ses voisines sont occupées, la cellule devient occupée, une naissance s'y produit. Les cellules occupées le restent tant qu'elles ont deux ou trois voisines, sinon elles se vident. On résume la règle d'évolution de cette simulation par « deux ou trois voisines pour survivre, trois pour naître ».

Même un programmeur débutant vient à bout de cet exercice en quelques heures : le plus ardu n'est pas tant de programmer la règle d'évolution des cellules que leur représentation graphique. À cette occasion, je découvris que le travail de tout informaticien comporte deux parties distinctes : la logique et la technique. Dans le cas du *Jeu de la vie*, la logique est inscrite dans l'énoncé même du problème. En revanche, la technique dépend du langage de programmation, de l'architecture matérielle de l'ordinateur, du type de la carte graphique... Souvent, la technique est à l'origine de difficultés : en constant renouvellement, elle empêche l'informaticien

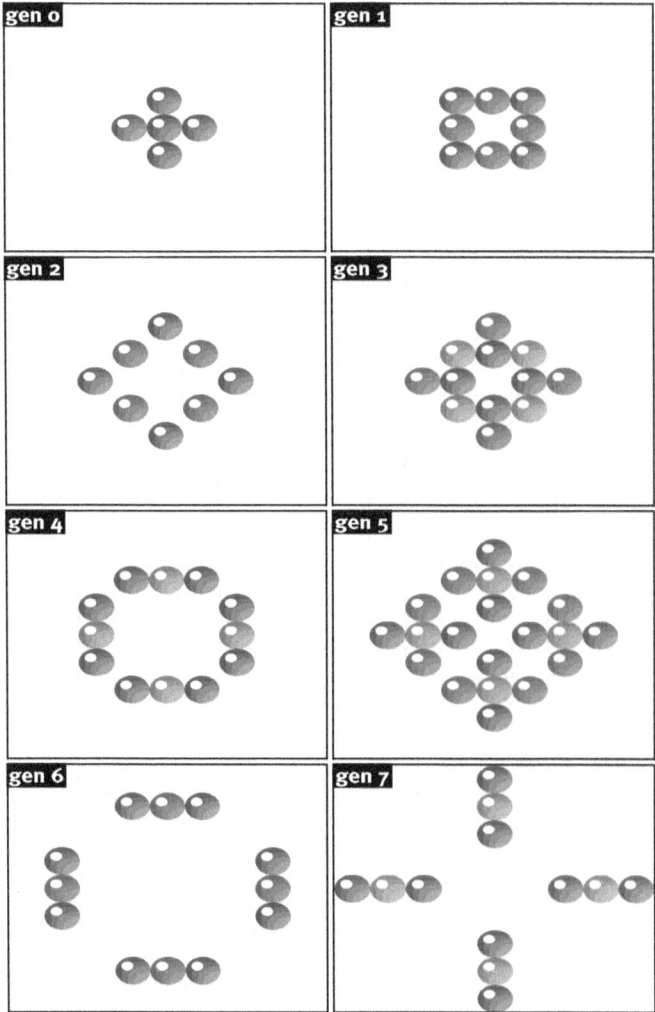

Figure 17 Séquence du *Jeu de la vie* à partir de cinq cellules disposées en croix. Dès la première génération, la cellule centrale meurt et quatre cellules naissent sur les côtés. La huitième génération sera identique à la sixième, le système entrera alors en oscillation, répétant les deux mêmes figures.

d'acquérir de l'expérience. Quand il change d'ordinateur, il doit tout réapprendre.

Ainsi les connecteurs portent le poids d'une technique encore immature. Nos idées vont plus vite que notre capacité à les mettre en œuvre, il en résulte une grande frustration. C'est un peu comme si, avant de conduire une voiture, on devait ouvrir le capot et démonter le moteur pour comprendre comment il fonctionne. À 30 ans, la plupart des informaticiens, fatigués par cette course-poursuite incessante, renoncent à programmer. Ils sentent néanmoins qu'ils disposent d'un outil fabuleux, ils le savent depuis leurs premiers pas quand, comme moi, ils ont programmé le *Jeu de la vie*.

Avant de lancer une partie, nous remplissons quelques-unes des cellules puis laissons l'ordinateur calculer les générations suivantes. Parfois au bout de quelques minutes, l'écran se fige, la simulation est morte. Parfois au contraire, des structures émergent, qui ne sont pas sans rappeler une forme de vie primitive. J'ai passé des heures à regarder des configurations évoluer avec l'impression d'assister à la genèse du monde. Le spectacle hypnotisait autant qu'un feu de bois ou que les mouvements incessants des vagues qui se brisent sur une plage. De façon mystérieuse, le *Jeu de la vie* évoque un des ressorts secrets du monde, il semble en saisir l'essence (fig. 18).

Cette simulation d'un univers miniature a été imaginée en 1970 par le mathématicien britannique, John Horton Conway. Alors âgé de 33 ans, il travaillait à Cambridge, où il était renommé pour ses avancées sur la théorie des groupes, mais aussi pour la qualité de ses cours. Conway avait les cheveux longs, une barbe

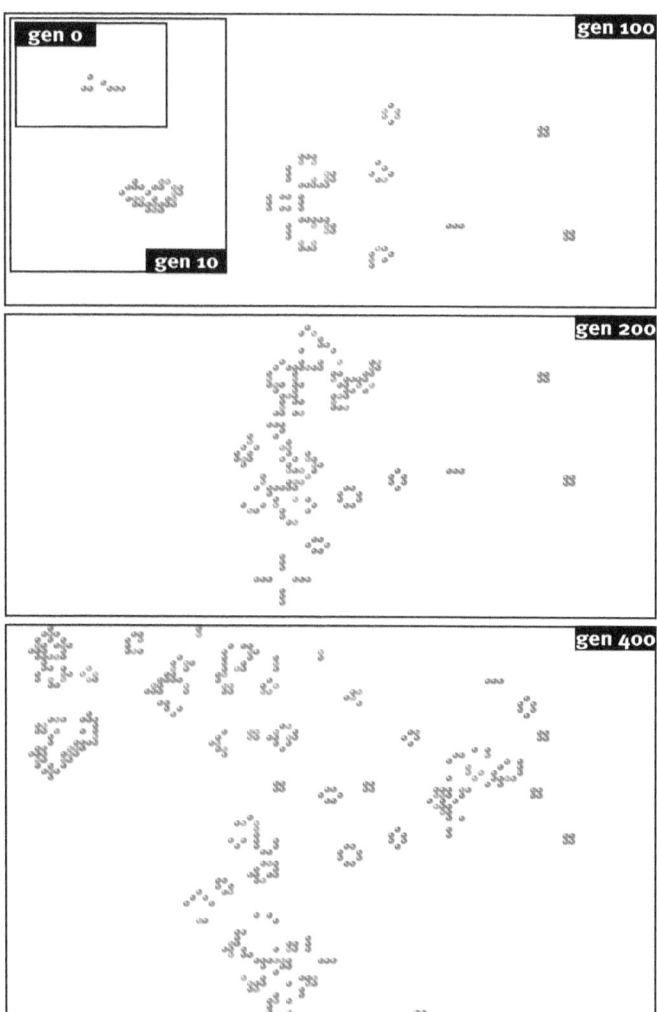

Figure 18 Au cours de son évolution, la structure appelée Acorn ressemble à une colonie de cellules biologiques qui, peu à peu, envahissent leur environnement. Cette structure, toutefois, finit par mourir. Comme souvent avec le *Jeu de la vie*, la vie réelle ne veut pas s'épanouir.

à la Karl Marx, il souriait toujours d'un air malicieux. Il s'était pris de passion pour les automates cellulaires inventés par Stanislaw Ulam et perfectionnés par John von Neumann.

Dans l'espoir de construire à son tour des réplicateurs, il adopta une approche opposée à celle de ses prestigieux devanciers. Il essaya de trouver une simulation où les machines autorépliquantes apparaîtraient spontanément.

— Je décidai d'observer le *Jeu de la vie* plutôt que d'élaborer directement un constructeur universel comme l'avait fait von Neumann, dit-il[86].

Conway avait l'intuition que la solution de von Neumann, son automate cellulaire à vingt-sept états, était trop compliquée. Avec l'aide de ses étudiants, il expérimenta de nombreuses combinaisons, imaginant des cellules dotées de trois sexes, carrées ou hexagonales et animées par différents jeux de règles pour régir les naissances et les morts. Les simulations s'effectuaient sur des feuilles de papier quadrillées et utilisaient tous les objets disponibles : jetons de poker, pierres de go, pièces de monnaie... À force d'essais et d'erreurs, Conway finit par aboutir à des règles qui lui parurent fécondes. Il réussit par exemple à créer une configuration, appelée Glider, qui se déplace dans l'espace (fig. 19). En octobre 1970, Martin Gardner, un ami de Conway, présenta la version finale du jeu dans un article de *Scientific American*. Il écrivit plus tard :

86 "Mathemagician", 1994.

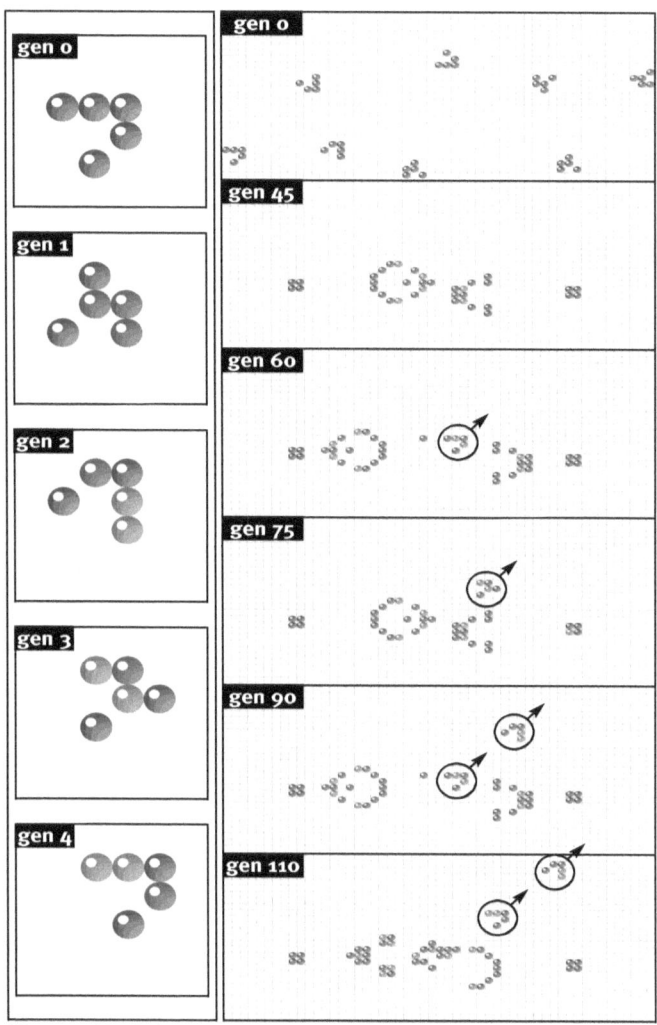

Figure 19 Colonne de gauche, en quatre générations, un Glider se déplace d'une case en diagonale. En colonne de droite, huit Gliders foncent les uns vers les autres. En génération 45, ils forment un Glider-gun : il fabrique indéfiniment de nouveaux Gliders qui seront expédiés dans l'espace.

— Le jeu rendit Conway immédiatement célèbre et ouvrit en même temps un nouveau champ de recherche mathématique, le champ des automates cellulaires.

La physique ultrafondamentale

Grâce au *Jeu de la vie*, la communauté scientifique se passionna pour les automates cellulaires. Dès novembre 1970, des configurations initiales remarquables furent découvertes : elles menaient à des bateaux, canons, vaisseaux spatiaux... capables de se déplacer dans le plan de Conway et de tirer des salves ou de semer derrière eux des progénitures. Depuis, une légende persistante voudrait que les ordinateurs aient passé plus de temps à calculer des générations de cellules qu'à toute autre activité.

— Est-ce si fou que cela d'étudier l'un des plus simples mondes possibles ? s'interroge Jean-Paul Delahaye[87]. N'est-ce pas le seul moyen pour évaluer ce qui est nécessaire, comme concepts, comme mécanismes de base, comme chimie minimale, pour faire fonctionner un monde. Ce que nous voyons se produire dans le plan de Conway nous apprend que, même si notre univers nous apparaît complexe, cela n'entraîne pas que ses lois le sont. [...] cette exploration du minimum générant la complexité qu'est l'étude du *Jeu de la vie* peut donc être vue comme une physique ultrafondamentale ou une biologie théorique ultime.

Durant les années 1970 et 1980, le *Jeu de la vie* devint un concept culte. Biologistes, mathématiciens, économistes et philosophes se passionnèrent pour ce

---

87 Jean-Paul Delahaye, article dans *Pour la science*, mars 1996.

laboratoire idéal où, sous leurs yeux, des formes émergeaient et s'auto-organisaient à partir de règles simples. Les expérimentateurs essayèrent de varier les règles d'évolution, mais, chaque fois, ils aboutirent à des univers moins féconds que celui imaginé par John Horton Conway. Étrangement, les physiciens aboutissent au même constat quand ils étudient notre univers. Les constantes de la physique qu'ils mesurent semblent pratiquement les seules capables d'engendrer un univers viable. Les autres configurations, comme dans les avatars du *Jeu de la vie*, mènent à des univers mort-nés, chaotiques ou à la durée de vie très courte.

Il est alors tentant de voir le *Jeu de la vie* comme une simulation de notre univers, ou tout au moins comme un modèle réaliste de notre univers. Ainsi, les connecteurs ont acquis la conviction que notre monde devait reposer sur des règles relativement simples, la complexité observée aujourd'hui étant la conséquence de 13 milliards d'années de générations successives. L'idée était née qu'un programme, encore inconnu, pouvait décrire le monde et tout ce qui existait.

Cette possibilité théorique s'apparente à celle rencontrée par les physiciens qui, avec la mécanique quantique, savent – en théorie – décrire tous les objets matériels. Malheureusement, lorsque le nombre d'atomes augmente, la résolution des équations demande un temps de calcul qui excéderait vite, même sur un ordinateur du futur, la durée de vie de l'univers. Comprendre comment le monde fonctionne n'implique pas de comprendre tout ce qui se passe dans le monde. Dans le *Jeu de la vie*, nous savons créer des réplicateurs sans comprendre vraiment comment ils se dupliquent. Nous les voyons agir, mais les interactions impliquées sont trop nombreuses pour que notre cerveau puisse les saisir. D'ores et déjà, nous sommes capables de créer des processus que nous ne maîtrisons pas. Les informaticiens éprouvent souvent cette sensation d'impuissance face à leurs programmes. Ils ne peuvent embrasser leur complexité et des bugs leur échappent toujours.

Connaître les lois fondamentales de la physique, qu'elles soient de nature computationnelle ou quantique, ne nous aide pas beaucoup dans la compréhension des phénomènes complexes, tels ceux employés par les organismes vivants. Quand nous regardons un paysage, nous ne pensons pas qu'il découle de l'interaction de milliards d'atomes. Le substrat sous-jacent, la logique quantique, n'a pas toujours de l'importance. De son côté, le médecin ne s'occupe pas de physique pour soigner ses patients, il s'intéresse à un niveau de complexité supérieur, disons biologique ou organique. Ainsi, chaque niveau de complexité exige une approche différente.

Quand nous observons une simulation comme le *Jeu de la vie*, nous pouvons de la même manière oublier son origine binaire et purement calculatoire pour ne nous intéresser qu'aux structures émergentes. Dans ce laboratoire, toutes les idées peuvent être testées, tous les concepts peuvent être mis en œuvre. L'ordinateur, cette machine souvent qualifiée de stupide, car elle n'est capable que de manipuler des symboles, peut aussi simuler le monde et s'émanciper de ses origines binaires.

Le monde est un programme

En 1887, après dix jours de mer depuis le port de Callao au Pérou, le *Lady Vain* heurta une épave et sombra au cœur du Pacifique. Une semaine plus tard, un voilier à destination de Hawaii recueillait un rescapé agonisant qui, soigné par un passager, débarqua avec lui sur une île habitée par le docteur Moreau. Ainsi débute le plus célèbre roman de Herbert George Wells. Après Mary Shelley et son Frankenstein, il y peaufine le personnage du savant fou qui, banni par ses collègues pour ses théories trop avant-gardistes, décide de travailler seul et de démontrer, par-devers tous, qu'il a raison.

Ce roman publié en 1886 est une métaphore de la création scientifique telle que la conceptualisera Thomas Kuhn en 1962 : les nouvelles théories sont toujours rejetées tant que les défenseurs des théories en vigueur ont encore le pouvoir. Il ne peut y avoir de rupture de paradigme qu'avec l'arrivée d'une nouvelle génération[88]. Dans cette attente, les idées nouvelles sont souvent bloquées et ne bénéficient d'aucun budget de recherche. Confronté à ce dilemme, le savant n'a d'autre possibilité que de sortir du système universitaire. C'est ce que fit Stephen Wolfram, l'auteur en 2002 du dorénavant mythique *A New Kind of Science*, livre publié à compte d'auteur qui devint immédiatement une référence pour les connecteurs.

L'histoire de Wolfram est assez extraordinaire. Elle symbolise à elle seule l'attitude souvent anticonformiste des connecteurs. Wolfram est tout d'abord un étudiant surdoué. Né en 1959 à Londres, il obtient à 20 ans aux États-Unis un doctorat pour ses travaux sur les particules élémentaires. Il aurait pu poursuivre dans cette

---

88 Dans *Structure des révolutions scientifiques*, Thomas Kuhn définit le paradigme comme un « ensemble particulier d'idées auxquelles la communauté souscrit à un moment donné ».

voie toute tracée pour un physicien prodige, mais, au début des années 1980, il découvrit le monde des automates cellulaires.

— Je pensais moi-même autrefois qu'un programme simple ne pouvait produire que des comportements simples, dit Wolfram[89].

En 1984, avant de prendre un avion pour Londres, Wolfram imprima le résultat d'une simulation de l'automate 2D numéro 30, l'un des plus simples qui soient (fig. 20). Durant le vol, il fut frappé par la complexité extraordinaire des structures dessinées. Comme toute une génération de jeunes programmeurs accros au *Jeu de la vie*, il voyait dans les motifs les mêmes formes que celles qui apparaissaient sur les coquilles des mollusques, sur les feuilles des plantes, dans les bras des galaxies (fig. 21). Était-ce une coïncidence ? Wolfram fut persuadé que non : les programmes élémentaires pouvaient nous aider à comprendre le monde. Peut-être même entretenaient-ils avec lui un lien encore plus consubstantiel.

— Je crois qu'il y a un programme très simple, unique, qui, s'il était exécuté pendant suffisamment longtemps, reproduirait tous les détails de ce qui est survenu dans notre univers, suppose Wolfram[90]. Ce programme constituerait donc la théorie physique ultime.

Ce point de vue est partagé par tous les adeptes de la digital-philosophie. Ils considèrent que le monde est construit à partir de 0 et de 1 et voient l'univers comme un ordinateur géant. Bien sûr, nous n'avons

---

89 Stephen Wolfram, entretien avec Olivier Gérard, *La Recherche*, septembre 2002.
90 *La Recherche*, septembre 2002.

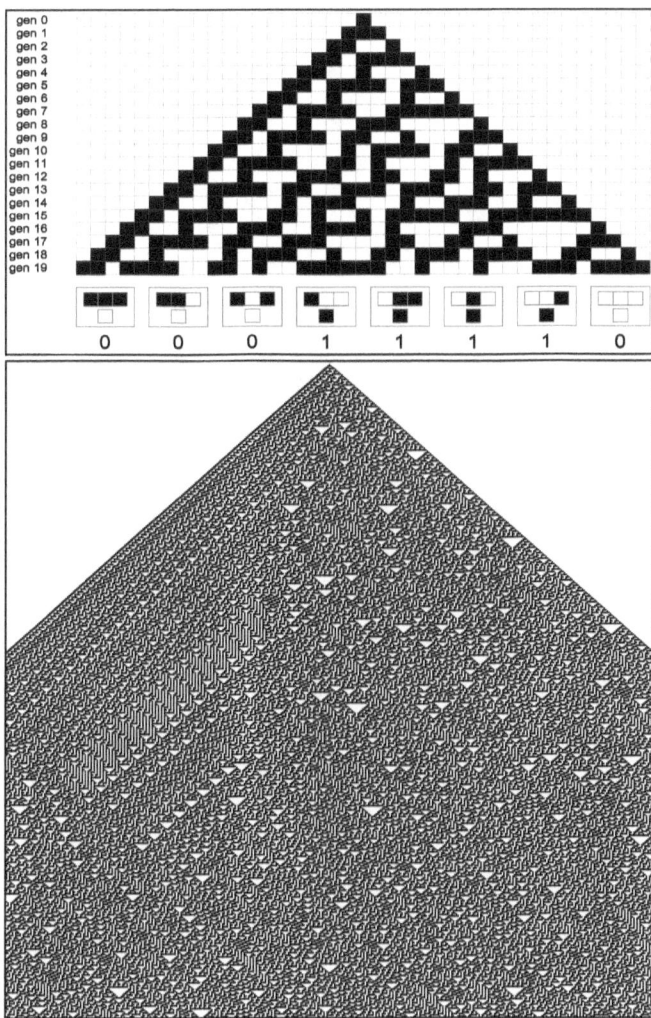

Figure 20 L'automate cellulaire numéro 30 ne montre aucune espèce de périodicité alors même que ses règles d'évolution sont très simples. Si l'émergence fait apparaître l'ordre à partir du désordre, un programme peut réciproquement engendrer le désordre à partir de l'ordre.

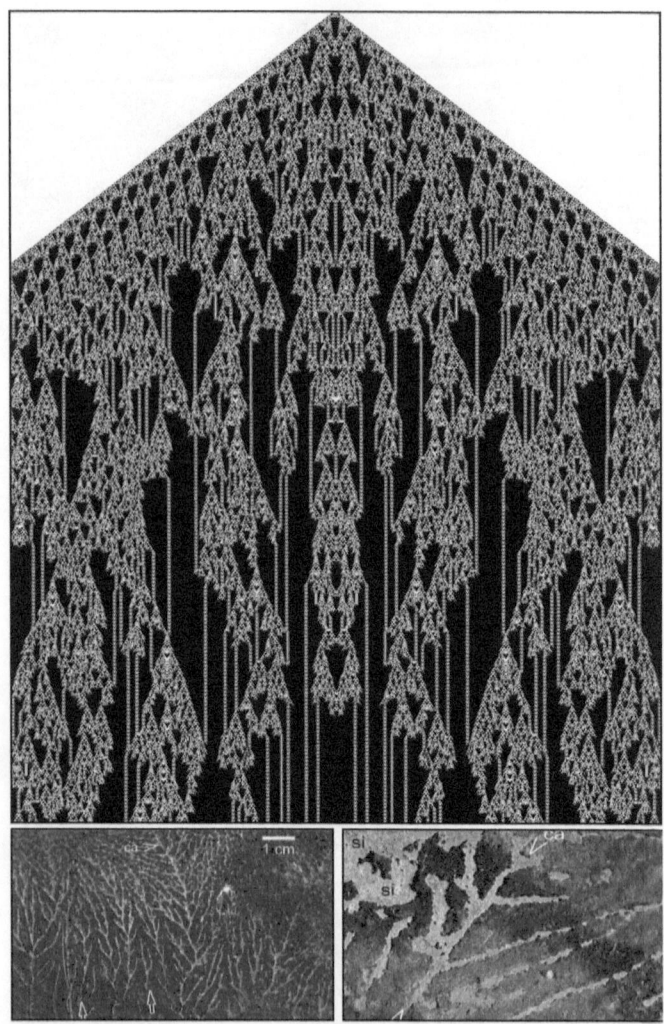

Figure 21 L'automate cellulaire à trois états dénommé 1635 par Wolfram dessine des formes qui ne sont pas sans rappeler les premiers organismes multicellulaires de l'ère d'Ediacara (entre 600 et 542 millions d'années). La vie repose peut-être sur une forme d'automate cellulaire.

pas la preuve que le monde est digital, juste quelques indices. D'après la mécanique quantique, les particules ne peuvent occuper que des niveaux d'énergie particuliers. De même, leur charge, leur masse ou leur spin ne peuvent prendre n'importe quelle valeur. En d'autres mots, le monde est discontinu, tout n'est pas possible, exactement comme une information digitale peut être à 0 ou à 1, mais jamais à 0,5. Par exemple, un objet ne peut pas avoir n'importe quel poids : comme il est composé de particules, son poids est la somme du poids des particules. Le poids réel ne s'écrit donc pas avec un nombre de décimales infini. Tous les cas de figure ne sont pas permis dans la nature. Gregory Chaitin, un des grands amis de Wolfram, a d'ailleurs démontré que même les mathématiques étaient discontinues. Certains nombres réels n'apparaissent jamais dans les calculs, ils ne servent donc à rien, ils n'existent même pas[91].

— [...] il y a ainsi beaucoup de raisons de croire que nous vivons dans un univers digital, que Dieu préfère pouvoir copier les choses exactement quand il en éprouve le besoin plutôt qu'augmenter le flou qui accompagne toute copie analogique, écrit Chaitin.

Nous savons ainsi que les copies de fichier audio peuvent être parfaites alors que les copies de vinyles comportent toujours du bruit. D'une certaine façon, un fichier audio est plus simple qu'un vinyle, il aligne des

---

91 Gregory Chaitin, *Meta Math!*, 2005. Certains de ces nombres réels qui n'existent pas peuvent être écrits par un programme, mais ce programme est plus long que le nombre lui-même. À quoi bon avoir une description plus longue que la chose elle-même. Pour Chaitin, ces nombres qui n'existent pas sont incompressibles. Il n'y a pas d'écriture plus courte que la suite infinie de leurs décimales.

0 et des 1 alors que le vinyle enchaîne des sillons dont les vallonnements ne peuvent être mesurés avec précision. Ingénieur en électronique de formation, je sais que l'électronique digitale est bien plus simple que l'analogique. Un monde digital serait donc bien plus simple qu'un monde analogique. À la place de Dieu, j'aurais créé un tel monde, où l'analogique ne serait apparu que lorsque mes ouailles auraient cherché à effectuer des mesures infiniment précises de choses finies, mais quasi imperceptibles.

— Quelle pourrait être la longueur du programme décrivant l'univers ? demanda Steven Levy à Wolfram[92].

— Je le suppose très court.

— De quel ordre ?

— Je ne sais pas. [...] peut-être trois ou quatre lignes de code.

— Quatre lignes de code ?

— C'est ce que je subodore. En fait, je ne sais vraiment pas, mais je ne vois aucune raison pour qu'il soit plus long.

— Donc rien à voir avec Microsoft Windows ?

Wolfram éclata de rire.

— Je pense qu'un jour quelqu'un pourra tenir dans la main ces quatre lignes de code, et ce sera l'univers.

Pour Wolfram, un programme peut se substituer aux équations de la physique. Ces équations, décrivant le monde à un niveau de complexité déjà assez élevé, seraient une sorte de métaphysique par rapport à la microphysique que constituerait le programme. Avec à

---

92 Auteur d'un long entretien avec Stephen Wolfram publié dans le magazine *Wired* de juin 2002.

l'esprit ce vaste projet d'une nouvelle science, Wolfram se détourna de la physique élémentaire traditionnelle pour l'étude des systèmes complexes. En 1986, comme il ne disposait pas de logiciel adapté à ses recherches, il se lança dans le développement de *Mathematica*, outil de calcul et de programmation destiné aux scientifiques. En 1988, à 29 ans, Wolfram quitta le monde universitaire pour créer sa société, Wolfram Research, et commercialiser son logiciel, qui connut un succès foudroyant. Dès lors, comme les savants fous des romans et des films populaires, il devint riche et se consacra à ses lubies.

— Si j'avais rédigé un projet de recherche pour la National Science Foundation en vue de passer vingt ans à créer une nouvelle science, je ne pense pas qu'il aurait été financé, dit-il.

Une nouvelle sorte de science

À partir de 1988, Wolfram cessa donc de publier dans les revues scientifiques pour se consacrer à sa nouvelle science. En 1991, il finit même par disparaître de la circulation, restant reclus dans sa maison des environs de Chicago où, pour ne pas être dérangé, il ne travaillait que la nuit. En milieu d'après-midi, lorsqu'il s'éveillait, il gérait par mail et téléphone les affaires courantes de sa compagnie, jonglait avec les millions de dollars et les problèmes inhérents à une structure de plus de trois cents employés, puis revenait à sa grande œuvre, qu'il publia au printemps 2002. Le livre souleva un tollé général et indigna le monde scientifique. Dès les premières lignes, Wolfram donnait le ton :

— Il y a trois siècles, la science fut bouleversée par l'idée alors nouvelle que des règles reposant sur des formules mathématiques pourraient décrire le monde. Mon but dans ce livre est d'initier une transformation aussi capitale, et d'introduire une nouvelle sorte de science basée sur des règles bien plus générales qui peuvent être traduites en programmes informatiques.

Wolfram met en pièces la méthode cartésienne et, pour commencer, juge inadapté l'outil mathématique qui sous-tend cette méthode : les équations différentielles. Inventées en même temps par Newton et Leibniz dans la seconde moitié du XVIIᵉ siècle, elles dominent depuis le monde scientifique. Par exemple, pour décrire un mouvement, on le considère comme l'assemblage d'infimes mouvements. Cela suppose que le mouvement est décomposable, que le problème étudié est réductible. Déjà, à la fin du XIXᵉ siècle, Henri Poincaré avait montré que les phénomènes appelés aujourd'hui chaotiques ne pouvaient pas être décrits à l'aide d'équations différentielles ; pour Wolfram, la seule façon de décrire ces problèmes est de les simuler sur ordinateur.

Comme exemple de problème irréductible, Wolfram donne bien sûr certains automates cellulaires. Malgré leur simplicité structurelle, ils ne peuvent pas être résumés par une formule mathématique. Quand la simplicité engendre la complexité – comme c'est sans doute le cas dans la nature –, la seule approche descriptive est la simulation. Puisqu'il n'existe aucun raccourci mathématique, on ne peut connaître l'avenir qu'en faisant tourner la simulation. Les connecteurs en déduisent donc que, pour connaître sa vie, il faut la vivre[93]. Il ne sert à rien de planifier, de tracer des plans

_____

93 Cette attitude peut être rapprochée de celle des épicuriens an-

de carrière, de rêver d'un monde utopique. La politique, individuelle aussi bien que sociale, ne peut s'exercer qu'au jour le jour.

— Stephen attire notre attention sur le fait que Newton développa le calcul différentiel avant que Babbage invente la programmation – mais le contraire aurait pu se produire, et alors ? dit Rocky Kolb[94].

S'ils avaient disposé d'ordinateurs, les scientifiques des Lumières auraient sans doute développé un autre formalisme, basé sur des programmes plutôt que sur les mathématiques, et notre vision du monde en aurait été bouleversée. Pour Wolfram, à cause d'un outil inadapté, les scientifiques n'ont jusqu'ici étudié que la petite partie du monde pouvant être décrite par les équations différentielles. Il va même jusqu'à prévoir que toutes les lois universelles pourraient être unifiées sous forme d'une simulation à partir de laquelle elles émergeraient[95].

Une telle annonce, jetant au panier pêle-mêle toutes les théories actuelles, ne pouvait qu'être mal vue. Elle sous-entendait qu'il fallait tout reprendre à zéro, changer totalement de point de vue. Bien peu de scientifiques étaient prêts à accepter un tel revirement, surtout que Wolfram n'apportait pas de preuve, simplement des indices et quelques applications limitées, pour l'étude des tremblements de terre par exemple. S'il avait réussi à découvrir la simulation ultime, il aurait été nobélisé

---

tiques et s'oppose à celle des stoïciens.
94 Physicien travaillant au CERN, cité par Steven Levy dans le *Wired* de juin 2002.
95 Durant les années 1960, Ed Fredkin fut le premier à supposer que tous les phénomènes quantiques pouvaient être reproduits par un automate cellulaire.

instantanément. Au contraire, il jetait un caillou dans la mare, criant haut et fort ce que les connecteurs pensent en secret : le monde est simple, la complexité résulte de l'accumulation de faits simples, une description correcte du monde doit être simple comme un programme informatique, de préférence un des programmes élémentaires que sont les automates cellulaires. Wolfram proposait de changer la façon de faire de la science. Pour lui, les automates cellulaires sont une généralisation des anciens outils mathématiques ; d'une certaine manière, les scientifiques devaient devenir des programmeurs plus que des mathématiciens.

Le principe d'équivalence computationnelle

Les scientifiques, agacés par l'indépendance de Wolfram et plus encore par son succès en librairie, lui ont reproché d'avoir publié son livre sans le soumettre préalablement à la critique des spécialistes. Mais pourquoi faudrait-il se soumettre à la censure ? Wolfram a agi comme les philosophes des Lumières, dont il remet en cause les œuvres, diffusant ses idées dès qu'elles lui semblèrent claires. Il a imité les internautes qui disent ce qu'ils pensent dès qu'ils le pensent dans leurs posts. Comme tous les membres du Reality Club, Wolfram destine d'ailleurs ses thèses au grand public, partant du principe qu'il faut essayer de comprendre le monde d'une manière radicalement nouvelle. Avec *A New Kind of Science*, il a cherché à recruter des esprits neufs et ouverts, à séduire les connecteurs.

Il conclut son ouvrage de plus de mille deux cents pages en proposant une nouvelle loi, qu'il baptise principe d'équivalence computationnelle.

— Mon argument principal est que beaucoup de systèmes pouvant sembler très différents au premier regard sont en fin de compte fondamentalement équivalents du point de vue de la complexité.

Wolfram propose de mesurer la complexité à l'aune de la puissance de calcul nécessaire pour la reproduire sur ordinateur. Selon lui, il existe dans l'univers un seuil de complexité maximal qui ne peut être dépassé. Ainsi la complexité de certains automates cellulaires serait équivalente à celle du cerveau humain, des configurations nuageuses ou des systèmes stellaires.

Si le principe d'équivalence computationnelle s'avère fondé, s'il existe un seuil maximal de complexité dans l'univers, un programme informatique peut reproduire n'importe quelle complexité. La pensée, l'intelligence, la conscience ne lui sont pas inaccessibles. Si Dieu existe, il ne peut pas être plus complexe que nous, plus complexe qu'un nuage de gaz. Nous en revenons à l'idée bouddhiste d'une force immanente, d'une identité de toute chose en termes de complexité. Ainsi, les connecteurs ne sont pas croyants, mais mystiques. Encore une fois, l'homme n'a pas une place exceptionnelle dans l'univers. Copernic l'a chassé de son centre, Darwin en a fait un produit de l'évolution, Wolfram en fait une structure complexe comme une autre, se manifestant simplement par quelques comportements particuliers, mais en rien extraordinaires.

— Nous pouvons nous attendre, dit-il[96], à ce que la règle qui régit notre univers n'ait rien de spécial

---

96 Stephen Wolfram, *Wired*, juin 2002.

— comme les positions de notre système solaire ou de notre galaxie dans l'univers n'ont rien de spécial.

Les détracteurs de Wolfram lui reprochent de n'avoir effectué aucune expérience physique, sinon des simulations sur ordinateur. Mais les ordinateurs n'appartiennent-ils pas au monde ? N'obéissent-ils pas aux mêmes lois que lui ? Qui a suivi du regard le déroulement de simulations sur ordinateur sait au fond de lui qu'elles ressemblent trop à ce qui se passe dans la nature pour en être foncièrement différentes. La computation est partout, elle existe à l'état naturel, voilà pourquoi un automate cellulaire engendre des structures qui paraissent naturelles.

— Pensez-vous assister à la découverte du programme régissant l'univers ? finit par demander Steven Levy à Wolfram.

— J'espère.

— Voulez-vous le trouver vous-même ?

— Ce serait bien.

Wolfram est-il un nouvel Einstein ou un rêveur ? Personne ne peut encore en décider, mais pour un connecteur il est sur la bonne voie. En nous montrant comment la complexité émerge de la simplicité, Wolfram nous incite à penser simplement, à cesser de diaboliser le monde.

— Wolfram n'est-il pas un savant un peu trop fou ?

— J'ai envie de croire à ses idées, car elles soustendent notre idéologie. Pour l'instant, il faut considérer Wolfram comme un philosophe auquel on ne demande pas la preuve de ce qu'il énonce.

— Mais tout de même, où avez-vous vu des automates cellulaires dans la nature ?

— Pourquoi faudrait-il les voir ? Imaginez qu'ils soient le moteur premier du monde. À partir de leurs calculs, les lois de la physique émergent, puis tout le reste. Si des automates cellulaires existent, ils sont enfouis loin en dessous de notre niveau de complexité. Pour Wolfram, l'idée que la complexité découle de la simplicité est centrale. C'est une profession de foi. Je suis surpris que beaucoup de gens refusent de croire à la simplicité du monde. Pourquoi la nature ferait-elle plus compliqué que ce que nous réussissons à faire avec nos ordinateurs ? Il n'y a aucune raison. Entre deux solutions concurrentes, l'évolution sélectionne la plus économique, car elle a plus de chance de survivre. Ce n'est peut-être pas prouvé scientifiquement, mais c'est notre conviction. L'hypothèse de Wolfram, que le monde est bâti à partir de quelques lignes de code, n'est pas plus incroyable que celles qui exigent une divinité. Elle est même beaucoup plus plausible quand on observe les formes admirables créées par les automates cellulaires.

— Vous vivez dans un monde chimérique.

— Qu'importe ? La vision chimérique des chrétiens a conduit à des chefs-d'œuvre. Peut-être que celle des connecteurs ne conduira pas plus loin, mais ce sera déjà beaucoup.

CHAPITRE 7

NE PAS TRAVAILLER

La vie est un jeu

Toute leur vie était employée, non par lois, statuts ou règles, mais selon leur vouloir et franc arbitre. Se levaient du lit quand bon leur semblait, buvaient, mangeaient, travaillaient, dormaient quand le désir leur en venait. Nul ne les éveillait, nul ne les parforçait ni à boire, ni à manger ni à faire autre chose quelconque. Ainsi l'avait établi Gargantua. En leur règle n'était que cette clause : FAIS CE QUE VOUDRAS [...].

François Rabelais

Je me souviens de 1976 à cause de son été torride et du nouveau flipper *Royal Flush* de Gottlieb. Dans l'étang près de chez moi, les poissons agonisaient sur les plages par manque d'oxygène. La canicule frappait partout en Europe. Le soleil semblait ne jamais vouloir cesser d'éclabousser le bleu du ciel. En Angleterre, où la saison n'avait jamais été aussi sèche depuis 1772, la chaleur donna des vapeurs aux festivaliers lors du carnaval de Notting Hill, qui se termina en émeute. Un vent de révolte soufflait sur la monarchie britannique alors que la reine Élisabeth II fêtait le vingt-quatrième anniversaire de son règne. Un quart de siècle plus tard, la New Economics Foundation déclara l'année 1976 comme la plus heureuse de la seconde moitié du XXe, elle fut aussi celle où les connecteurs, par l'entremise de Steve Jobs et Bill Gates, firent leur entrée dans Histoire, mais d'autres la considèrent comme l'année où la musique cessa d'exister. Les deux évènements sont intimement liés.

Le soir du 1er décembre, l'été oublié, les Anglais s'étaient calfeutrés chez eux et regardaient le show de Bill Grundy sur la BBC quand ils virent débarquer quatre énergumènes sur le plateau. Johnny Rotten, Paul Cook, Steve Jones et Glen Matlock s'assirent devant l'animateur, qui les présenta comme des punks :

— Ils forment un groupe appelé les Sex Pistols, et je suis entouré par eux.

Quelques jours plus tôt, ils avaient sorti leur premier single, *Anarchy in the UK*. Johnny Rotten y criait de sa voix vénéneuse :

— Right ! now ha ha ha / I am an antichrist / I am an anarchist / Don't know what / I want but I know how to get it / I wanna destroy the passers-by[97].

L'interview qui suivit dégénéra rapidement. Bill Grundy interpella Siouxsie Sioux, une des fans des Sex Pistols, qui se tenait debout derrière eux.

---

97 « Maintenant ! ha ha ha / Je suis un antéchrist / Je suis un anarchiste / Sais pas ce que je veux / Mais je sais comment l'obtenir / Je vais aller détruire les passants. »

— J'ai toujours voulu vous rencontrer, lui répondit-elle avec ironie.

— Vraiment ?

— Ouais.

— Retrouvons-nous plus tard, voulez-vous ?

Alors Steve Jones insulta Bill Grundy :

— Sale bourge. Vieux porc !

— Continuez, continuez, vous avez encore cinq secondes, dites quelque chose d'outrageant.

— Bâtard.

— Encore.

— Enculé.

— Voilà un garçon intelligent.

— Enculé.

Le lendemain, la presse anglaise criait au scandale et les punks entraient dans l'histoire.

— [La voix de Johnny Rotten] reste quelque chose de neuf dans le rock'n'roll, c'est-à-dire quelque chose de neuf dans la culture populaire d'après-guerre : une voix qui rejetait tout fait social, et qui dans ce refus affirmait que tout était possible, écrira Greil Marcus en 1989[98]. [...] Malgré l'exigence absolue que firent naître un instant les Sex Pistols, rien n'a changé, conclut-il.

Je ne suis pas si sûr que rien n'ait changé. Quand la révolution punk éclate à Londres en 1975 et 1976, Bill Gates et Steve Jobs lancent la révolution de la micro-informatique. La concomitance des deux évènements n'est pas une coïncidence : à la prise de pouvoir d'une nouvelle génération dans le monde du business correspond

---

98 Greil Marcus, *Lipstick Traces, une histoire secrète du vingtième siècle*, 1989.

un nouveau courant musical qui lui aussi veut faire table rase du passé. Les deux mouvements sont d'ailleurs menés par des hommes nés à moins de un an d'intervalle : Steve Jobs le 14 février 1955, Bill Gates le 28 octobre 1955 et Johnny Rotten le 31 janvier 1956. Ils incarnent deux tendances en apparence antinomiques, mais qui se rejoignent dans leur refus de l'ordre ancien.

Dans la chanson *Seventeen*, Johnny Rotten chante :

— I don't work / I just speed / That's all I need[99].

Quel paradoxe alors même que les connecteurs se vouent au travail corps et âme. Mais quel travail ? Est-ce bien le même que celui que rejette Johnny Rotten ? Sans doute pas, les connecteurs vont faire du travail un plaisir et non une aliénation, le travail va devenir le *speed* dont parle Rotten.

En 1957, quand Guy Debord, Asger Jorn et d'autres artistes européens créèrent l'Internationale situationniste, ils publièrent un manifeste qui commençait par :

— Nous pensons d'abord qu'il faut changer le monde.

Vingt ans plus tard, Steve Jobs et Bill Gates ne se donnèrent aucun but de ce genre. Ils travaillèrent et le monde changea suite à leur travail. Si les connecteurs avaient publié un manifeste – ce qui n'a aucun sens, ce qui aurait même été en contradiction avec leurs principes essentiels –, ils auraient dit :

— Nous pensons d'abord qu'il faut travailler.

Car comment changer le monde, sinon par l'action ? Le changement est implicite, entraîné par les lois de la physique puis par celles de l'évolution. Un des slogans à l'origine de l'Internationale situationniste, gravé en

---

99 « Je travaille pas / Je me défonce / C'est tout ce dont j'ai besoin. »

1953 sur un mur de la rue de Seine à Paris, repris en mai 1968, était : « Ne travaillez jamais ». Les connecteurs, eux, ne songent qu'à travailler toujours, à inventer sans cesse de nouvelles situations. Leur modèle pourrait être Picasso, qui n'a jamais cessé de peindre comme un enragé d'un bout à l'autre de sa vie.

Pourtant, comme Johnny Rotten, les connecteurs peuvent aussi clamer qu'ils ne travaillent pas, qu'ils prennent leur pied, qu'ils n'ont besoin que de ça, qu'ils sont libres. Pour eux, le travail est un moment de vie comme un autre et non une valeur ou un gagne-pain. Nous ne travaillons plus pour un patron, mais avec nos amis. Dans les bureaux, nous ressemblons à des punks avec nos jeans rapiécés. Seuls quelques commerciaux en costume perpétuent une tradition désuète et entretiennent l'idée reçue que rien ne change.

Pour autant, nous ne méprisons pas l'argent, nous aimons au contraire le confort et le luxe. Toutefois, nous ne sommes pas prêts à nous avilir pour nous enrichir. Ennemis des hiérarchies, nous plébiscitons les structures décentralisées. Après avoir rejeté les chefs, il serait bien étonnant que nous en acceptions dans le cadre du travail. Là encore, nous avons découvert que nous pouvions travailler par nous-mêmes et ainsi gagner notre vie. Nous appliquons le principe de délocalisation en travaillant où nous avons choisi de vivre et non l'inverse. Comme en politique, nous sommes des indépendants.

The Clash

Le mouvement punk anglais, né soudainement d'une émergence spontanée, a été catalysé par l'interaction de quelques jeunes Londoniens, influencés par les groupes de punk-rock américains comme les Seeds ou les New York Dolls. Greil Marcus dit que les Sex Pistols s'emparèrent de la scène dans une impulsion culturelle instinctive. Le groupe s'était formé en 1972, à l'initiative de Steve Jones et de Paul Cook puis, en 1974, Glen Matlock les avait rejoints. Ils ne seraient jamais devenus célèbres si Steve Jones n'avait repéré « quelqu'un de différent » dans la boutique de fringues de Malcolm McLaren, leur manager et futur promoteur de la mode punk. L'individu, appelé John Lydon, avait les cheveux verts, un regard méchant et portait un tee-shirt sur lequel il avait peint "I HATE Pink Floyd" ce qui, à l'époque, était un sacrilège. Lorsque McLaren proposa à Lydon de passer une audition dans la boutique, l'hurluberlu aux cheveux verts se lança dans une pantomime effrayante et autodérisoire. Les Sex Pistols avaient trouvé leur voix même si John Lydon, bientôt surnommé Johnny Rotten à cause de ses dents pourries, ne savait pas chanter. Le mouvement punk se cristallisa spontanément autour de lui. Rotten fut le mystérieux levier qui en déclencha l'émergence.

Dès le premier concert des Sex Pistols, le 6 novembre 1975, Johnny Rotten sonna la révolte des jeunes Londoniens. Parmi eux, John Mellor, alias Joe Strummer, alors chanteur des 101'ers, décida de créer un nouveau groupe, The Clash, avec Mick Jones à la guitare, Paul Simonon à la basse et, plus tard, Topper Headon à la batterie. Leur premier concert eut lieu le 4 juillet 1976, en ouverture des Sex Pistols. Quelques mois plus tard, ils signèrent un contrat avec CBS et sortirent leur premier single, *White Riot*, qui relate les émeutes lors du carnaval de Notting Hill.

— Are you taking over / Or are you taking orders? / Are you going backwards / Or are you going forward?[100]

Ces paroles pouvaient servir de ralliement aux connecteurs, qui firent des Clash, plus que des Sex Pistols leur groupe mythique.

— En condamnant Dieu et l'État, le travail et les loisirs, le foyer et la famille, le sexe et le jeu, son public et elle-même, cette musique permit un instant de considérer et d'expérimenter toutes ces choses non pas comme des faits naturels, mais comme des constructions idéologiques : des choses qui ont été fabriquées et, par là même, peuvent être modifiées, voire totalement abolies, écrit encore Greil Marcus.

Il restait à reconstruire, à imaginer justement autre chose. Les connecteurs se mirent au travail en écoutant les Clash, « the only band that matters ». Tous les matins, ils se levaient en fredonnant *White Riot*.

— The future is unwritten.

Comme l'écrivit Joe Strummer sur un tee-shirt vendu durant les concerts des Clash au début des années 1980, personne ne connaissait l'avenir, il n'y avait pas de destin tracé, nous devions agir. Ces paroles faisaient écho à celles de Karl Popper. Durant la Seconde Guerre mondiale, dans *La Société ouverte et ses ennemis*, le philosophe écrivit :

— Croire que nous pouvons avoir recours à l'expérience en tant qu'autorité serait pourtant une grave erreur [...]. Notre expérience et nos observations ne consistent pas en « données », mais en un réseau de

---

100 « Prenez-vous le dessus / Ou recevez-vous des ordres ? / Reculez-vous / Ou allez-vous de l'avant ? »

conjectures et d'hypothèses qui s'entremêlent à un ensemble de croyances traditionnelles, scientifiques ou non. L'expérience et l'observation à l'état pur, c'est-à-dire abstraction faite de toute attente ou théorie, n'existent pas. Autrement dit, il n'y a pas de données pures pouvant être considérées comme sources de connaissance et utilisées comme moyen critique.

Pour Popper, déjà conscient du caractère hautement interconnecté de notre culture, la vérité, par opposition à la réalité, n'existe pas, elle est tout au plus temporaire, provisoire, sujette à caution, totalement instable dans un monde soumis au changement perpétuel. L'Histoire n'obéit pas à des lois déterministes et immuables. Elle se dessine en temps réel, au gré des évènements que des hommes libres peuvent influencer, quelle que soit leur place dans la société.

D'une certaine façon, Popper confère le pouvoir à des agents autonomes agissant localement, un chef d'État n'étant pas plus digne d'intérêt qu'un simple citoyen. Les conservateurs ou les syndicalistes arc-boutés sur leurs acquis sont les ennemis de l'Histoire en mouvement. Il ne faut plus pleurer parce que les choses changent, mais s'en féliciter. Les castes n'existent plus. Steve Jobs ou Bill Gates ont le droit de jouer dans la cour des capitalistes installés ; Johnny Rotten ou Joe Strummer ont le droit de saper les bases des genres musicaux. Il n'y a pas de fatalité historique, pas plus de droit du sol que de droit du sang. Dès lors, les connecteurs ont décidé d'émettre des théories et de les tester afin de voir à quel type de civilisation elles mèneront. Comme dans le domaine scientifique, certaines théories, notamment politiques, ne résistent pas à l'expérience. Joe Strummer dénonça toutes les injustices en gardant son indépendance. Dans le magazine *Punk Planet*, Joel Schalit écrivit :[101]

— Étaient-ils [les Clash] marxistes ? Non. Étaient-ils léninistes ? Non. Étaient-ils anarchistes ? Certainement pas.

Ils étaient inclassables, non inféodés à une quelconque tendance. Pour eux comme pour tous les connecteurs, les mouvements en *isme* n'avaient plus aucun sens, pas plus le communisme que le surréalisme. Voilà pourquoi ils ne désignèrent jamais un pape pour écrire leur manifeste. Après avoir rejeté l'autorité des chefs, ils ne pouvaient connaître de Tristan Tzara comme les dadaïstes, d'André Breton comme les surréalistes, de Guy Debord comme les situationnistes, et encore moins d'opportuniste comme Daniel Cohn-Bendit en mai 1968. Le manifeste des connecteurs, leur programme politique, ne peut être imaginé qu'après coup. La société s'est ouverte à une myriade de nuances individuelles qui s'interpénètrent et se fécondent mutuellement grâce au Web.

Ce monde fluctuant demande une grande capacité d'adaptation à ses habitants, qui doivent sans cesse se remettre en question, manquant de repères, de valeurs auxquelles s'accrocher. La liberté absolue a un prix, celui de nous laisser seuls face à nous-mêmes et à chacun de nos choix. Nous souffrons souvent d'être des planètes isolées flottant à la surface d'Internet, libres de tout dire, de tout critiquer, mais sans nous sentir membres d'un mouvement profond, d'une vague de fond qui soulève l'Histoire. Les connecteurs payent durement le prix

---

101 Joel Schalit, numéro de janvier 2000 de *Punk Planet*.

de leur liberté. Pour eux, il n'y a plus de ville où courir, plus de Woodstock où se rassembler, plus de chapelle où invoquer un dieu universel. Le village global a remplacé le Paris du début du XXe siècle ou le New York des années 1950. Les cafés aux terrasses animées de mille conversations ont laissé place à fils de commentaires. Cette évolution, même pour le plus avant-gardiste des connecteurs, reste difficile à accepter tant nous sommes habitués aux anciens modes d'échange. Pour survivre, nous n'avons pas d'autre choix que d'inventer une nouvelle façon de vivre ensemble.

Fin 2003, Elton John et Bono évoquèrent la mémoire de Joe Strummer, un an après sa mort et à l'occasion de la sortie posthume de son dernier album, *Streetcore*[102].

— Pour vous, que représentait Joe à l'époque [1977] ? demanda Elton John.

— Il était en partie un harangueur, en partie un conteur, répondit Bono. Les Sex Pistols étaient des punks, et je les aimais pour le personnage à la Richard III joué par John Lydon, aussi pour le pur son de leurs guitares ; mais ce que faisaient les Clash était une sorte de musique des origines. Ils étaient un *garage band*, mais ils flirtaient aussi avec le reggae, le rockabilly, le blues, mixant ces différentes tendances. Au travers de leur musique apparaissait l'idée qu'il était possible, comme le dit plus tard Patti Smith, « d'arracher le monde des mains des fous », le monde était dorénavant plus malléable.

Le futur n'était pas écrit.

Il nous appartenait d'en prendre possession.

---

102 Entretien publié dans Interview Magazine.

Donjons & Dragons

En même temps que les punks agitaient l'Angle-terre et que Steve Jobs et Bill Gates bousculaient les businessmen installés, une autre révolution débutait dans le Wisconsin. Discrètement, quelques jeunes Américains nous lancèrent dans une aventure qui fut, pour les premiers connecteurs, aussi stupéfiante que celle du LSD pour la beat génération : le jeu de rôle.

Cette nouvelle drogue psychotrope d'une puissance explosive, très addictive, sans toutefois présenter d'effets secondaires notables, débuta sa carrière durant les années 1960 à Lake Geneva, à deux heures de route de Chicago. Dans cette petite ville de province, quelques jeunes hommes occupaient leur temps libre en jouant aux soldats de plomb. Ils avaient entre 20 et 30 ans, se passionnaient d'histoire, de stratégie et, avant tout, de batailles dont ils aimaient revivre les épisodes. En imagination, ils entraient dans la mêlée, tremblaient à chaque coup de canon, suffoquaient à cause de la fumée acre ou de l'odeur du sang. Leur rythme cardiaque s'accélérait, ils transpiraient, grimaçaient de douleur, sursautaient lorsqu'un jet de dé leur était défavorable. Le jeu leur donnait l'occasion d'exceller et de vivre en héros tout en buvant une bière avec leurs amis.

Si les simulations guerrières étaient le passe-temps favori de ces jeunes gens, ils n'en étaient pas les inventeurs. Deux cents ans plus tôt, Helvig, maître des pages du duc de Brunswick, nous avait fait entrer dans l'âge de la simulation. En 1780, pour divertir son seigneur, il créa le jeu de guerre ou *wargame*. Près de vingt ans plus tard, Georg Vinturinus s'inspira de ses idées pour concevoir le *Kriegspiel*, jeu qui devint un passage obligé pour les apprentis officiers. L'usage des soldats de plomb se répandit dans toutes les armées, puis au sein des coteries d'amateurs avertis. En 1913, Herbert George Wells publia un livret de règles, donnant un nouvel élan aux jeux de simulation.

En 1953, Charles Roberts innova en remplaçant les soldats de plomb par des bouts de carton qu'il disposa sur des cartes géographiques quadrillées d'hexagones. Il fonda Avalon Hill Game Company et distribua les premiers wargames modernes. En 1958, l'un d'eux, *Gettysburg*, atterrit entre les mains d'Ernest Gary Gygax, un étudiant de 20 ans habitant Lake Geneva. Passionné immédiatement, Gygax rassembla autour de lui un groupe de wargamers. En 1963, il créa l'International Federation of Wargaming, nom ambitieux qui l'unissait à quelque uns de ses amis. Dans le même temps, la littérature d'heroic-fantasy proliférait. Fritz Leiber, Paul Anderson, Jack Vance publiaient leurs premiers romans. En 1965, *Le Seigneur des Anneaux* sortait en livre de poche, les mondes médiévaux fantastiques devenaient populaires. En 1968, Gygax se spécialisa dans les batailles médiévales.

— Nous avons commencé à jouer en nous référant au Moyen Âge parce que j'avais trouvé des figurines appropriées, dit-il[103]. J'ai écrit des règles selon lesquelles les figurines ne pouvaient utiliser durant le jeu que les équipements qu'elles portaient effectivement. [...] Un jour où les joueurs s'ennuyaient, j'ai décidé d'introduire

---

103 Interview réalisée en 2004 par Allen Rausch pour gamespy. com.

une petite variation. J'ai annoncé secrètement à un camp qu'il disposait d'un magicien capable d'envoyer des boules de feu.

Ainsi la magie entra dans le jeu de guerre avec figurines. Gary Gygax et son ami Jeff Perren créèrent un nouveau jeu, *Chainmail*, et le publièrent en 1971 chez Guidon Games.

— Ce fut Dave Arneson qui commença des parties de *Chainmail*, où chacun des joueurs ne dirigeait qu'une figurine, précise Gygax.

En 1967, Dave Wesely, ami de Dave Arneson, avait organisé un wargame où chaque participant, en plus de diriger ses armées, devait tenir un rôle : maire de la ville assiégée, chef de la garde, frondeur incontrôlable... Au petit matin, la bataille n'avait toujours pas commencé tant les joueurs avaient passé de temps à comploter, certains quittant leur poste de commandement pour traverser à la nage une rivière et pénétrer les lignes ennemies, d'autres se disputant et finissant par se battre en duel. Dave Wesely était désespéré, mais les joueurs enchantés voulurent renouveler l'expérience. Après quelques hésitations et atermoiements, Dave Wesely organisa une partie durant laquelle les joueurs devaient fomenter un coup d'État dans une république bananière. Tous les participants furent une nouvelle fois enthousiastes.

Après le départ à l'armée de Dave Wesely, Dave Arneson perfectionna le système et le transposa dans l'univers de *Chainmail*. Gary Gygax prit conscience qu'un nouveau mode de jeu était en train de naître, le jeu de rôle. Dans le monde décrit par un maître du jeu, « divinité » de la simulation, les joueurs rassemblés autour d'une table couverte de dés et de figurines incarnent des personnages dont les actes obéissent à la physique de la simulation, des jets de dés décidant de la réussite ou de l'échec de leurs entreprises, tout se passant en fait comme dans la réalité, mais une réalité fictive, régie par des probabilités. Le jeu de rôle, comparé à tort au théâtre, est avant tout une simulation. Comme les cellules dans le *Jeu de la vie*, les joueurs ne répètent pas une pièce, ils ne l'improvisent même pas, ils vivent dans un autre monde et doivent obéir à ses règles, qui leur sont imposées par les dés aussi certainement que la gravitation s'impose à nous[104].

Pris de frénésie, Gary Gygax rédigea en quelques mois les règles du premier jeu de rôle de l'histoire : *Donjons & Dragons*. Il y mêla l'univers guerrier de *Chainmail*, l'ambiance moyenâgeuse empreinte de magie des romans d'heroic-fantasy, y ajouta du rêve, beaucoup de rêve. Les joueurs devenaient des aventuriers, errant de ville en ville et traversant des contrées sauvages peuplées de monstres mythiques. Ils rencontraient d'autres aventuriers, discutaient avec eux, échangeaient des informations, partaient explorer des catacombes ou des palais pour délivrer des princesses et tuer des méchants. Le wargame des origines n'était plus qu'un lointain souvenir. Parfois des combats épisodiques éclataient, mais des parties entières pouvaient se dérouler sans la moindre violence. Tout dépendait du scénario concocté par le maître du jeu.

---

104 Au théâtre, les spectateurs peuvent être assimilés à la contrainte (ils empêchent les acteurs de faire n'importe quoi, tout comme les dés pour les joueurs de jeu de rôle) mais alors, dans ce cas, nous vivons tous dans une partie de jeu de rôle.

En 1973, Gary Gygax créa la société TSR et, l'année suivante, commercialisa *Donjons & Dragons*, qui allait devenir un phénomène de société dont, trente ans plus tard, personne n'a encore mesuré la portée. En même temps qu'Apple commercialisait ses premières machines, Microsoft ses premiers logiciels et les punks leurs premiers albums, le jeu se répandit aux quatre coins du monde. Son développement suivit celui de la micro-informatique dont il exprimait, de manière métaphorique, l'une des potentialités les plus extraordinaires, celle de simuler des univers. Pour toute une génération, Gygax reste sinon l'inventeur du jeu de rôle, son promoteur, chantre de la simulation humaine où chacun de nous peut, pendant quelques heures, être quelqu'un d'autre et explorer des univers virtuels.

À partir de ce moment, nous ne pouvions plus prendre le travail avec autant de sérieux que par le passé. Dans l'esprit de tous, une redistribution des cartes restait toujours possible. La secrétaire pouvait prendre les commandes de la partie. Un ordre, considéré comme une règle du jeu, n'émanait jamais d'une autorité sanctifiée, mais d'un boss provisoire, le temps de quelques jets de dés. Steve Jobs comprit peut-être le premier ce nouvel état d'esprit. Avant lui, les ordinateurs étaient des outils de travail ordinaires et, surtout, austères. Après lui, ils devinrent ludiques et stimulèrent la créativité de leurs utilisateurs.

Le jeu de rôle aurait-il pu naître à une autre époque ? Sans doute pas. Il doit son existence, de manière plus ou moins consciente, aux travaux de John von Neumann et de John Horton Conway. Plus tard, il inspira tous les développeurs de jeux vidéo. De *Wizardry* au *World of Warcraft*[105], il s'incarna numériquement sous diverses formes qui, aujourd'hui, font interagir simultanément des dizaines de milliers de joueurs. Les frères Wachowski n'ont pas pu l'ignorer lorsqu'ils réalisèrent *Matrix*. De nombreux joueurs, ou leurs amis, sont depuis devenus écrivains. La marque du jeu de rôle se retrouve aussi bien dans le monde de Harry Potter que dans les romans d'aventures tels le *Da Vinci Code*; même les romans de Michel Houellebecq sentent le soufre caractéristique des sortilèges de *Donjons & Dragons*. L'esthétique des connecteurs peut paraître puérile, mais elle renoue avec celle des premiers hommes confrontés à un monde inconnu. Les artistes ne s'interrogent plus sur eux-mêmes, car ils doivent à nouveau défricher des territoires vierges. Leurs véritables chefs-d'œuvre n'ont pas encore été écrits.

— Le seront-ils jamais?

— Les connecteurs, en tout cas, en sont persuadés. Si nous vivons comme nous le pensons une nouvelle époque, un art original ne manquera pas de naître avec elle, même si personne ne l'a encore remarqué.

Rétrospectivement, je considère mes premières soirées de *Donjons & Dragons*, au début des années 1980, comme des expériences cruciales. J'avoue sans honte qu'elles rivalisent avec mes premières amours. Elles se

---

105 Créé par Andrew Greenberg et Robert Woodhead, *Wizardry* est l'ancêtre des jeux de rôle sur ordinateur (*Computer Role Playing Games*, abrégé en RPG). Sorti sur Apple II en 1980, il sera très vite suivi par *Ultima*, qui met en scène les ingrédients essentiels de tous les jeux futurs (à l'exception du mode multijoueur, que seul Internet a rendu possible). *World of Warcraft*, quant à lui, a été édité fin 2004 par Blizzard Entertainment. Six mois après sa sortie, plus 4 millions de joueurs s'étaient abonnés.

confondent avec les épisodes de ma vraie vie, d'autant plus que mes amis et moi partageons les mêmes souvenirs. Nous pouvons parler d'un scénario comme de vieux combattants d'une de leurs campagnes. Mais pour nous, il n'y a que du bonheur, aucune souffrance, sinon parfois celle de s'être fait blouser par un voleur. Aucun roman, aucun film, ne nous a jamais laissé d'impression aussi prégnante : nous les avons toujours considérés avec plus de distance. Le jeu de rôle nous a donné la chance d'avoir plusieurs vies, mais aussi l'idée de vivre notre vie comme un jeu.

Jouer à travailler

Nous allons travailler comme jadis nous allions jouer, avec désinvolture, avec l'idée de nous amuser. Si quelque chose nous dérange, nous changeons de scénario, voire de maître du jeu. Nous ne nous embêtons pas avec des revendications stériles, nous quittons la boutique pour une autre plus appropriée à nos nouveaux désirs et, si nous n'en trouvons pas, nous nous installons à notre compte. Nous ne sommes pas plus entrepreneurs que nos parents, nous ne voulons simplement pas nous embêter une minute dans la vie. Nous voulons que chaque journée soit comme une partie de jeu de rôle où nous pouvons, au moins en théorie, devenir un héros.

Ces propos peuvent paraître incohérents pour quelqu'un qui n'a pas expérimenté le jeu de rôle, un peu comme une symphonie de Beethoven paraîtrait monstrueuse à quelqu'un qui n'aurait jamais écouté de musique. Mais je parie que, en plus d'être un phénomène de société qui a modelé la pensée des connecteurs, le jeu de rôle sera l'un des arts majeurs de l'avenir. Entre cinéma et littérature, théâtre d'improvisation et opéra, il se veut un art total tel que le rêvait Wagner. Un art où l'artiste et le spectateur créent en même temps, dialoguent continûment, inventent sans cesse des situations inattendues. Dans certaines circonstances, il est vrai exceptionnelles, le jeu de rôle procure des expériences esthétiques bouleversantes. Bien sûr, le plus souvent, il se transforme en divertissement répétitif, très proche dans sa forme du rythme bêtement binaire du rock'n'roll. Le sort d'une soirée dépend du génie du maître du jeu, qui soit mime des situations connues, soit, au contraire, se risque à inventer l'inattendu. Cette double possibilité, chemin vers la médiocrité ou, au contraire, le dépassement, fait du jeu de rôle un art comme tous les autres : à côté de rares chefs-d'œuvre[106] s'accumulent d'insanes ressassements.

— Mais quels chefs-d'œuvre ? J'aimerais les voir.

— C'est comme chercher à voir une œuvre éphémère qui s'est déroulée une seule fois dix ans plus tôt. Il fallait être sur place, il fallait la vivre. Pour voir des chefs-d'œuvre, il faut jouer avec un maître du jeu de talent, se rassembler avec des amis autour d'une table, être prêt à partir ailleurs par l'imaginaire.

Les défenseurs de la culture classique nieront la qualité esthétique des divers mouvements issus du jeu de rôle, mais ce sera avant tout dans l'espoir de protéger ce qu'ils nomment l'avant-garde. Malheureusement

---

106 Je pense notamment à *Il fait froid et ça coule* de Jean-Hugues Villacampa ou aux *Héros oubliés* de Zecky. TSR a aussi édité la magnifique série S, qui culmine avec *Expedition to the Barrier Peaks*.

pour eux, il est trop tard. Le jeu de rôle a introduit une forme d'interactivité qui jette bien des pratiques artistiques aux oubliettes. Les installations et autres happenings ne sont que de pâles imitations de soirées de jeu de rôle, dont elles sont incapables de rendre la créativité, la spontanéité, mais aussi la drôlerie. Avec le développement de la technologie, la multiplication de la puissance des machines, l'interactivité issue du jeu de rôle contamine peu à peu les créations humaines comme l'avaient souhaité, à l'aube des années 1960, les promoteurs de l'œuvre ouverte, dont Umberto Eco[107].

— En quelque sorte, vous réinventez les fêtes de village.

— Oui, mais un village global, étendu d'un bout à l'autre de la galaxie.

Le jeu de rôle nous offre un territoire vierge. Encore à ses balbutiements, il attend ses premiers maîtres qui, tels Rabelais ou Cervantès pour le roman, l'arracheront à sa gangue originelle. Nous en sommes à l'époque des aèdes grecs, avant l'invention de l'écriture ; avant que ne survienne un Homère, nous devons inventer le langage qui nous permettra de traduire nos expériences. Nous cesserons alors de les voir comme des lubies de jeunes hommes désœuvrés. Mais le jeu de rôle ne se laissera pas enfermer dans une boîte aussi facilement qu'une histoire ordinaire. Il échappe à la transcription, car il doit se vivre, sa beauté jaillissant de la communion entre les

---

107 Umberto Eco, *L'Œuvre ouverte*, 1965. L'artiste propose une œuvre inachevée. Le spectateur doit s'en saisir puis l'organiser suivant ses goûts, ses aspirations et son humeur. En art, cette tendance fut vite délaissée mais elle revient sur le devant de la scène par la petite porte du jeu de rôle.

participants. Comme toutes les œuvres d'art, il crée des instants miraculeux dans le temps, de purs moments de bonheur. Sa matière écrite, le scénario déroulé par le maître du jeu, ne possède en lui-même aucune beauté. Il peut être aussi insipide que les règles du football, mais, comme elles, engendrer des miracles. Son domaine de prédilection n'est pas un terrain gazonné au cœur d'un stade bondé, il se déploie dans les circonvolutions de notre cerveau, et seules les technologies de numérisation cérébrale pourront en enregistrer les aléas, comme une caméra ceux des footballeurs.

Pour les connecteurs, l'invention du jeu de rôle par Dave Wesely, Dave Arneson et Gary Gygax constitue un évènement fondateur. Dans la seconde moitié du XXe siècle, il a une place égale à celle qu'occupe le surréalisme dans la première moitié. En même temps que nous explorons la réalité avec une pénétration inégalée, nous visitons virtuellement tous les mondes possibles. Avec mes amis, je me suis depuis longtemps débarrassé des contraintes fixées par la relativité générale d'Einstein et j'ai atteint les autres systèmes stellaires. Grâce au jeu de rôle, toute une génération a déjà quitté le monde matériel pour celui de la simulation. Nos exploits sont réels dans une autre réalité que celle dont parlent les médias. Réunis autour d'une table ou autour de nos ordinateurs connectés en réseau, nous interagissons et faisons émerger des beautés inédites.

CHAPITRE 8

NE PAS RATIONALISER

Faire confiance à l'intuition.

Les hommes n'ont pas toujours besoin de raisonner leur conduite pour la conformer à leurs intérêts.

Joseph Fiévée

La raison n'est-elle pas le bien propre de l'humanité ? Notre devoir n'est-il pas d'agir avec raison ? Sans doute puisque tout le monde nous l'ordonne depuis notre naissance. Mais cette raison n'a-t-elle qu'une facette, à savoir celle souvent qualifiée de cartésienne ?

— Ce serait un puissant briseur de mythes, l'auteur qui parviendrait à défaire le lien établi entre l'adjectif « cartésien » et la notion de rationalité, qui nous délivrerait de l'usage habituel de « cartésien » comme synonyme de « méthodique » et de « logiquement cohérent », écrit Jean-François Revel dans sa préface du *Discours de la méthode* de Descartes.

Mais en 1973, lors de la rédaction de cette préface, Norbert Wiener, le briseur de mythes, reposait déjà en paix depuis presque dix ans. Il avait donné naissance au mouvement cybernétique et tous les cybernéticiens s'étaient évertués à séparer «cartésianisme» et «rationalité». Leurs successeurs, Evelyn Fox Keller, Lee Segel, Craig Reynolds, Carlos Gershenson... et tous les spécialistes de l'auto-organisation leur emboîtèrent le pas. Ils rejetèrent la méthode cartésienne: pour eux, un problème ne peut être découpé en sous-problèmes plus simples, eux-mêmes subdivisés à leur tour. Lorsque les parties sont aussi complexes que le tout, dans le cas d'une invariance d'échelle par exemple, la méthode cartésienne, aussi appelée réductionnisme, échoue. Lorsque des myriades d'agents interagissent – ou ne serait-ce qu'une poignée –, notre entendement ne peut suivre leurs interactions.

— Aujourd'hui, pratiquement tous les grands problèmes scientifiques irrésolus possèdent ce caractère hautement interactif, écrit Steven Strogatz[108]. [...] Dans chaque cas, des structures surprenantes émergent spontanément. La richesse du monde qui nous entoure est due, en grande partie, à de miraculeuses auto-organisations. Malheureusement, nos cerveaux ne sont pas très bons pour analyser ces problèmes. Nous sommes habitués à penser en termes de contrôle centralisé, de commandement direct, de causes et d'effets obéissant à une logique évidente. Mais, dans les grands ensembles avec de nombreuses interconnexions, quand chaque agent affecte tous les autres, notre façon habituelle de penser s'écroule.

---

108 Steven Strogatz, *Sync: how order emerges from chaos in the universe, nature and daily life*, 2003.

Nous n'avons plus d'autre choix que de nous confronter à la complexité. Nous ne pouvons pas éternellement découper les problèmes en problèmes plus simples. Pourtant, depuis Descartes, les scientifiques n'ont cessé de s'atteler à cette tâche. Avec la théorie du tout, loi physique unificatrice des forces de la nature, ils rêvent de la mener à son terme. Mais après ?

— Avez-vous déjà vu un enfant briser son jouet favori ? demande Albert-László Barabási[109]. Avez-vous alors vu ce petit bout de chou pleurer de dépit lorsqu'il comprend qu'il ne peut pas recoller les morceaux épars ? Eh bien, il y a un secret qui n'a jamais fait la une des journaux : nous avons émietté l'univers et n'avons aucune idée de comment le reconstruire. [...] Le réductionnisme a guidé les scientifiques tout au long du XXe siècle. Il nous dit que pour comprendre la nature, nous devons d'abord déchiffrer ses composants. Il suppose que, une fois les parties comprises, nous comprendrons l'ensemble. [...] Aujourd'hui, nous sommes très près de tout savoir au sujet des morceaux. Mais nous sommes toujours aussi loin de comprendre la nature dans son ensemble.

Nous devons dès lors abandonner le cartésianisme et inventer une nouvelle forme de rationalité qui, aux yeux de l'ancienne rationalité, peut apparaître irrationnelle. Lorsqu'un scientifique étudie une structure complexe, par exemple une termitière, il est incapable de savoir *a priori* si elle résulte d'une émergence. Comme il ne peut décomposer la termitière en parties plus simples,

109 Albert-László Barabási, *Linked : how everything is connected to everything else and what it means for business, science, and everyday life*, 2002.

ce qui reviendrait à appliquer la méthode réduction-niste – encore appelée descendante ou *top-down* –, il cherche à identifier les règles qui sous-tendent la structure et essaie de la recréer à partir de ces dernières, suivant une approche ascendante, ou *bottom-up*. Ainsi la nouvelle rationalité exige avant tout de reconstruire ce que nous observons. Trouver les règles qui, grâce à une simulation numérique, mènent à la termitière nous suffit. Nous n'essayons même pas de saisir les multiples interactions locales qui se produisent au cours du processus. Nous savons que c'est impossible. La dynamique des processus historiques ne peut que nous échapper. Nous avons renoncé à tout comprendre, à tout maîtriser.

La méthode poétique

S'il est déjà difficile de montrer qu'une structure émerge de l'application de quelques règles, il est encore plus difficile d'inventer de nouvelles structures. Habituellement, lorsqu'un scientifique ou un technicien travaillent, le cartésianisme les guide pas à pas. Il les incite à hiérarchiser le problème puis à le résoudre étape par étape. Pour dessiner une voiture, une fois que nous avons esquissé sa silhouette, nous savons qu'il faut concevoir un ensemble d'éléments distincts – roues, moteur, carrosserie... –, chacun d'entre eux étant souvent constitué de plusieurs pièces : une jante, un enjoliveur et un pneu pour une roue. Mais que faire pour créer une structure émergente ne possédant pas à proprement parler d'éléments distincts, ou dont les éléments apparaissent spontanément ?

Pour construire une termitière, nous savons qu'il n'est pas nécessaire d'imaginer des arches, des couloirs ou des murs. Trois règles élémentaires appliquées des milliers de fois suffisent, par réaction en chaîne, par accumulation, à bâtir la structure désirée, et faire en sorte qu'elle s'auto-assemble. La solution au problème est contenue dans un jeu restreint de contraintes. La moindre variation dans une règle change du tout au tout la structure émergente, voire engendre le chaos et ne mène à aucun résultat. Comme Craig Reynolds avec le vol des oiseaux, nous devons trouver le bon cocktail initial du premier coup. Nous devons aller droit à la solution. Le cartésianisme ne pouvant nous aider, nous n'avons d'autre choix que de faire confiance à l'intuition, à celle de Carlos Gershenson par exemple, qui eut soudain l'idée de responsabiliser chacun des feux d'une ville.

Et ce n'est pas un hasard si Carlos, en plus d'être scientifique, est aussi peintre et poète. À l'image des cybernéticiens, c'est un généraliste. L'ingénieur du futur écoutera ses intuitions puis les testera avec des simulations. Pour nous, l'art rejoint la science, la technique devient un art, Léonard de Vinci, ce généraliste parmi les généralistes, est un modèle. Quand des millions d'interactions se produisent simultanément, nous faisons plus que jamais confiance à notre intuition. La méthode poétique chère à Rainer Maria Rilke remplace la méthode cartésienne.

D'une certaine manière, cette méthode, décrite en 1908 par Henri Poincaré[110], se déroule en quatre étapes.

(1) *Travail* : on cherche à résoudre un problème, à écrire un texte, à composer une musique…

---

110 Henri Poincaré (1854–1912), *L'invention mathématique*, 1908.

(2) *Incubation* : on se détourne de la recherche, on n'y pense plus, mais l'inconscient poursuit le travail.

(3) *Illumination* : alors qu'on ne s'y attend pas, la solution jaillit.

(4) *Vérification* : reste à valider l'intuition, c'est-à-dire à reprendre le travail.

Pour les connecteurs, cette méthode peut s'exprimer encore plus simplement, surtout sans recourir au concept suspect d'inconscient[111].

(1) *Travail* : analyse du problème, recherche éventuelle de solutions inventées par l'évolution.

(2) *Rêverie* : laisser libre l'inspiration poétique, quel qu'en soit le mode opératoire.

(3) *Simulation* : tester l'intuition sur ordinateur.

Puisque notre entendement est incapable de se confronter à la complexité, nous le mettons entre parenthèses le temps d'une simulation. Si nous avons une intuition, nous essayons de voir quelles seront ses conséquences dans une réalité virtuelle. Platon, pour tester l'existence du monde des idées, ne s'est pas enfermé dans une caverne. Les philosophes, jusqu'à l'avènement de l'âge numérique, restaient de purs intellectuels, élaborant des systèmes logiques et abstraits. Craig Reynolds, quant à lui, aurait pu discuter indéfiniment du vol des oiseaux avec ses collègues, chacun proposant des hypothèses invérifiables. Au contraire, il testa ses hypothèses, comme le fait un physicien. Son ordinateur devint son laboratoire.

---

111 Car comment parler d'inconscient alors que nous sommes encore incapables de définir la conscience ?

Cette approche nous éloigne du monde des cols blancs et des ingénieurs cravatés. La créativité devient la valeur suprême. Nous devons tous la cultiver et surtout ne pas croire que sa mise en œuvre exige des moyens faramineux. Carlos Gershenson nous prouve, par exemple, que la gestion du trafic routier dans une ville ne nécessite pas de supercalculateurs. Il suffit de distribuer une intelligence mineure à chacun des croisements pour qu'émerge une intelligence en essaim. La puissance de calcul n'est pas un problème central dans la course à l'intelligence artificielle, qui passe avant tout par l'invention d'un nouveau mode de programmation des logiciels, un mode plus libre, plus artistique, dégagé du vieux cartésianisme[112].

— J'avais toujours pensé que les informaticiens étaient les plus bornés des cartésiens.

— Ceux des nouvelles générations ne le seront plus.

— Vous prenez vos désirs pour des réalités.

— J'espère que non. La rêverie qui mène à l'illumination peut être vue comme le jaillissement d'une nouveauté, l'émergence d'une structure. Voici une nouvelle interprétation de l'intuition. Nous utiliserions notre cerveau comme un simulateur[113]. Incapables de prévoir l'avenir et d'anticiper ce qui résulte de l'application d'un

112 Les neurologues étudient la conscience suivant une approche *top-down*, ils partent de ce qui existe, le cerveau. Les informaticiens essaient de tout reconstruire à partir de zéro suivant une approche *bottom-up*. Les deux approches se complètent.
113 En 1976, dans *The Selfish Gene*, l'évolutionniste Richard Dawkins supposait que l'évolution avait inventé la simulation au même titre que la vision. La simulation est une bonne façon de tenter des expériences sans courir de risques. C'est un avantage indéniable.

ensemble de règles, nous faisons tourner la simulation pour voir ce qu'il advient. En ce sens, les ordinateurs multiplient notre intelligence, car ils simulent plus vite et plus précisément qu'elle.

Le principe d'incomplétude

La bonne vieille raison n'a pas attendu l'invention des ordinateurs pour subir le coup de grâce. Au contraire, nous pouvons même affirmer que le coup de grâce qui lui fut porté en 1931 conduisit à l'invention des ordinateurs.

Replongeons dans le contexte de l'époque. Animés par l'esprit positiviste, persuadés de la toute-puissance de la science, philosophes et mathématiciens tentaient de définir un langage rigoureux dans lequel toutes les propositions pourraient être prouvées ou infirmées. Ils essayaient d'élaborer un langage complet, autosuffisant, afin d'exprimer les vérités logiques. En 1928, David Hilbert, le ponte de l'université allemande de Göttingen, le mathématicien le plus influent de son temps, posa trois questions à ses collègues.

(1) Peut-on prouver qu'un univers mathématique est consistant (dans cet univers, une proposition et son contraire ne peuvent être prouvés en même temps) ?

(2) Peut-on prouver qu'un univers mathématique est complet (toutes les propositions vraies peuvent être prouvées à partir des axiomes définissant l'univers lui-même) ?

(3) Existe-t-il une méthode mécanique, sous-entendue pas à pas, pour construire une preuve ou une réfutation de n'importe quelle proposition ?

Bien sûr, Hilbert et ses collègues étaient persuadés qu'ils répondraient par l'affirmative aux trois questions.

Pour eux, tout était explicable, tout était démontrable en suivant une méthode rigoureuse. L'intuition n'avait pas sa place dans la pensée logique. En 1931, Kurt Gödel, alors âgé de 24 ans, mit brutalement fin à leurs espoirs. Ce jeune mathématicien d'origine tchèque qui travaillait à Vienne démontra le théorème le plus fondamental du xxe siècle, peut-être de toute l'histoire des mathématiques.

En arithmétique, il existe des propositions sur les nombres entiers qu'on ne sait pas démontrer, c'est-à-dire ni prouver leur vérité, ni leur fausseté. Gödel les appela indécidables. En logique, les Grecs avaient déjà découvert un exemple fameux de proposition indécidable[114]. Si un Crétois affirme que tous les Crétois sont des menteurs, il est impossible de démontrer s'il dit vrai ou non : s'il dit vrai, les Crétois sont tous des menteurs, donc il ne peut dire vrai ; s'il ment, les Crétois ne sont pas des menteurs, donc il ne peut mentir.

Les positivistes avaient tenté de résoudre ce problème en ajoutant à la logique un axiome qui interdisait les propositions faisant référence à elles-mêmes (fonctions récursives[115]). Ils avaient ainsi cru se tirer d'affaire, mais Kurt Gödel les détrompa. Il démontra que, si l'on ajoute des axiomes pour interdire les propositions indécidables, on peut, grâce aux nouveaux

---

114 Épiménide l'aurait formulé en disant : « Cette affirmation est fausse. » Si elle est fausse, c'est donc qu'elle est vraie, et si elle est vraie, c'est donc qu'elle est fausse.

115 Une fonction récursive ressemble, dans le domaine mathématique, au feedback étudié par les cybernéticiens : la sortie – une valeur calculée ou un signal électrique, en d'autres mots une information – est renvoyée vers l'entrée. Il est souvent tentant de comparer notre conscience à une fonction récursive tant elle semble boucler sur elle-même.

axiomes ajoutés, créer de nouvelles propositions indécidables (écrire de nouvelles fonctions récursives). L'incomplétude est intrinsèque, rien ne peut l'empêcher.
Avec son théorème, Kurt Gödel répondait par la négative aux deux premières questions de David Hilbert.

Hors des mathématiques, le théorème d'incomplétude eut des conséquences rassurantes, même enthou-
siasmantes : l'incomplétude de l'arithmétique impliquait l'impossibilité de tout connaître. Dans le monde,
au moins dans celui des mathématiques, des choses
resteront éternellement incertaines et nous pourrons
jouer avec elles. Notre exploration des possibles ne cessera jamais. La réalité dépassera toujours ce que nous
pourrons en dire. Les connecteurs vivent avec cette idée
résolument optimiste ancrée en eux. Le monde restera
toujours à découvrir et à façonner. Nous ne sommes pas
prisonniers d'un carcan rigide et inaltérable. Comme l'a
écrit Joe Strummer, « The future is unwritten ».

La machine de Turing

La démonstration de Gödel laissa les mathématiciens en état de choc. Ils se doutaient maintenant
que la troisième question de David Hilbert aurait une
réponse négative. Il n'existait sans doute pas de méthode
mécanique pour construire une preuve ou une réfutation de n'importe quelle proposition. Mais qu'est-ce
qu'une méthode mécanique ? En 1936, pour éclaircir
ce concept, Alan Turing, nouvellement chargé de cours
au King's College de Cambridge, imagina une machine
à calculer universelle *(universal computing machine)*,
appelée machine de Turing, capable de reproduire le
comportement de n'importe quelle autre machine à

calculer. En d'autres mots, cette machine pouvait effectuer tous les calculs possibles pour une machine, ce n'était ni plus ni moins qu'un ordinateur. Grâce à un logiciel, elle simulait les autres machines.

La machine de Turing était virtuelle, c'était une construction logique élaborée par un mathématicien de 24 ans – décidément un âge béni – pour prouver que toutes les fonctions mathématiques peuvent être décrites en un nombre fini d'opérations élémentaires (Turing ne disait pas programmé, mais *computable*). Comme la machine de Turing était capable d'effectuer tous les calculs possibles pour une machine, il suffisait qu'elle ne puisse en effectuer un pour obtenir une réponse négative à la troisième question de David Hilbert.

Turing découvrit qu'un programme qui boucle sur lui-même ne fournit jamais de résultat parce qu'il ne s'arrête jamais. Certaines fonctions ont beau être programmables, elles n'en restent pas moins *non computable*. Depuis, les informaticiens ont découvert, à leurs dépens, que de telles fonctions causent de nombreux bugs. Mathématiquement, un programme qui boucle sur lui-même est une fonction récursive. Ainsi, en généralisant le théorème de Gödel pour réfuter la troisième proposition de David Hilbert, Turing inventa l'ordinateur.

Avec sa démonstration, il prouva que toute fonction mathématique est programmable. L'informatique devint dès lors un nouveau langage mathématique, un nouveau formalisme, reposant sur l'enchaînement mécanique d'opérations élémentaires. Comme les mathématiques étaient incomplètes, l'informatique ne pouvait que l'être aussi : il y avait des calculs impossibles, un programme qui boucle ne peut savoir quand il cessera de le faire. Toutes les opérations étaient programmables, mais tous les programmes ne finissaient pas par donner un résultat. L'informatique, malgré sa structure pas à pas, en apparence cartésienne, niait en son cœur la toute-puissance de la raison. Et elle n'allait pas tarder à la défier, en imposant aux informaticiens une chasse aux bugs qui ne pouvait avoir de fin.

En 1936, Turing avait rêvé l'informatique, mais la machine à calculer universelle paraissait au-delà des possibilités technologiques de l'époque. Il fallut une guerre mondiale pour mobiliser la communauté scientifique et faire d'un rêve une réalité. À Bletchley Park, dans le Buckinghamshire, entre Cambridge et Oxford, l'armée anglaise construisit, avec l'aide de Turing, des machines à calculer universelles qui déchiffrèrent les messages codés échangés par l'armée allemande. Le 8 décembre 1943, les ingénieurs britanniques mirent en route le Colossus, premier ordinateur moderne. Il était électronique, numérique et partiellement reprogrammable. Il avait deux ans d'avance sur l'ENIAC des Américains[116], construit sous la supervision de John von Neumann. En même temps que la vieille Europe s'écroulait, nous entrions dans l'âge digital.

Cet âge apparaît pour beaucoup comme celui de la technologie toute puissante aux mains d'une intelligentsia qui serait seule à en maîtriser la complexité. Mais un ordinateur est-il si complexe que ça ? Est-il une abomination ? Quelque chose d'étranger à la nature ? En 1943, le neurobiologiste et futur cybernéticien Warren McCulloch et le logicien Walter Pitts démontrèrent

---

116 Electronic Numerical Integrator And Computer.

qu'un réseau de neurones pouvait simuler une machine de Turing. Certes, notre cerveau n'était pas un ordinateur, mais il pouvait en reproduire le fonctionnement. La nature nous avait donc déjà précédés dans l'invention de la machine à calculer universelle.

Cette machine, contrairement aux idées reçues, n'est pas hypercomplexe. En théorie, elle n'a besoin de presque rien pour fonctionner. Prenons le *Jeu de la vie* par exemple, qui fait se succéder des générations de cellules. Il est facile d'y jouer sur des feuilles de papier quadrillées. Eh bien, malgré cette simplicité, plusieurs scientifiques, dont Paul Rendell et Paul Chapman[117], découvrirent des configurations de plus de 200 000 cellules se comportant comme un microprocesseur (fig. 22). En d'autres mots, ces configurations dessinent des machines de Turing. Pas très efficaces – il leur faut des milliers de générations de cellules pour réaliser une simple addition –, elles fonctionnent tout de même. Nous avons la démonstration qu'un mécanisme simple, tel celui du *Jeu de la vie*, peut se transformer en un calculateur universel.

De son côté, Stephen Wolfram, en collaboration avec Matthew Cook, prouva que l'automate cellulaire 110 pouvait lui aussi être assimilé à une machine de Turing. On comprend alors mieux pourquoi Wolfram suppose que les automates cellulaires peuvent nous aider à déchiffrer les mécanismes les plus intimes de la nature. Si l'évolution a inventé le réseau de neurones, elle a peut-être aussi inventé les automates cellulaires, notamment l'automate 110. Dès lors, grâce à lui, elle a pu

---

117 Life Universal Computer.

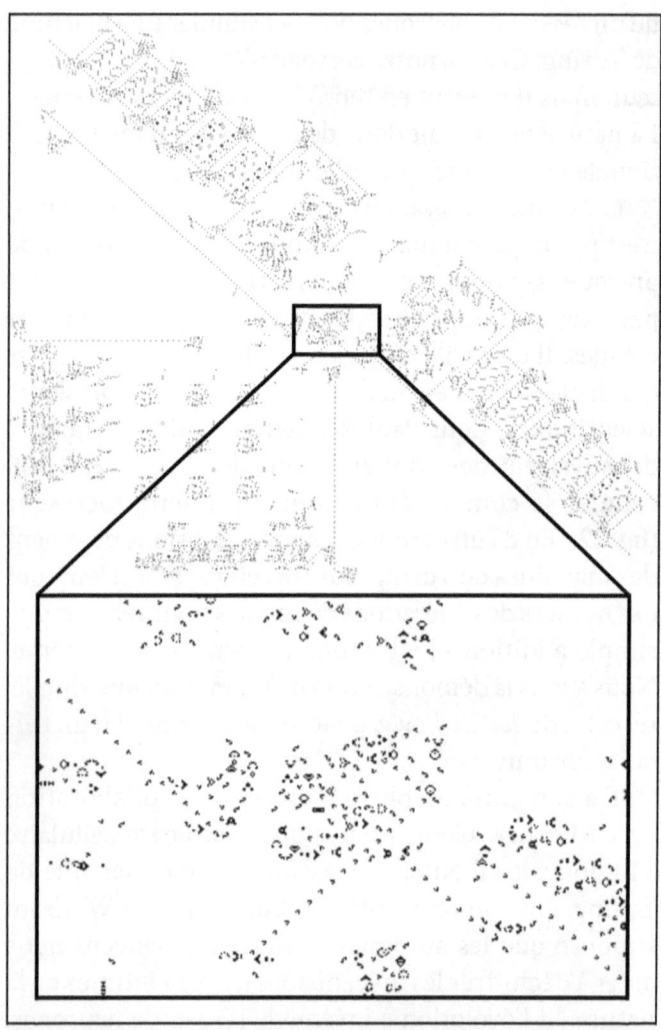

Figure 22 Imaginée par Paul Rendell en 2001, cette configuration de près de 200 000 cellules dessine dans le Jeu de la vie une machine de Turing. Elle démontre qu'un ordinateur peut être créé à partir de règles simples et qu'il n'est donc pas une machine complexe.

faire se succéder des générations de cellules et engendrer la diversité des formes qui foisonnent dans l'univers.

— Wolfram va plus loin, il suppose que le monde peut être décrit par un automate cellulaire.

— Pour lui, puisque nous pouvons simuler le monde avec un ordinateur, rien n'empêche que le monde fonctionne comme une simulation, qu'il repose sur un programme qui en constituerait la physique la plus élémentaire.

— Je vois une faille à ce raisonnement : la fameuse incomplétude des mathématiques comme celle de l'informatique. Un monde simulé n'est-il pas incomplet ? Ne risque-t-il pas de bugger et de boucler sur lui-même comme un fou ?

— En 1947, d'une certaine façon, Turing répondit à cette objection.

À l'époque, beaucoup de scientifiques s'appuyaient sur le principe d'incomplétude pour affirmer qu'un ordinateur ne pourrait jamais être intelligent. Dans une situation indécidable comme celle du Crétois qui affirme que tous les Crétois sont des menteurs, l'ordinateur serait pris au piège. Incapable de suspendre son jugement comme nous savons le faire, il s'enfermerait dans une boucle infinie. Turing fit alors remarquer qu'il suffirait de créer des machines faillibles. Le hasard, sous forme de bugs, les forcerait à un moment ou à un autre à sortir des boucles. Après coup, les programmes pourraient mesurer la pertinence de leurs choix forcés par le hasard. Ils se modifieraient eux-mêmes et apprendraient de leurs erreurs. Turing introduisit ainsi le concept d'évolution en informatique.

— Plutôt que simuler un esprit adulte, dit-il en 1950, pourquoi ne pas simuler celui d'un enfant?

La simulation apprendrait au fur et à mesure de sa vie. La machine intelligente se construirait d'elle-même à partir d'un grand nombre de modules individuels qui interagiraient et apprendraient de leurs erreurs. Pour Turing, le monde était complexe parce qu'il évoluait, parce qu'il avait une histoire qui l'empêchait de se répéter. De ce fait, l'intelligence était profondément désordonnée et imprévisible : les machines intelligentes ne pourraient donc être construites sans posséder en leur cœur un noyau d'incertitude. De cette faiblesse naîtrait leur sensibilité, voire leur humanité.

En 1958, Oliver Selfridge, reprenant les idées de Turing, réussit à créer un programme capable d'apprendre. Le *Pandemonium* mettait en œuvre un essaim de petits programmes, appelés démons, qui savaient reconnaître des formes élémentaires (lignes verticales, lignes horizontales, cercles, points…). Lorsqu'ils identifiaient une forme, ils transmettaient l'information à des démons supérieurs chargés de reconnaître les lettres de l'alphabet. Lorsqu'une lettre était présentée au système, chacun des démons supérieurs indiquait la probabilité que la lettre soit un a, un b… Celui qui trouvait la bonne réponse privilégiait alors les sources d'information qu'il avait aléatoirement retenues pour son choix. Par exemple, le démon supérieur chargé de repérer les i sélectionnait le démon spécialisé dans les lignes verticales et le démon spécialisé dans les points. Au fur et à mesure, le *Pandemonium* se transforma en un programme de reconnaissance des caractères.

Turing n'eut malheureusement pas la chance de connaître cette innovation. En 1952, l'inventeur de l'ordinateur, ce héros de la Seconde Guerre mondiale – dont les exploits étaient encore tenus secrets –, fut accusé d'«indécence grave contraire à l'amendement 11 de la loi criminelle de 1885», c'est-à-dire de pratiquer l'homosexualité. Pour éviter l'emprisonnement, il accepta de subir une castration chimique. Il se suicida le 7 juin 1954 en croquant une pomme enduite de cyanure, pomme croquée dont inconsciemment Steve Jobs fera le logo d'Apple vingt ans plus tard[118]. En Angleterre, l'amendement 11 de la loi criminelle de 1885 ne sera révisé que le 21 juin 1998. Le lendemain de ce jour, une plaque commémorative fut posée sur la maison où naquit Turing, à l'occasion du quatre-vingt-sixième anniversaire de sa naissance. Les connecteurs honoraient leur martyr.

Les cyberpunks

En 1961, sept ans après la mort de Turing, Victor Vyssotsky, un informaticien des Bell Labs, reprit à son compte l'idée d'évolution en informatique. Il imagina un jeu appelé *Darwin* dans lequel des programmes avaient pour but de se combattre et de se détruire afin de devenir les maîtres d'un espace mémoire. Son collègue Douglas McIlroy développa un simulateur où de tels programmes pouvaient vivre, et les parties commencèrent sur un IBM 7090. Un troisième informaticien, Robert Morris Senior, conçut alors un programme

---

118 Sadie Plant, *Zeroes and Ones*, 1997. Laurent Lemire, *Alan Turing, l'homme qui a croqué la pomme*, 2004.

dévastateur capable d'évoluer grâce à des mutations introduites au hasard.

— Mais nous avions autre chose à faire, expliqua McIlroy.

Ils abandonnèrent leur jeu et l'oublièrent, d'autant plus que l'IBM 7090 passa de mode. Mais, par un chemin détourné, leur idée de programme combattant refit son apparition au début des années 1970. À cette époque, un autre jeu appelé *Animals* était devenu populaire chez les informaticiens. Le joueur devait penser à un nom d'animal que le programme devait deviner en posant vingt questions. S'il échouait, il demandait au joueur d'indiquer une question qui aurait permis d'identifier l'animal. Comme l'avait suggéré Turing, un programme était devenu capable d'apprendre : au fil des parties, il enrichissait sa base de connaissances. Mais ce n'était que le début d'une histoire plus pernicieuse.

En 1974, John Walker, alors jeune informaticien, développa une version d'*Animals* sur un ordinateur UNIVAC[119]. Cette version du jeu connut un si grand succès que tous les utilisateurs d'UNIVAC voulurent en disposer. Ils envoyaient leurs bandes magnétiques à John Walker pour qu'il y copie le jeu.

— Cette opération répétitive m'ennuyait, dit-il, et je me suis demandé comment je pourrais distribuer autrement le jeu. J'ai alors pensé qu'il pourrait se reproduire tout seul.

En 1975, John Walker modifia *Animals* pour qu'il puisse dupliquer son code dans tous les dossiers de la machine sur laquelle il tournait et, éventuellement, sur

---

119 Universal Automatic Calculator.

d'autres machines connectées en réseau. En quelques semaines, *Animals* se propagea sur tous les UNIVAC. Le premier virus informatique était né[120]. C'était une créature artificielle comme John von Neumann en avait rêvé.

Dans le même temps, John Brunner écrivait *Sur l'onde de choc*[121], roman visionnaire mettant en scène le premier hacker de l'Histoire. Le hacker est un fou de technique qu'il ne faut pas confondre avec le craker, qui est un simple pirate. Dans l'esprit de John Brunner, les hackers sont des idéalistes qui sauveront le monde :

— Nickie Haflinger, informaticien génial et esprit rebelle, veut la ruine du réseau, nous dit la quatrième de couverture de l'édition française[122]. Mais que peut-il seul, face à un monde totalement soumis aux ordinateurs ?

Il peut tout, car il peut programmer des virus ! Pour la première fois dans l'Histoire, une œuvre d'art et une technologie se fécondèrent mutuellement. John Brunner venait d'inventer le hacker, ce rebelle du monde numérique qui se révolte avec son clavier en expédiant des virus sur le réseau, pendant que John Walker, admirateur de John Brunner, devenait le premier hacker. Quelques années plus tard, en 1982, il créa la société Autodesk Corporation pour développer et distribuer des logiciels de dessin et d'animation en 3D inspirés par ses auteurs de science-fiction favoris.

---

120 Le mot virus ne sera effectivement employé en informatique qu'à partir de 1984, date de publication par Fred Cohen d'un article où il mettait en garde contre le danger potentiel des programmes autorépliquants.

121 John Brunner, *The Shockwave Rider*, 1975.

122 J'ai Lu, 1982.

— Je les considère comme des penseurs, dit à leur sujet Marvin Minsky, l'un des plus éminents spécialistes de l'intelligence artificielle. Ils essaient de mesurer les conséquences et les applications de la technologie le plus finement possible. Dans quelques siècles, Isaac Asimov et Fred Pohl seront peut-être considérés comme les plus importants philosophes du XXe siècle, et les philosophes professionnels seront pratiquement oubliés, parce qu'ils sont superficiels et dans l'erreur, et que leurs idées ne sont pas très fécondes.

En 1982, pendant que John Walker, l'inventeur du premier virus, créait Autodesk Corporation pour concrétiser le rêve de ses auteurs de science-fiction fétiches, un jeune écrivain, William Gibson, publiait la nouvelle *Burning Chrome* dans le magazine *Omni*. Il y raconte comment deux hackers craquent des bases de données financières en pénétrant dans le *cyberspace*, mot inventé à cette occasion et qui allait à son tour engendrer de nouveaux rêves. Après les premières esquisses de John Brunner, une nouvelle mythologie s'inventait qui allait devenir réalité avec l'avènement du Web. Les deux hackers cow-boys de Gibson étaient des cyberpunks, ils allaient quitter les pages des romans pour se glisser entre les lignes du réseau des réseaux, armés de leurs programmes combattants. À cette occasion, l'idée de programmes évolutifs chère à Alan Turing allait prouver sa terrible efficacité, et la raison cartésienne subir un coup fatal.

Les algorithmes génétiques

En 1984, Alexander Keewatin Dewdney proposa aux hackers d'exercer leur art du piratage dans un nouveau jeu inspiré de *Darwin* : Core War. Les joueurs devaient créer des programmes, appelés guerriers, qui s'affrontaient en duel dans une lutte à mort. Les programmes étaient écrits en Redcode, un langage de bas niveau, et tournaient sur un simulateur au nom évocateur, MARS[123]. Une fois un programme lâché dans la mémoire du simulateur, il se débrouillait seul. Son but était de bloquer l'exécution de son ennemi pour l'empêcher de réussir une riposte fatale. Avant l'ouverture du Net, les hackers ne pouvaient pas rêver mieux pour exprimer leurs talents. Dans leur communauté underground influencée par William Gibson, *Core War* devint un must. Des tournois furent organisés – et le sont toujours depuis. La plupart des stratégies mises en œuvre par les virus informatiques ont été inventées puis perfectionnées grâce à ce jeu. Les programmes apprirent non seulement à se dupliquer (opération équivalente à la division cellulaire), mais aussi à se déplacer dans la mémoire, à s'y camoufler, à soigner leurs blessures et enfin à muter[124].

En 1989, quelques semaines avant le tournoi international annuel de *Core War*, John Perry, un jeune spécialiste de la vie artificielle à l'université de Los Angeles, décida de créer un guerrier d'un nouveau genre : il ne le programmerait pas lui-même, mais le laisserait se construire seul. Comme un organisme vivant, le programme s'arracherait au chaos initial, en l'occurrence une soupe primordiale de bits aléatoires, et évoluerait

---

123 Memory Array Records Simulator.
124 Les programmes autorépliquants sont appelés quines, du nom du philosophe Willard Van Orman Quine (1908–2000).

peu à peu, s'accouplant avec d'autres programmes issus du même néant.

— Des programmes font l'amour maintenant !

— Oui, ils mêlent leurs codes et engendrent de nouveaux programmes.

C'est en 1975 que John Holland[125], professeur à l'université du Michigan, montra comment des programmes pouvaient évoluer. Il suffit de choisir plusieurs programmes capables de résoudre un problème, par exemple définir le plus court chemin pour sortir d'un labyrinthe, puis de donner le droit aux victorieux de se féconder par *cross over*, opération qui, pour deux programmes, consiste à échanger aléatoirement des morceaux de leur code, exactement comme les gènes s'échangent entre les chromosomes d'un père et d'une mère. Des erreurs de copie peuvent par ailleurs se produire, engendrant des mutations. Si plusieurs chercheurs, au cours des années 1950 et 1960, s'étaient inspirés de l'évolution pour créer des programmes informatiques[126], John Holland réussit, lui, à poser les bases de la biologie binaire ou binologie. Il devint le père des algorithmes génétiques.

Au milieu des années 1980, l'informaticien David Jefferson et le biologiste Chuck Taylor, de l'université de Los Angeles, développèrent le premier algorithme génétique opérationnel. Appelé *Tracker*, il mit en concurrence des milliers de fourmis virtuelles, qui devaient suivre des chemins de phéromones. Les fourmis possédaient

125 John Holland, *Adaptation in Natural and Artificial System*, 1975.
126 Melanie Mitchell, *An Introduction to Genetic Algorithms*, 1998.

une seule compétence : tourner à droite ou à gauche et avancer d'une case. Pour le reste, leur stratégie de déplacement ne fut jamais programmée. Elle apparut d'elle-même, au fur et à mesure que les fourmis les plus performantes s'accouplaient par *cross over*.

En 1989, John Perry reprit donc à son compte la méthode du *cross over*. Mais le temps qu'il mette au point sa stratégie, il se retrouva à deux jours du tournoi international de *Core War*. Plutôt que de générer des guerriers aléatoirement à partir d'une soupe primordiale, il décida de confronter et d'accoupler des guerriers ayant concouru les années précédentes. Il économisa ainsi des milliers de cycles d'évolution.

— J'ai choisi les deux meilleurs guerriers issus de ma seconde génération [...] et les ai engagés dans le tournoi, dit-il. Les résultats ne me surprirent pas : les deux guerriers génétiques ne l'emportèrent pas. Mais, contre toute attente, ils ne finirent pas derniers. Ils se placèrent en avant-dernière place, ce qui signifie qu'ils bâtirent tous deux un programme écrit par un homme qui avait jugé son guerrier digne de concourir.

Encouragé, John Perry reprit l'expérience depuis le commencement. Tout d'abord, il généra aléatoirement une myriade de programmes et les introduisit un à un dans l'arène de combat. La plupart de ces guerriers aléatoires ne survivaient pas à leur naissance, leur code étant inopérant. Mais certains ne plantaient pas dès leur première exécution et pouvaient affronter trois adversaires de niveaux différents, choisis parmi les guerriers illustres de *Core War*. John Perry sélectionnait alors les guerriers aléatoires les plus performants et les faisait s'accoupler par *cross over*, avant de les introduire à nouveau dans l'arène. Au fil des générations, il réussit à créer des combattants redoutables, souvent plus doués que ceux patiemment développés par des hackers chevronnés. Il devenait évident qu'un processus évolutif, reposant sur le hasard, pouvait se montrer plus performant que le travail méthodique de notre raison. Ce fut un coup dur pour notre amour-propre. Sous les yeux de John Perry, l'évolution venait de démontrer une forme d'intelligence. Si elle cogite bien plus lentement que nous, elle n'en réussit pas moins des exploits : pour preuve, elle nous a créés – avec un programme très simple de type *cross over*[127].

Nous pouvons donc affirmer que nous ne sommes plus la seule forme d'intelligence vivant sur Terre. D'une certaine manière, nous ne l'avons jamais été, l'évolution nous a devancés et nous devons à présent cohabiter avec elle. À force de nous croire supérieurs à elle, nous avons oublié qu'elle nous avait engendrés, et nous avons même refusé d'admettre son intelligence. De la même façon, si un jour les ordinateurs développent une forme d'intelligence, nous risquons de ne pas la remarquer.

— [...] il est présomptueux de croire que l'intelligence artificielle fonctionnera à un niveau, ou une échelle de temps, que nous serons capables d'appréhender, écrit Georges Dyson[128].

À moins d'employer des algorithmes génétiques qui accélèrent l'évolution, nous ne percevons pas son

---

127 Stephen Wolfram a supposé que l'univers pouvait être décrit par quelques lignes de code. Avant que cette hypothèse soit vérifiée, nous montrerons peut-être que la vie elle aussi repose sur un code très simple.

128 George Dyson, *Darwin among the Machines*, 1997.

intelligence, car cette intelligence est plus lente que la nôtre. Vis-à-vis des machines, nous risquons d'éprouver la même difficulté : leur intelligence sera plus rapide que la nôtre et nous n'en prendrons peut-être jamais la juste mesure. Toutefois, quelle que sera la nature de cette intelligence, nous pouvons parier qu'elle abritera en son sein un générateur de hasard. Comme le prophétisait Alan Turing, les programmes, pour être intelligents, devront se montrer faillibles. Plutôt que d'être écrits pas à pas suivant la méthode cartésienne, ils évolueront, apprendront, innoveront et surprendront leurs géniteurs.

Suivant cette stratégie, Danny Hillis, l'inventeur du premier superordinateur parallèle, s'attaqua, en 1991, à un problème d'école : trier des nombres. En trente minutes de calcul, son algorithme génétique aboutit à un programme de tri nécessitant soixante-deux étapes, soit juste deux étapes de plus que le meilleur programme de tri jamais écrit par l'homme.

— Une des caractéristiques intéressantes du programme de tri qui a évolué au fil de mon expérience est que je ne comprends pas comment il fonctionne, explique Danny Hillis[129]. J'ai examiné méticuleusement la séquence d'instructions, mais je ne la comprends pas : je n'ai pas d'explication plus courte que la séquence elle-même. Il se pourrait que ce programme soit incompréhensible.

L'approche évolutionniste semble la seule adaptée à la résolution des problèmes complexes que notre entendement n'est pas capable d'englober d'un seul élan. Nous

---

129 Danny Hillis, *The Pattern on the Stone*, 1999.

ne programmerons pas les machines intelligentes du futur, nous les laisserons évoluer dans le cyberspace.

Dès à présent, de nombreux algorithmes utilisent le hasard et se montrent plus efficaces que les algorithmes purement déterministes. En 1993, trois ingénieurs de l'École nationale supérieure des télécommunications de Bretagne[130], Claude Berrou, Alain Glavieux et Punya Thitimajshima, proposèrent le Turbo Code, une méthode de correction des erreurs lors de la transmission d'informations. Le Turbo Code est deux fois plus performant que les codes plus anciens. Mieux : il approche à moins de 10 % la limite de Shannon, qui indique la quantité maximale d'informations qu'un canal de diffusion peut acheminer. Quand le Turbo Code sera installé sur les téléphones mobiles, ils auront besoin de deux fois moins d'énergie pour émettre ou, à énergie égale, dialoguer avec des émetteurs situés deux fois plus loin.

Le Turbo Code est d'autant plus fou que ses inventeurs n'ont jamais apporté de preuve mathématique de son efficacité. Seule l'expérience montre qu'il fonctionne. Et cela suffit aux connecteurs, qui n'oublient pas que l'évolution n'a jamais apporté de preuves pour justifier ses créations. Elle les a lâchées dans la nature et leur a demandé de démontrer qu'elles pouvaient survivre.

Mais tous les informaticiens ne ressemblent pas à Claude Berrou, Alain Glavieux et Punya Thitimajshima. La plupart d'entre eux croient à la possibilité de programmer avec méthode. Chez les éditeurs de logiciels, les chefs de projets n'écrivent jamais une ligne

---

130 Il s'agit en fait de la redécouverte du LDPC, code proposé par Robert Gallager en 1963 mais oublié entre-temps.

de programme. C'est une aberration. D'une certaine façon, Gödel et Turing ont démontré qu'en mathématique l'intuition devait prendre le pas sur la méthode. Comme l'informatique est une branche des mathématiques, l'intuition devrait aussi y régner. En niant cette toute-puissance de la créativité, Microsoft a ainsi été incapable de développer une nouvelle version de Windows révolutionnaire. Un informaticien doit programmer, il n'y a pas de place dans sa discipline pour des superviseurs et des chefs. Chacun doit mettre au point des modules qui interagiront avec ceux des autres. Les informaticiens doivent « penser réseau » dès le plus bas niveau, exactement comme le fait l'évolution. Ils doivent imiter les artistes, qui pensent leur œuvre et la réalisent eux-mêmes.

Les bugs créatifs

Au cours de l'évolution, un virus emprisonné par symbiose dans une vésicule primitive conduisit vraisemblablement au premier eucaryote, cellule avec noyau. Ce bug déclencha le fantastique enchaînement causal qui mena jusqu'à nous. De même, dans l'histoire des sciences, des bugs conduisirent à des découvertes fondamentales.

À Londres, fin août 1928, un champignon aspiré par un appel d'air s'engouffra dans un soupirail et termina sa course sur la table d'un laboratoire où une culture bactérienne avait été laissée exposée. Les jours passèrent et une moisissure verdâtre se développa au-dessus de la culture. Le 3 septembre, quand le responsable du laboratoire, Alexander Fleming, rentra de vacances, il resta stupéfait.

— That's funny! s'exclama-t-il après quelques secondes.

Il examina la culture au microscope et constata que les bactéries étaient mortes, tuées par le champignon, un certain *Penicillium notatum*. Le premier antibiotique venait d'être découvert par hasard. Grâce à sa perspicacité, Fleming avait joué le même rôle que la sélection naturelle dans la nature : il avait laissé survivre un bug qui allait se révéler utile. Ainsi, contre toute idée reçue, les bugs ne sont pas nécessairement néfastes.

Dans le vaste écosystème numérique, ils peuvent être considérés comme des mutations. Si la plupart des informaticiens s'efforcent de les traquer, les hackers cherchent au contraire à les favoriser. Lorsqu'ils diffusent un nouveau virus, sorte de bug volontaire, ils donnent un coup de pouce à l'évolution. Ils espèrent secrètement qu'une mutation positive se produira et qu'une innovation surgira d'elle-même. Comme Alexander Fleming, ils ont appris, lorsqu'ils programment, à garder leur perspicacité en éveil. Adeptes de la méthode poétique, ils ne rejettent pas par principe les créations hasardeuses. Ils savent que si le plus souvent elles bloquent l'ordinateur, parfois elles sont d'une créativité étonnante, envoyant sur les écrans des images que le plus habile des graphistes aurait bien du mal à reproduire (fig. 23).

— Case avait 24 ans, écrit William Gibson. À 22, il était un cow-boy, un braqueur, l'un des tout bons de Zone. Sa formation, il la tenait des meilleurs, les McCoy Pauley et autres Bobby Quine, des légendes dans le métier. Il avait opéré en trip d'adrénaline pratiquement permanent, un sous-produit de la jeunesse et de la compétence, branché sur une platine de cyberspace maison qui projetait sa conscience désincarnée au sein de l'hallucination consensuelle qu'était la matrice. Voleur, il avait travaillé pour d'autres voleurs plus riches, des employeurs qui lui fourguaient le logiciel bien particulier requis pour pénétrer les murs brillants des réseaux des grosses sociétés, pour tailler des ouvertures dans les riches champs de données.

Ce portrait, extrait du *Neuromancien*, roman culte du mouvement cyberpunk publié en 1991, résume un état d'esprit. Le Web n'existait pas encore, mais William Gibson en avait mis en scène les potentialités les plus extrêmes, celles d'un réseau où des hommes et des programmes interagissent en une véritable symbiose.

— Des romans comme *Les Misérables* ou *La Case de l'oncle Tom* furent à l'origine de révolutions sociales, mais, jusqu'à la publication du *Neuromancien*, aucun texte n'avait déclenché une révolution technologique, aucune esthétique n'avait engendré des artefacts, écrit Mark Pesce[131].

Cet ancien jeune génie de l'informatique était le mieux placé pour oser une telle affirmation. Après avoir lu Gibson, il inventa le VRML[132], langage de modélisation de réalités virtuelles qui matérialisait la vision d'un cyberspace tridimensionnel. À cette occasion, il démontra comment la culture underground issue de la science-fiction et du punk-rock était en train de prendre le dessus sur la vieille culture issue des Lumières. Après avoir remplacé la méthode cartésienne par l'intuition aidée de la simulation, nous avons compris la nécessité

---

131 Mark Pesce, "Magic Mirror: The Novel as a Software Development Platform".
132 Virtual Reality Modeling Language.

d'introduire du hasard au cœur même des programmes informatiques. Au final, nous avons conclu que le hasard jouait aussi un rôle capital dans notre propre intelligence. Ainsi le hacker n'est pas qu'un hors-la-loi, c'est aussi un fou de technologie qui sait que de l'effervescence propre à tout bouillonnement culturel peut jaillir de la nouveauté. Envoyer des virus sur Internet revient à augmenter la température sous la marmite. Le hacker, ce générateur de chaos dans le monde hiérarchisé et centralisé – dorénavant représenté par les grandes corporations – est le véritable novateur de notre temps.

CHAPITRE 9

NE PAS CROIRE

Le hasard comme Dieu, l'évolution comme religion

Tout ce qui existe dans l'univers est le fruit du hasard et de la nécessité.

Démocrite

Au début de chaque cycle cosmique, Brahma émerge du nombril de Vishnu, lequel est couché endormi sur le serpent d'éternité qui baigne dans les eaux primordiales. Alors apparaît un phallus de feu infini : Brahma se transforme en oie et décide d'en trouver le sommet ; Vishnu se transforme en sanglier fouisseur et décide d'en trouver la base. Tous deux échouent et se prosternent devant le phallus. Shiva en jaillit et leur explique qu'ils sont nés de lui. Ainsi se compose la triade des dieux hindoue : Brahma le créateur, Vishnu le conservateur et Shiva le destructeur. Le monde commence, s'épanouit et succombe avant de renaître indéfiniment.

Au XIXe siècle, cette mythologie passionna les intellectuels occidentaux, surtout allemands, qui

Figure 23 Les informaticiens ne conservant jamais les résultats de leurs erreurs, j'ai dû fouiller dans de vieux résultats d'impression pour trouver la trace d'un bug créatif. J'en ai vu de bien plus spectaculaires défiler sous mes yeux sans jamais avoir eu le réflexe de les capturer.

découvrirent que les mots « dieu », « paradis », « soupe », « nid » et les chiffres « deux », « trois » ou « quatre » avaient une origine sanskrite. Ils traduisirent les Upanishad et les Veda, et la sagesse orientale devint à la mode. En 1918, à Munich, l'historien Oswald Spengler participait à cette mouvance, s'inspirant également d'Héraclite, le philosophe grec de l'Éternel retour. Dans son livre monumental, *Le Déclin de l'Occident*, Spengler avança la théorie selon laquelle l'histoire de toute civilisation parcourt un cycle immuable qui se divise en quatre saisons, comme une année ordinaire. Pour l'Antiquité, l'Inde, l'Arabie et l'Occident, tout commence avec le printemps, les promesses, et s'achève avec l'hiver glacial. Une civilisation ressemblerait à un organisme vivant, qui prospère avant d'atteindre sa maturité et de dépérir. Les cycles reviendraient immuablement, suivant les mêmes étapes, les mêmes transitions dans les arts comme dans la politique. Tout se répéterait, à quelques variantes près.

Spengler niait l'existence de véritable nouveauté et la force créative du hasard : il essaya de nous enfermer dans un piège historique et eut l'audace de prétendre formuler « une pensée irréfutable qui ne serait plus discutée une fois prononcée ». Cette assurance excessive ne pouvait que révéler un manque d'humilité, et surtout un manque total de culture scientifique ; à savoir, comme le postulerait quelques années plus tard Karl Popper[133], que toute théorie doit être falsifiable, c'est-à-dire qu'il doit être possible de la réfuter au profit d'une théorie plus performante. Une pensée « qui ne serait

---

133 Karl Popper, *La Logique de la découverte scientifique*, 1934.

plus discutée » est une pensée morte. Mais Spengler, par son arrogante assurance, réussit à convaincre ses contemporains, quand bien même il usa d'une méthode contestable.

Pour asseoir ses thèses, il choisit les faits qui lui convenaient et oublia ceux qui n'entraient pas dans son schéma. Il fit dire aux évènements ce qu'il avait envie d'entendre afin de prouver que les aléas historiques cachaient des cycles comparables à ceux des planètes dans le ciel. Animé par l'esprit positiviste, Spengler cherchait à faire de l'Histoire une science dure. De spectateur du passé, il voulait se transformer en oracle du futur. Cinquante ans plus tard, la découverte des états critiques auto-organisés mit à terre ce rêve : l'avenir était imprévisible parce qu'il ne se répétait jamais. La croyance en l'éternel retour n'était plus possible et, avec elle, beaucoup d'autres chimères, notamment judéo-chrétiennes, partirent en fumée.

L'idée d'une complexité issue de la simplicité a des conséquences philosophiques incalculables qui soustendent, consciemment ou non, la pensée des connecteurs. Comme l'ont montré Craig Reynolds avec les oiseaux ou Pierre-Paul Grassé avec les insectes, la beauté époustouflante de la nature s'explique par le respect de règles forgées au cours de l'évolution. Il n'est plus besoin de chercher une explication divine à la diversité du monde. Si la non-existence de Dieu n'a pas été démontrée, il devient en revanche évident qu'un monde merveilleux peut exister sans divinité. Autrefois, des philosophes ont abouti à cette conclusion par athéisme ; aujourd'hui, nous y aboutissons en observant la nature dans ses mécanismes les plus intimes.

L'évolution contemporaine

Cinq heures du matin, le soleil se lève au-dessus de la mer du Labrador. Les premiers rayons frappent les façades couleur bonbon des maisons de Terre-Neuve. Dans les ports, les chalutiers n'ont pas quitté les quais. Plus au sud, à Saint-Pierre-et-Miquelon, règne le même calme dominical. Pourtant, la semaine vient juste de commencer. La météo a-t-elle annoncé une tempête ? Même pas, les baromètres pointent leur aiguille vers les hautes pressions, signe de beau temps. La mer est calme et le restera dans les jours à venir. Mais que se passe-t-il ? Quel séisme a ravagé la région ?

En 1497, lorsque l'explorateur Jean Cabot passa dans les parages, il s'émerveilla de voir les morues bloquer la progression des navires. Au-dessus des hauts-fonds, à la confluence des courants du Labrador et du Gulf Stream, les eaux étaient les plus poissonneuses jamais découvertes. Dès que les pêcheurs européens apprirent la nouvelle, ils appareillèrent avec des armadas plus importantes d'année en année. Beaucoup de Portugais et d'Anglais s'installèrent à Terre-Neuve, les Basques et les Bretons choisirent Saint-Pierre-et-Miquelon. Pendant quatre cents ans, les côtes canadiennes de l'Atlantique Nord devinrent le siège d'un commerce prospère, qui culmina en 1968 avec la prise de 800 000 tonnes de morues.

Malheureusement, après cette date, les pêcheurs commencèrent à faire grise mine. Les poissons devenant plus rares, les usines de salaison fermèrent leurs portes. Au début des années 1980, les zoologistes suggérèrent d'adopter une mesure toute simple, inspirée par le bon sens :

— Agrandissez les mailles de vos filets pour que les petits poissons puissent s'échapper. Imitez les pêcheurs à la ligne, qui relâchent les petites prises dans l'espoir qu'elles grandiront et se reproduiront avant d'être capturées à nouveau.

Les terre-neuvas rechignèrent avant d'obtempérer, mais la situation ne s'améliora pas. En 1992, en désespoir de cause, le gouvernement canadien instaura un moratoire interdisant la pêche à la morue le long de ses côtes. Du jour au lendemain, des dizaines de milliers de pêcheurs se retrouvèrent au chômage. Tout le système économique de la région s'effondra.

En 2003, le ministre de la Pêche canadien Robert Thibault annonça que la biomasse totale ne représentait plus que 2 % de celle de 1980. Le drame écologique n'avait toujours pas été enrayé, au contraire, il s'accentuait. Pour noircir le tableau, les derniers pêcheurs en activité, autorisés à ne prendre la mer que quelques jours par an, constatèrent que non seulement les poissons étaient moins nombreux, mais que leur taille aussi diminuait. Le temps des belles prises était révolu.

Quelques biologistes, dont David Conover de l'université de Stony Brook à New York, essayèrent alors de comprendre le phénomène. Ils se demandèrent si leur bon sens ne les avait pas abusés. En autorisant la pêche des gros poissons uniquement n'avaient-ils pas accéléré le dépeuplement au lieu de le stopper ? Les gros poissons étant les meilleurs reproducteurs, réduire leur nombre implique la diminution des naissances. D'autre part, si seuls les gros poissons peuvent être pêchés, ils sont, dans leur écosystème, défavorisés par rapport aux poissons plus petits. Suivant la théorie de l'évolution, les organismes défavorisés ne survivent pas. Il s'ensuit que les poissons plus petits se retrouvent avantagés, donc ils deviennent plus nombreux, même s'ils sont de moins bons reproducteurs. Ce n'est pas le plus fort qui survit, mais le plus petit ! Sous l'effet d'une contrainte extérieure d'origine humaine, les règles de l'évolution ont été inversées.

— Mais l'évolution est un processus lent. Il lui faut des siècles pour agir. En quelques années, les nouveaux filets des pêcheurs de Terre-Neuve n'ont pu engendrer une mutation chez les morues !

— Vous vous trompez. Les biologistes sont dorénavant formels : l'évolution peut se dérouler très vite, en l'affaire de quelques générations. Ils parlent d'évolution contemporaine. Chez certains micro-organismes, elle agit en quelques heures, voilà pourquoi les bactéries résistent souvent aux antibiotiques. Jusqu'à ces dernières années, l'évolution contemporaine était considérée comme exceptionnelle, aujourd'hui nous comprenons qu'elle est la norme.

— Dans mon jardin, je ne vois pas les plantes changer de couleur, les insectes devenir aussi gros que les oiseaux.

— Suivant ce principe, les créationnistes nient l'existence de l'évolution. Ils imitent les chrétiens du Moyen Âge qui niaient la rotondité de la Terre sous prétexte qu'ils ne la voyaient pas. L'évolution n'est pas un phénomène spectaculaire. Elle ne se produit que sous l'effet de contraintes. Pour sauver les poissons, David Conover suggère d'autoriser la pêche des spécimens de taille moyenne. L'évolution favorisera alors ceux à croissance rapide, ceux capables de vivre le moins longtemps possible dans la zone dangereuse.

— J'ai l'impression d'entendre une histoire ancienne. En temps de guerre, les conscrits ne sont plus des enfants, mais pas encore des hommes mûrs.

— Oui, nous nous sommes appliqué à nous-mêmes une règle que le bon sens n'a jamais voulu admettre. Nous avons fait des hommes jeunes de la chair à canon, offrant les jeunes veuves à de vieux ploutocrates. C'est sans doute la méthode la plus efficace pour assurer la survie de l'espèce.

— Il n'y avait aucune autre solution ?

— La paix, bien sûr. David Conover suggère de créer des réserves naturelles où les poissons pourront s'épanouir tranquillement.

— Des réserves comme pour les Indiens ?

— Toute mesure protectionniste a pour conséquence d'influer sur le cours de l'évolution. Sauver une espèce implique de la transformer. Nous ne pouvons figer le monde dans un état déterminé. D'autres tentatives de protection des animaux ont eu des effets pervers. Toujours au Canada, les chasseurs provoquèrent une autre évolution inversée. Ils ne chassaient que les béliers sauvages avec de grandes cornes, ceux avec de petites cornes ont donc été favorisés. En trente ans, les cornes des adultes ont perdu un quart de leur volume si bien qu'elles n'intéressent plus les chasseurs. Les béliers sauvages se sont adaptés à leur nouvel environnement.

La guerre a commencé
— Si l'évolution existait, il y aurait des formes de vies intermédiaires : des oiseaux avec des nageoires et

des poissons avec des plumes, scande Jim Grove, un pasteur baptiste[134].

Au cœur des États-Unis, à Dover, bourgade de Pennsylvanie perdue au milieu des champs de maïs et de soja, les intégristes chrétiens rassemblent leurs forces. Après l'interdiction par la Cour suprême de Louisiane d'enseigner les théories créationnistes, en 1987, ils reviennent à la charge avec un nouvel arsenal idéologique : l'Intelligent Design qui soutient que l'évolution est impossible sans l'intervention d'un créateur[135].

— Quand nous découvrons que les parties ont été arrangées à dessein, nous déduisons l'existence d'un designer, affirme avec aplomb le biochimiste Michael Behe.

Religieux et universitaires, industriels et politiques, financés par des lobbys comme le Discovery Institute de Seattle, défendent l'Intelligent Design. En 2004, usant de leur influence au comité de direction du lycée de Dover, ils exigèrent que les professeurs de biologie présentent cette alternative au modèle darwinien.

— Informer les écoliers des controverses scientifiques, c'est bon pour les écoliers, c'est bon pour la science, dit avec une mauvaise foi évidente le microbiologiste Scott Minnich.

À Dover, onze parents d'élèves porteront plainte, un procès national débutera le 26 septembre 2005, le

---

134 Propos recueillis par Celeste Biever dans le *NewScientist* du 29 octobre 2005.
135 En 2004, un sondage révélait que 50 % des Américains ne croyaient pas en l'évolution et que 60 % d'entre eux croyaient littéralement aux prophéties de la Bible. *NewScientist* du 5 novembre 2005.

8 novembre le comité de direction du lycée sera radié, mais cette bataille perdue ne signifie pas la fin d'une guerre qui ne fait que commencer. Les tenants de l'Intelligent Design veulent, ni plus ni moins, abattre la science porteuse de mensonges. Le réchauffement planétaire, le trou dans la couche d'ozone et la pollution ne seraient que des épouvantails pour nous empêcher de développer une économie prospère selon la volonté divine.

Et Élohim leur dit :

— Fructifiez et multipliez-vous, remplissez la terre et soumettez-la, ayez autorité sur les poissons de la mer et sur les oiseaux des cieux, sur tout vivant qui remue sur terre![136]

Sous couvert de discours biblique, les intégristes se moquent de l'idée de développement durable. Pourquoi protéger la planète quand le monde touche à sa fin ? Par une débauche pétro-nucléaire, ils souhaitent même précipiter cette fin pour accélérer le retour du Christ. Leurs pires ennemis sont les écologistes, mais aussi les connecteurs qui, sans même parler d'évolution contemporaine, ont la preuve, depuis l'invention des algorithmes génétique par John Holland, que l'évolution est une réalité, que l'évolution est intelligente.

— C'est comme ça et ça le restera, aimeraient pouvoir crier les intégristes.

— Mais non, le monde change sans cesse, le code de la vie se réécrit sans cesse. Il ne le fait pas continûment, mais par brusques poussées créatives, d'où l'absence de poissons avec des plumes ou d'oiseaux avec des

---

136 Genèse I:28.

nageoires, quoiqu'il existe des poissons volants et que les canards soient d'excellents nageurs. À mon sens, les intégristes ont identifié les connecteurs comme leurs ennemis avant qu'eux-mêmes ne se soient reconnus les uns les autres. Ils les ont reniflés comme un chien de chasse sent une proie qui ignore sa propre odeur. En s'attaquant à la science, ils s'attaquent en fait aux enfants de cette science. Ils les voient de plus en plus nombreux, de plus en plus désireux de mettre fin à un ordre ancien. Par-dessus tout, ils refusent d'admettre le rôle créateur du hasard alors qu'il joue un rôle capital dans l'univers.

— Pour Stephen Wolfram, le monde n'est-il pas déterministe puisqu'il découle de quelques lignes de programme?

— C'est un déterminisme de niveau élémentaire, un déterminisme qui engendre le hasard comme le montre l'automate cellulaire 30. Le hasard quantique jaillit peut-être d'un ordre sous-jacent, un ordre aveugle et mécanique, mais il n'en reste pas moins hasard de notre point de vue d'être humain habitant le monde macroscopique. Ce hasard peut à son tour engendre l'ordre par auto-organisation. Il existe ainsi un va-et-vient entre hasard et ordre. Peu importe la physique ultime du monde, le hasard et l'ordre existent et, à leur intersection, se joue la vie.

L'ordre implique la stabilité, la prévisibilité. Mais le hasard peut toujours miner cet ordre et il le mine notamment dans les situations complexes. Ainsi l'avenir qui nous importe, l'avenir humain, est totale-ment imprévisible. La seule façon de le connaître est de vivre jusque-là (exactement comme avec l'automate cellulaire 90, dont les séquences ne peuvent être anti-cipées à moins d'être déroulées une à une, pas à pas). Ce rôle central du hasard nous incite à être attentifs aux rencontres imprévues, aux erreurs, aux mauvaises manipulations. Ces dernières créent de la nouveauté mieux que le travail méthodique.

Le talent d'un artiste, d'un scientifique ou d'un ingé-nieur est de saisir les créations hasardeuses, de les orga-niser, de les relier. Le hasard est un mécanisme pour créer de la nouveauté. Il crée aussi beaucoup de déchets, mais l'évolution a mis en place des processus pour les trier : l'intelligence serait cette aptitude à voir ce qui peut être utile dans la myriade des créations inutiles. À un plus bas niveau, l'émergence serait un facteur de tri des créations hasardeuses.

Dans notre monde fluctuant autour d'états cri-tiques, nous avons décidé de faire confiance à la vie. Notre dieu est le hasard, notre religion l'évolution. Pour nous, une journée sans hasard – ne serait-ce que le résultat d'un match de foot – ne vaut pas la peine d'être vécue. Une telle journée est-elle possible ? Je ne le crois pas, quand bien même nous resterions enfermés chez nous, dans une pièce obscure, sans contact avec l'extérieur, des idées surgiraient au hasard. Essayez de ne pas penser, une pensée arrivera, elle sera au hasard, car votre volonté s'efforçait de la refuser. L'imprévisibi-lité commence par nous-mêmes, nul ne peut prétendre se connaître au point de neutraliser le hasard.

Qui pourrait avoir cette prétention ? Certes, bien des hasards se repoussent – on prévoit la météo des jours à venir –, mais pouvons-nous vivre sans aucune inter-férence du hasard ? Il pleut ce matin, c'est le hasard.

Rencontrer un voisin en sortant de chez soi, c'est le hasard. Avoir un accident, c'est le hasard. Qu'importe s'il existe des hasards encore plus improbables, tel celui de rencontrer l'amour de sa vie…

Pourquoi préférons-nous souvent les manifestations sportives aux spectacles ? Parce que nous ne pouvons prévoir les futurs vainqueurs… et, au-delà du résultat, nous ne savons pas comment la course ou le match se dérouleront. Au contraire, les spectacles nous ennuient souvent, car nous les savons écrits à l'avance : tout est déjà joué. Au théâtre, pour nous arracher à la somnolence, l'acteur doit renoncer à se répéter : il doit inventer devant nous comme le font les footballeurs, il doit produire de l'imprévu.

Notre foi dans le rôle constructeur du hasard n'est pas une lubie d'utopistes. Elle découle, comme toutes nos positions, d'observations scientifiques. Lorsque David Conover découvre une évolution contemporaine chez les morues, il nous conforte dans notre position. Mais nous étions déjà convaincus. Sur nos ordinateurs, grâce à John Holland, nous avons vu l'évolution à l'œuvre. Si Dieu existe, il aime jouer aux dés.

Le réseau pensant

À la fin des années 1940, après avoir posé les bases de la vie artificielle, John von Neumann avait réduit le champ d'action divin : même la vie devenait une fonction ordinaire de l'univers. L'homme qui avait abouti à des conclusions aussi athées ne pouvait être qu'un bon vivant. Pour lui, seul le moment présent importait. Il n'avait d'autre choix que de vivre ici et maintenant. À Princeton, il organisait sans cesse des fêtes.

Mais lorsqu'il apprit qu'un cancer lui rongeait les os, il s'effondra. Toutes les nuits, il était pris de panique et criait, victime d'une terreur incontrôlable. Son ami Edward Teller dit:

— Von Neumann a souffert de l'idée que son esprit allait cesser de fonctionner plus que tout homme que j'ai pu connaître.

Un autre de ses amis, Eugène Wigner, déclara:

— Il sembla craindre la mort jusqu'au dernier instant... Johnny von Neumann, qui avait si bien su vivre, ne sut pas comment mourir.

Il avait démontré la possibilité d'une vie perpétuelle et l'idée de mourir lui-même le rendait fou de rage. À sa mort, le 8 février 1957 à Washington, il laissa l'image d'un homme qui, privé de foi, ne pouvait accepter l'implacable destinée humaine. Après lui, les connecteurs se reconstruisirent une spiritualité. Une fois les divinités tutélaires inventées deux mille ans plus tôt abattues, nous en avons imaginé d'autres comme le fit, durant les années 1970, James Lovelock avec son hypothèse Gaia.

À cette époque, ce scientifique développait pour la Nasa une sonde capable de détecter d'éventuelles traces de vie sur Mars. Il se dit que sa sonde devait tout d'abord fonctionner sur Terre. Il s'intéressa ainsi à la composition de l'atmosphère et releva que, depuis 2,3 milliards d'années, la teneur en oxygène s'était maintenue autour de 20 %. De même, il estima que la température moyenne de la planète était restée comprise entre 7 °C et 27 °C. À cause de cette relative stabilité, Lovelock compara la planète à un être vivant qui, lui aussi, régule sa température et sa composition chimique. La vie non seulement s'adapte aux conditions qui lui sont proposées, mais les transforme et les stabilise pour qu'elles lui soient propices. Par exemple, des bactéries primitives ont extrait de la matière inanimée l'essentiel des composés de l'atmosphère actuelle. Sans elles, la respiration n'aurait jamais été possible. En 1974, en collaboration avec la biologiste Lynn Margulis, Lovelock assimila la biosphère à un être vivant qu'il nomma Gaia, déesse grecque de la Terre.

— Comment réagit la communauté scientifique ? écrit Brian Goodwin[137], un des membres du Santa Fe Institute. Ils envoyèrent l'hypothèse aux enfers. Pourquoi ? Parce que Lovelock et Margulis avaient violé non pas un, mais deux des principes de la science orthodoxe.

(1) En supposant que la vie était capable d'altérer son environnement pour son bénéfice, ils avaient remis en cause le darwinisme (selon lequel l'environnement influence l'évolution et non le contraire).

(2) En faisant de la biosphère un être vivant, ils avaient fait un pas de trop vers la métaphysique, pire encore vers l'animisme, qui considère toute chose comme vivante.

Après l'excommunication de Lovelock, il fallut une trentaine d'années pour que le premier point finisse par être accepté. Notre planète est aujourd'hui considérée comme un système complexe qui fait interagir la géosphère, l'atmosphère, l'hydrosphère et la biosphère[138]. Elle ressemble à l'un des tas de sable de Bak, Tang et Wiesenfeld, elle se trouve dans un état critique auto-organisé. Sous l'impulsion de l'énergie solaire et

---

137 Brian Goodwin, article "In the Shadow of Culture" publié dans *The Next Fifty Years*, 2002.
138 Earth system science.

des réactions thermonucléaires dans son noyau, elle se maintient à la frontière entre l'ordre et le désordre.

Bien que rejetée par le monde scientifique à cause de sa nature quasi théologique, la seconde hypothèse de Lovelock et Margulis stigmatisa les revendications des écologistes et donna un cadre à leurs actions. Ils virent la biosphère comme un tout aux parties indissociables. Polluer un coin du monde revenait à mettre en danger le monde dans son ensemble. Toute action locale avait des conséquences globales. Nous ne pouvions plus ignorer l'ubiquité des états critiques, la capacité des réactions en chaîne à se propager d'un bout à l'autre de la planète. Nous étions interdépendants.

Pour les connecteurs, l'hypothèse Gaia est plus que séduisante. Si nous ne croyons pas nécessairement que la planète est intelligente et consciente, nous n'en pensons pas moins qu'elle vit d'une certaine façon, même si sa forme de vie nous est incompréhensible. Comme les animistes, nous voyons la vie partout. La frontière entre l'animé et l'inanimé s'amenuise peu à peu. La capacité d'auto-organisation semble universelle, la vie est peut-être la seule loi qui régit l'univers. Si Dieu devait exister, Gaia serait l'une de ses plus crédibles incarnations.

Après avoir rejeté le centralisme, il est presque impossible de concevoir l'existence d'une divinité unique et dominatrice. L'idée d'un Big Brother devient de plus en plus incongrue. Il est plus aisé de concevoir une divinité distribuée, décentralisée, incarnée en une force qui traverse chaque chose et dont chacun de nous est un des vecteurs. D'une certaine façon, nous réinventons le bouddhisme, faisant de Dieu une force immanente et non plus transcendante. Toutes les choses sont connectées, parce qu'elles sont causalement liées comme l'écrit le dalaï-lama[139], mais aussi, surtout, parce qu'elles obéissent aux mêmes lois universelles.

Entre nous et le reste de la création, il n'y a pas de rupture. Ce constat fait, nous avons cessé de vivre dans l'idée de l'après-vie, au nom d'une divinité, et nous consacrons à l'élaboration de la civilisation humaine. Comme John von Neumann, comme les héros grecs tombés sur les champs de bataille, la mort physique ne réussit pas à nous détruire et nous gagnons l'immortalité en joignant nos efforts à ceux de nos ancêtres et de nos descendants. Cette réinterprétation humaniste du karma bouddhique semble la seule capable de maintenir la spiritualité dans un monde privé de chef d'orchestre. Dorénavant, la vie n'a plus que le sens qu'elle se donne elle-même.

Internet donne plus de sens à l'hypothèse Gaia, dotant le monde d'une sorte d'esprit global[140]. Le Web est un métabolisme en cours d'évolution. Il est comme le cerveau des enfants, il noue sans cesse de nouvelles relations. Certaines ne servent à rien, d'autres ne mènent nulle part, se cassent, d'autres encore se trouvent renforcées, une intelligence et une conscience finiront peut-être par émerger de ce processus sans que nous en soyons nécessairement avertis.

— [...] nous sommes juste des composants d'une seule créature, la VIE, qui a probablement une perception de

---

139 Dalaï Lama, *The Universe in a Single Atom*, 2006.
140 Conception développée par Howard Bloom dans *Global Brain, The Evolution of Mass Mind from the Big Bang to the 21st Century.*

sa propre personnalité sans rapport avec la nôtre, prophétisait Samuel Butler dès 1877[141].

Depuis, des jeux sur ordinateur nous ont confortés dans cette position.

Le simulation argument

En 1978, la société Taito installait une borne d'arcade *Space Invaders* dans le café où je passais mon temps à jouer au baby-foot. Jusque-là, sans grand enthousiasme, je m'étais livré à quelques parties de ping-pong sur des consoles vidéo primitives branchées à des téléviseurs. Déplacer sur un écran une raquette à la poursuite d'un carré blanc m'avait entraîné à manipuler un potentiomètre sans réussir à me détourner du baby-foot qui restait – et le reste à mes yeux – le plus beau jeu d'action jamais inventé. Comme le billard, il demande sens tactique et adresse, mais nécessite aussi vitesse, force, réflexes et réactivité immédiate. Je croyais ce jeu à jamais indétrônable jusqu'à l'arrivée du *Space Invaders*.

Debout face à la console, la main gauche agrippée à la poignée pour déplacer le canon, la main droite – plutôt l'index droit – martelant le bouton rouge de tir, je me déhanchais durant des heures devant l'écran en noir et blanc peint de lignes de couleur pendant que les *aliens* plongeaient vers moi et cherchaient à envahir mon territoire. Pour la première fois, je ne lisais plus un roman de science-fiction, mais je le vivais, incarnant un héros dont le destin était de sauver le monde. Avec

---

141 Samuel Butler (1835–1902), *Life and Habit*, cité par George Dyson dans *Darwin among the Machines*, 1997, p.217.

les jeux vidéo, j'avais trouvé un nouveau loisir qui donnait forme à mon imaginaire.

Dix ans plus tard, un autre jeu révolutionnaire fit son apparition, cette fois sur les ordinateurs de bureau. Il s'agissait de *SimCity*, créé par Will Wright. À la tête d'une ville, nous devions en assurer le développement et la transformer en mégalopole. Nous en étions le maire, souvent dépassé par les réactions de ses concitoyens qui avaient une fâcheuse tendance à partir travailler tous en même temps, créant des embouteillages monstres, nous obligeant à tracer sans cesse de nouvelles routes. À force de jouer à *SimCity*, nous ne pouvions manquer de nous demander si les Sims, ces habitants d'un univers simulé, n'étaient pas doués d'une vie propre. Ce sentiment ne fit que se renforcer avec les versions ultérieures du jeu mettant en œuvre des agents autonomes de plus en plus réalistes. John von Neumann avait prouvé que la vie artificielle était possible. John Horton Conway l'avait recréée dans le monde minimaliste du *Jeu de la vie*. Des Sims intelligents et conscients pouvaient-ils exister ? Étions-nous, nous-mêmes, des Sims ?

Cette question en apparence absurde est pourtant aujourd'hui débattue par les philosophes, et notamment par Nick Bostrom[142]. En 2003, ce chercheur suédois de l'université d'Oxford démontra que nous étions devant une alternative : soit nous croyons qu'il est impossible de créer des simulations où des civilisations apparaîtront, soit nous croyons que c'est possible et, dans ce cas, nous vivons nous-mêmes probablement dans une

---

142 Nick Bostrom, "Are You Living In a Computer Simulation?", 2003.

simulation. Sur son site, Nick Bostrom explique comment le *simulation argument* s'est progressivement imposé à lui :

— Au début, durant les pauses-café, j'en discutais avec mes collègues. Souvent, ils me disaient que c'était amusant, puis la conversation passait à autre chose. Un jour, en allant à la gym, il m'est venu à l'esprit que je tenais quelque chose de plus sérieux qu'un simple passe-temps de pause-café. Alors je suis allé à mon bureau et j'ai écrit mon papier.

Souvent, dans l'histoire des idées, il n'en faut pas plus pour que s'ouvre un nouveau champ de réflexion. La démonstration de Nick Bostrom s'apparente au pari de Pascal, c'est un hommage indirect à l'inventeur du premier calculateur mécanique.

— Examinons donc ce point : Dieu est ou il n'est pas, écrit Pascal dans ses *Pensées*. […] Vous avez deux choses à perdre, le vrai et le bien, et deux choses à engager, votre raison et votre volonté, votre connaissance et votre béatitude ; et votre nature a deux choses à fuir, l'erreur et la misère. Votre raison n'est pas plus blessée en choisissant l'un que l'autre, puisqu'il faut nécessairement choisir. Voilà un point vidé, mais votre béatitude ? Pesons le gain et la perte en prenant croix que Dieu est. Estimons ces deux cas : si vous gagnez, vous gagnez tout ; si vous perdez, vous ne perdez rien. Gagez donc qu'il est sans hésiter.

En conséquence, si Dieu n'existe pas, y croire ne porte pas à conséquence. S'il existe, ne pas y croire serait dommageable, donc autant y croire. Devons-nous alors parier que nous vivons dans une simulation ?

— Est-ce bien sérieux ?

— Si notre univers est digital, il peut très bien être une simulation. Ce n'est pas une certitude, juste une possibilité.

— Mon ambition ultime, que quelqu'un j'espère mènera un jour à bien, serait de prouver que la vie, l'intelligence et la conscience ont une grande chance d'apparaître dans un de ces mondes enfantins [une simulation], écrit Gregory Chaitin[143]. En jouant à Dieu de la sorte, il est important d'obtenir plus que ce que vous misez au départ [...] Aussi ce serait bien d'obtenir plus d'intelligence, ou un plus haut degré de conscience que celui que vous possédez vous-même ! Vous qui avez fixé les règles de l'univers enfantin.

— Folie.

— Je trouve au contraire sublime l'idée de créer un monde plus simple que le nôtre et qui serait plus merveilleux.

Le stade posthumain

En préambule de sa démonstration, Nick Bostrom discute de la puissance de calcul mise en œuvre dans un cerveau humain en s'appuyant sur les travaux de Hans Moravec. Comme nous savons déjà simuler certains modules du cerveau, par exemple celui qui règle le contraste dans la rétine, nous pouvons en déduire la puissance nécessaire pour simuler la totalité du cerveau. En appliquant une simple règle de trois entre le nombre de neurones du module rétinien et le nombre total de neurones dans le cerveau, Moravec déduit la puissance totale du cerveau, soit environ 10^{14} opérations

---

143 Gregory Chaitin, *Meta Math!*, 2005, p. 91.

élémentaires par seconde. D'autres scientifiques ont adopté une approche différente : ils ont décompté les neurones et leurs interconnexions et estimé qu'un cerveau humain ne pouvait effectuer plus de 10^{18} opérations élémentaires par seconde[144]. Hans Moravec défend sa valeur en partant du principe que le cerveau n'est pas optimisé : comme il s'est construit par essais et erreurs, il gaspille de la puissance de calcul.

Mais peu importe. En 2005, au moment où j'écris, le superordinateur le plus puissant du monde, le Blue Gene construit par IBM pour le département de l'énergie américain, dispose de deux fois la puissance nominale d'un cerveau humain[145]. Nick Bostrom n'a pas besoin de plus d'éléments pour avancer dans son argumentation.

---

144 La puissance de calcul du cerveau peut être grossièrement estimée en multipliant le nombre de neurones (10^{11}) par leur nombre moyen de connexions (10^5) par leur nombre d'états par seconde (10^2), soit 10^{18}. En comptabilisant d'éventuelles structures inconnues ou encore incomprises, telles les mille milliards de cellules gliales, on ajoute peut-être quelques ordres de magnitude à la puissance totale du cerveau.

145 360 téraflops : million de millions d'opérations par seconde sur des nombres à virgule (*floating-point operations per second*). Téraflops = 10^{12} flops. La traduction des flops en opérations élémentaires sur des bits dépend de l'architecture de l'ordinateur sur lequel s'effectue la mesure. Par exemple, une multiplication demande en moyenne 50 instructions. Si elle s'exécute sur des mots de 8 bits, 1 flops = 400 opérations par seconde ; sur des nombres de 128 bits, comme c'est le cas avec Blue Gene, 1 flops = 6400 opérations par secondes. Blue Gene dispose donc d'une puissance théorique d'environ 2,3 10^{18} opérations élémentaires par seconde, soit 2,3 fois la puissance estimée d'un cerveau humain. Le cerveau dispose d'une capacité de stockage d'environ 10^{17} bits, soit 10^4 téraoctets. En 2005, les disques durs des ordinateurs de bureau haut de gamme dépassent 1 téraoctet. Assembler des centaines

Simuler les humains et toutes les créatures vivantes sur Terre ainsi que l'univers qui nous entoure nécessitera des milliards de fois plus de puissance, mais pas une puissance infinie, d'autant plus qu'il ne sera pas nécessaire de simuler en détail ce qui est hors de notre regard.

En inventant le cinématographe, les frères Lumière avaient déjà compris qu'il suffisait d'afficher rapidement des images fixes pour donner l'illusion du mouvement. Par analogie, on peut imaginer qu'il suffit d'introduire dans la physique de la simulation un principe d'incertitude, tel que celui au cœur de la mécanique quantique, pour brouiller les détails lorsqu'un physicien cherche à les décrypter. Nick Bostrom estime ainsi qu'il faut au maximum une puissance de 10^{36} opérations élémentaires par seconde pour simuler l'univers tel que nous le percevons. Cette puissance faramineuse sera accessible à des civilisations avancées qui auront atteint un stade de développement « posthumain ». Elles devront déployer des ordinateurs grands comme des planètes pour créer des simulations de leur propre histoire ou de nouvelles civilisations[146].

Reste maintenant à savoir si des civilisations posthumaines existent et si nous-mêmes sommes capables d'atteindre ce stade. Pour essayer de répondre à cette question, nous pouvons reprendre la formule de Drake utilisée par les astronomes regroupés dans le projet

---

de disques en clusters ne pose pas de difficulté.
146 Eric Drexler a montré qu'un ordinateur de la taille d'un sucre pouvait théoriquement effectuer 10^{21} opérations élémentaires par seconde, soit simuler mille cerveaux humains. Un ordinateur de la taille de Jupiter pourrait effectuer 10^{49} flops, soit simuler des milliards de milliards de civilisations.

SETI[147], qui recherchent les signes d'une vie extraterrestre. Proposée en 1961 par Franck Drake, elle évalue le nombre de civilisations intelligentes dans notre galaxie, puis dans l'univers, en fonction du nombre d'étoiles, de systèmes planétaires, de planètes habitables et de la durée pendant laquelle une civilisation serait capable d'envoyer des signaux dans l'espace. Même si cette équation comprend beaucoup d'inconnues, le nombre d'étoiles est si grand dans l'univers qu'il est probable que de nombreuses civilisations coexistent. Parmi elles, certaines ont pu atteindre un stade d'évolution posthumain.

Certaines de ces civilisations exécutent-elles des simulations de civilisations ? De deux choses l'une, soit ce type de simulation est physiquement impossible[148], voire moralement impossible pour une civilisation avancée, ou dénué d'intérêt, soit il est possible et présente un intérêt (sans doute ludique ou artistique comme le sous-entend Gregory Chaitin). Dans le premier cas, nous vivons nécessairement dans un univers « réel » puisque personne n'a pu nous simuler. Dans le second cas, chaque civilisation posthumaine « réelle » peut en engendrer un grand nombre de virtuelles. Du coup, la probabilité est forte pour qu'une civilisation donnée soit virtuelle. Pour peu que les civilisations simulées puissent à leur tour exécuter d'autres simulations, cette probabilité augmente vertigineusement. Donc, si nous nous croyons à terme capables de simuler

147 Search for Extraterrestrial Intelligence.
148 Le coût d'une telle simulation peut être prohibitif au regard de son intérêt, ou un principe encore inconnu peut en interdire la faisabilité.

des civilisations, nous devons supposer que nous vivons probablement dans une simulation. Dans ce cas, il ne serait pas surprenant, comme le pense Stephen Wolfram, que la loi ultime régissant notre univers se limite à quelques lignes de programme.

En tant qu'être humain, tout comme Pascal face à Dieu, nous avons dès lors à choisir entre deux attitudes. Soit nous croyons à la possibilité de simuler des civilisations et sommes nous-mêmes probablement des êtres simulés, soit nous n'y croyons pas et vivons dans l'univers maître. Sans parler de croyance, si, au cours de notre histoire chaotique vers le stade posthumain, nous découvrons qu'il est possible de créer des simulations de civilisations, nous devrons encore une fois supposer que nous vivons dans une simulation.

Pour trancher cette question, il faudra trouver la trace des ingénieurs qui éventuellement nous manipulent. Pour John Barrow[149], cette traque n'est pas tout à fait impossible. Une simulation étant un programme informatique, elle a toutes les chances d'avoir des bugs[150]. Pour un Sim, un bug se traduirait par une anomalie : apparition de fantômes, disparition soudaine d'un objet, rêve prémonitoire… Un Sim moins crédule, un Sim physicien, commencerait à se poser des questions s'il voyait les constantes universelles varier étrangement au cours d'une expérience. Tout phénomène avéré et inexplicable durant une assez longue période

---

149 *NewScientist*, juin 2003.
150 Même une civilisation posthumaine ne pourrait garantir ses programmes sans bug, car tester toutes les possibilités offertes par un programme prendrait plus de temps que l'âge de l'univers (qu'il soit simulé ou non).

révélerait un bug et, indirectement, l'existence d'un Dieu. Mais notre univers peut fonctionner comme une simulation sans pour autant être une simulation. Pour Wolfram, le monde est un programme sans programmeur, un programme qui se serait auto-assemblé en quelque sorte. Trouver un bug, cette plaie inhérente à la plupart des programmes, prouverait la nature digitale du monde et non l'existence de Dieu.

Après ces dérives métaphysiques, Nick Bostrom parachève son argumentation par l'énoncé du *simulation argument* :

— Au moins une des trois propositions suivantes est vraie. (1) Le pourcentage de civilisations qui atteignent un stade posthumain est proche de zéro. (2) Le pourcentage de civilisations posthumaines intéressées par simuler d'autres civilisations est proche de zéro. (3) Le pourcentage d'êtres conscients vivant dans une simulation est proche de cent.

Et il conclut par :

— Si (1) est vraie, alors nous n'atteindrons certainement pas le stade posthumain. Si (2) est vraie, les civilisations posthumaines renoncent presque toutes à simuler des civilisations. Si (3) est vraie, nous vivons très certainement dans une simulation. Vu l'étendue de notre ignorance, il serait sage d'accorder la même chance aux trois propositions. À moins que nous vivions dès à présent dans une simulation, nos descendants ont peu de chance de simuler des civilisations.

Quand un internaute demande à Nick Bostrom si, pour lui, nous vivons dans une simulation, il répond :

— Personnellement, je crois que nous avons moins de 50 % de chances de vivre dans une simulation, disons

20 % de chances. Mais je ne peux ramener cette valeur plus bas, car les probabilités me l'interdisent.

Comme tous les connecteurs, Nick Bostrom n'a pas envie de se voir dans la peau d'un Sim, sans toutefois pouvoir écarter cette possibilité.

Le démon de Descartes

— Vous vous prenez pour Noé, le héros de *Matrix*, prisonnier d'une simulation dirigée par des machines. Dans cette fable, je reconnais la métaphore de la caverne de Platon.

— Il y a une différence fondamentale. Dans *Matrix*, les êtres humains existent. Leurs cerveaux ont été déconnectés de la réalité afin de recevoir les informations provenant d'une réalité virtuelle – en l'occurrence notre propre réalité. Descartes imagina cette expérience dans ses *Méditations*. Il supposa que si un démon altérait notre perception du monde, nous ne pourrions pas nous en apercevoir. Dans le cas des Sims, il s'agit d'une tout autre situation. Les Sims ne sont pas des êtres humains pour lesquels la réalité est travestie. Ils habitent un autre univers, ils y existent en chair est en os, ils n'y sont pas plongés artificiellement. Pour eux, la simulation est la réalité. Un certain nombre de variables – de cellules dans le cas du *Jeu de la vie* – dessinent un arbre, d'autres une table, d'autres circulent d'objet en objet comme les photons dans notre réalité, atteignent les yeux des observateurs, eux-mêmes définis par des variables. Un Sim peut éprouver les mêmes sensations que nous, voilà pourquoi nous pouvons être nous-mêmes des Sims, des habitants de la matrice. Un Sim peut s'installer à la terrasse d'un café, à l'ombre des tilleuls, siroter une un sirop de citron et goûter la transparence de l'air estival. Il n'est pas victime d'une illusion, il n'y a pas d'autre réalité que celle qu'il perçoit.

Cette possibilité que nous puissions un jour créer des Sims est terrifiante. Lorsque j'en ai pris conscience, je me suis dit que les philosophes grecs y avaient déjà trouvé une objection : ils avaient réfuté l'idée que la Terre flottait sur un support puisqu'il faudrait un support à ce support et ainsi de suite. En conséquence, pour échapper à cette régression à l'infini, la Terre ne pouvait que se tenir immobile au centre de l'univers. Et la forme la mieux adaptée pour occuper cette position était la sphère. De la même façon, plutôt que d'imaginer des Sims qui créent d'autres Sims qui créent d'autres Sims, je préfère supposer que nous ne sommes pas des Sims et que nous n'en créerons pas. Mais le doute subsiste : rien n'interdit deux ou trois imbrications de réalité, la régression n'a pas besoin d'aller jusqu'à l'infini. Le doute augmente d'autant plus lorsque je joue à *Sim-City*. Il est alors difficile de ne pas croire à la possibilité de créer des Sims intelligents et conscients.

— Malgré votre athéisme, vous n'échappez pas à votre origine chrétienne. Vous aussi vous voulez vous trouver au sommet de la Création, dans l'univers abritant tous les autres. Vous acceptez d'être le dieu d'une simulation, mais refusez d'avoir un dieu au-dessus de vous. C'est une position orgueilleuse.

— Voilà pourquoi je ne suis pas à mon aise avec l'argumentation de Nick Bostrom. Être athée me force à supposer que je vis dans un univers qui n'est pas simulé. Jusque-là, je ne suis pas pris en défaut. Mais mon athéisme a une autre implication : dans mon univers, il doit être impossible de créer des simulations, impossible d'imposer des divinités à des Sims ; car si les Sims avaient un dieu, j'en aurais probablement un moi-même. Mon problème : j'ai toujours cru à la possibilité de simuler des civilisations, j'ai donc toujours cru en Dieu alors que je suis athée. Mais, par chance, si ce dieu existe, il est impuissant.

Dans *Le Jeu de la vie* – et dans la plupart des simulations fécondes –, nous sommes incapables de contrôler le déroulement de la simulation dès qu'elle met en jeu des milliers de cellules. La seule façon de connaître l'avenir d'une configuration est de faire tourner la simulation. Il n'y a pas de raccourci vers l'avenir. Un dieu ne peut donc pas anticiper. On pourrait imaginer toutefois qu'arrivé à un certain stade d'évolution, il décide de faire marche arrière, de remonter dans le temps. Il pourrait alors modifier quelques variables et relancer la simulation. Suivant cette méthode, il ne contrôlerait pas l'avenir, mais l'influencerait. Il pourrait mettre une idée dans la tête d'un scientifique ou d'un homme politique puis observer les conséquences. Cette approche serait fastidieuse et peu amusante. Mais est-elle possible ?

À première vue, oui. Un programme d'ordinateur se déroulant pas à pas, rien ne l'empêche de rebrousser chemin. Lorsque j'ai appris à programmer, j'ai écrit un premier programme qui ne comportait qu'une ligne. Elle indiquait d'afficher un message à l'écran :

```
1:PRINT « bonjour »
```

Puis j'ai perfectionné mon programme en lui ajoutant une seconde ligne demandant à l'utilisateur de saisir lui-même le message à afficher.

```
1:INPUT a
2:PRINT a
```

Si l'utilisateur saisissait « bonjour », le programme stockait le message dans la variable *a* avant de l'afficher. En 1961, Rolf Landauer définit un programme réversible comme étant capable de retrouver ses entrées à partir de ses sorties. Mon programme de deux lignes était réversible. À partir de l'affichage, je pouvais retrouver la valeur initiale de *a*. Mais il est facile de rendre mon programme irréversible. Il suffit de lui adjoindre une ligne fatidique :

```
1:INPUT a
2:a=0
3:PRINT a
```

La seconde ligne efface la valeur saisie. En perdant la mémoire de l'entrée, le programme ne peut revenir en arrière. Lorsque nous programmons, nous effaçons sans cesse des variables, tout simplement parce que nous ne disposons pas d'une mémoire infinie. Rolf Landauer affirma alors que les programmes qui ont une application pratique sont irréversibles. Yves Lecerf en 1963, puis Charles Bennett en 1973, prouvèrent qu'il se trompait. Tout programme peut être écrit de façon réversible. Malheureusement, cette opération exige de conserver un historique des effacements. Même dans le cadre du *Jeu de la vie*, ils deviennent vite très nombreux. Pour simuler une civilisation réversible, il faudrait une quantité faramineuse de mémoire. Une planète de la taille de Jupiter ne suffirait plus, un univers serait nécessaire pour simuler un autre univers, même une civilisation posthumaine ne pourrait se payer ce luxe. Donc si une simulation de civilisation existe, elle est irréversible.

Le *Jeu de la vie* est un parfait exemple de simulation irréversible. Les règles d'évolution ont beau être déterministes, les règles d'évolution inverse sont indéterministes. Pour une configuration donnée, il existe presque toujours plusieurs configurations pouvant y conduire (fig. 24). Si la mémoire du passé a été effacée, comment choisir la bonne ? Comment remonter dans le passé réel de la simulation ? La moindre variation dans une configuration de cellules bouleverse du tout au tout l'avenir de la simulation, le système est chaotique. Il devient vite impossible d'explorer toutes les combinaisons.

L'informaticien qui programme une simulation n'en maîtrise pas le devenir. Il est désemparé devant la complexité engendrée. Mais qu'il soit désemparé ne signifie pas qu'il se trouve face à un mystère. Les connecteurs, grâce à l'étude du *Jeu de la vie*, ont démystifié le monde. Ils n'imaginent pas un seul instant que ce qui leur échappe est divin. Ils savent même qu'un dieu, quelle que soit son intelligence, serait aussi abasourdi qu'eux. Le monde, bien que simple, a une propension à la complexité.

Pour un dieu hypothétique, une simulation irréversible ressemblerait à une œuvre d'art, un objet créé pour le seul plaisir de l'observer évoluer. Si je crois en Dieu,

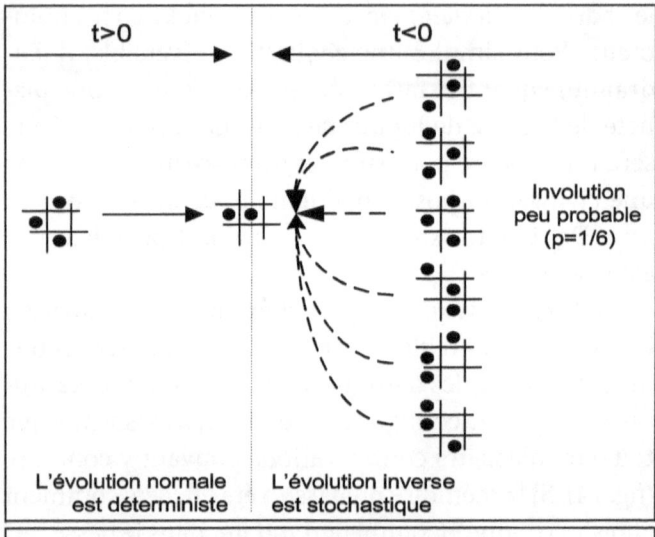

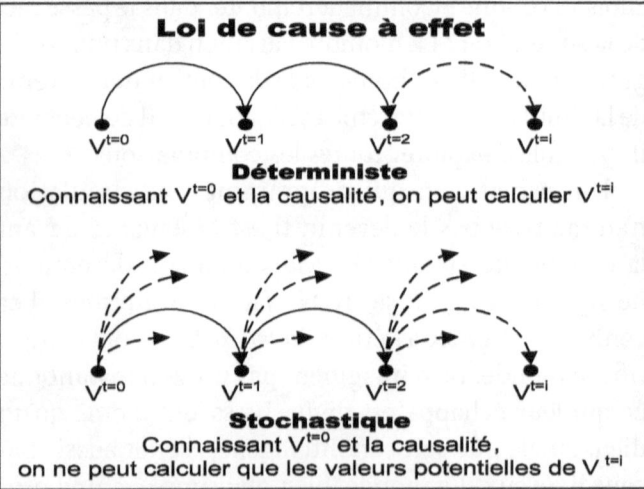

Figure 24 La causalité du *Jeu de la vie* est déterministe (aucun hasard pris en compte) mais si, à partir d'une configuration, on veut remonter dans le temps, on se retrouve souvent dans des situations indécidables : il faut alors choisir au hasard une configuration parmi toutes celles possibles.

c'est donc en un dieu artiste, aussi démuni qu'un artiste face à ses créations. Il peut juste les détruire ou décider d'en créer d'autres. Dieu est tout au plus un créateur impuissant et, qui plus est, irresponsable, car il ne peut pas prévoir le devenir de ses œuvres. Il ne dessine pas l'univers en sept jours. Il ne place pas le ciel autour de la Terre, puis les poissons dans les mers, puis les hommes dans leurs maisons. Il ne peut manipuler la complexité dans ses formes extrêmes. Au contraire, il utilise des règles simples et les regarde évoluer durant des milliards de générations. Il travaille comme un artiste, il n'a même pas besoin d'être génial, il a juste besoin d'avoir de l'intuition et d'abandonner son œuvre à elle-même. Voilà pourquoi les connecteurs se sentent totalement libres, sans contrainte. Ils savent qu'il ne sert à rien de rechercher un pouvoir fallacieux, qui échappe même à Dieu.

— Vous concluez un peu vite. Le *Jeu de la vie* n'est peut-être pas un bon exemple pour asseoir une démonstration. Sa loi d'évolution ne ressemble en rien à celles que nous observons dans notre monde. Les lois de la mécanique quantique comme de la relativité ne sont-elles pas réversibles ? Le temps peut y être inversé, on peut remonter en arrière.

— C'est vrai. Norman Margolus a d'ailleurs réussi à créer un automate cellulaire réversible, dans l'idée de préparer la venue des ordinateurs quantiques qui, théoriquement, seront réversibles puisque les lois de la mécanique quantique le sont. Mais ces lois sont-elles correctes ? Si un chasseur tire une balle, peut-on réellement inverser la vitesse de la balle et la faire retourner dans le fusil ?

À la fin de sa vie, le prix Nobel de chimie Ilya Prigogine se posa cette question. En 1990, en collaboration avec Isabelle Stengers, il écrivit :

— Aucune spéculation, aucun savoir n'a jamais affirmé l'équivalence entre ce qui se fait et ce qui se défait, entre une plante qui pousse, fleurit et meurt, et une plante qui ressuscite, rajeunit et retourne vers sa graine primitive, entre un homme qui mûrit et apprend et un homme qui devient progressivement enfant, puis embryon, puis cellule. Pourtant, depuis son origine, la dynamique, la théorie physique qui s'identifie avec le triomphe même de la science, impliquait cette négation radicale du temps.

Prigogine était persuadé que les lois de la nature devaient être réécrites pour donner au temps sa vraie direction. Il proposa une nouvelle formulation des lois. Si Prigogine ne se trompe pas, notre monde ressemble définitivement à une simulation irréversible. D'ailleurs, le second principe de la thermodynamique va dans ce sens : dans notre monde, à notre échelle, il est impossible de revenir en arrière ; un verre brisé ne se reconstitue jamais. Bien sûr, les lois de la physique ne vont pas à l'encontre de ce principe. Pour elles, l'évolution inverse est possible, mais elle a peu de chances de se produire. C'est comme avec le *Jeu de la vie* : on peut parier sur l'état antérieur des cellules et remonter le temps, mais la probabilité de tomber juste est quasi nulle. J'ai l'impression qu'un monde réversible serait beaucoup moins amusant pour Dieu que celui dans lequel nous vivons. Même dans ce cas, l'imprévisibilité des états critiques empêcherait tout contrôle de la simulation. Quelle que soit l'intelligence de Dieu, il ne peut maîtriser la complexité de ses créations. La complexité est inhérente à l'existence puisqu'elle découle de la simplicité.

— Toutes ces spéculations ne me disent pas si des Sims existent. Un amas d'informations peut-il engendrer une forme de vie consciente ? Vous semblez confondre la description d'une chose et la chose elle-même. Qu'un programme puisse décrire le monde comme le suppose Wolfram n'implique pas que le monde soit un programme. Quand John von Neumann simule une bombe atomique, elle ne lui explose pas à la figure.

— Si un Sim avait vécu dans la simulation, il serait peut-être mort. Une simulation de notre point de vue reste une simulation, mais pas du point de vue de ses habitants.

— Donc si nous simulons un jour une conscience, elle restera prisonnière de son monde virtuel.

— Dans ce cas, l'analogie avec la bombe ne fonctionne pas. Une bombe joue avec de la matière alors que la conscience joue avec de l'information : nous ne pouvons pas donner à une simulation de la matière à moudre – sinon de la matière virtuelle –, alors que nous pouvons lui donner de l'information réelle. Si nous fournissons à une conscience simulée les mêmes informations sensorielles qu'à un être humain, elle vivra dans le même monde que nous et agira sur lui comme nous.

— Vous supposez qu'une conscience ne se nourrit que d'information.

— Si elle a besoin d'autre chose pour appréhender le monde, nous n'arriverons pas à la simuler sur ordinateur.

— Le plaisir est-il une information ?

— Je suppose que ce qui le provoque l'est. Voilà pourquoi nous pouvons éprouver du plaisir en lisant ou en pensant. L'hypothèse que notre conscience se nourrit uniquement d'information n'est pas absurde.

— Vous m'avez donné mal à la tête.

— Les simulations sont juste devenues des laboratoires pour les philosophes. Elles nous aident à imaginer des mondes et à nous poser des questions métaphysiques de manière pragmatique. Dans nos simulations, Dieu devient une créature comme une autre.

CHAPITRE 10

NE PAS MOURIR

Vers le transhumanisme

Parfois un sentiment de bonheur éclatant ébranle toute mon âme, et dans ces minutes d'harmonie, le monde qui m'entoure revêt son aspect véritable – équilibré, néces-saire, et ma structure intérieure, spirituelle, corres-pond à la structure extérieure des choses, au milieu, à l'univers – et inversement. En ces minutes-là je me crois tout-puissant, mon amour est à la hauteur de n'importe quel héroïsme, et je crois alors que tout est surmontable, accessible, que le malheur et le désespoir seront vaincus, et que la souffrance fera place au triomphe du rêve et de l'espérance.

Andreï Tarkovski

Treize mille ans avant notre ère. La dernière période glaciaire s'achève. Sur le continent américain, au sud de la région des Grands Lacs, dans l'actuelle Pennsyl-vanie, entre New York et Pittsburgh, près de la ville de New Bloomfield, les forêts recouvrent les plaines et les vallées. Au cours d'un printemps plus doux, dans un sous-bois clairsemé, une graine de myrtille germe, puis donne naissance à un plant de myrtilles qui, d'année en année, se transformera en buisson. À cette époque, la civilisation du magdalénien supérieur est à son apogée. Les hommes sculptent des scènes de chasse sur des bois de cervidés. Le temps passe, les générations se suivent et le buisson de myrtilles grandit, ses racines fouissent la terre meuble puis rejaillissent plus loin en de nouveaux bosquets chargés de baies ; il assiste à l'avènement des premiers empires, à la construction des pyramides, à l'épopée d'Alexandre le Grand. Rome succède à la Grèce, le Saint Empire à l'anarchie barbare, les républiques aux royautés. Fort de ses 13 000 ans, le buisson s'étend inlassablement, recouvrant finalement un cercle de 400 mètres de diamètre autour duquel zigzague aujourd'hui un sentier touristique.

— De tels exemples [les buissons de myrtilles ou les séquoias] suggèrent que la mort naturelle pourrait bien ne pas être inscrite de toute éternité dans la nature même du vivant, et qu'en tout cas elle ne constitue pas une nécessité, écrivent André Klarsfeld et Frédéric Revah[151], deux spécialistes de la mort cellulaire.

Malgré ses treize mille ans, le buisson de myrtilles américain[152], surnommé Jérusalem, n'est pas le plus vieil être vivant connu. En Tasmanie, la *Lomatia tasmania*, une plante incapable de se reproduire, réussit néanmoins à survivre depuis quarante-trois mille six cents ans : elle se clone elle-même afin de se régénérer

---

151 André Klarsfeld, Frédéric Revah, *Biologie de la mort*, 2000, p.12.
152 *Gaylussacia brachycerium*.

perpétuellement! La mort n'est donc pas une fatalité, pas plus que la sexualité, souvent vue comme son corollaire. Et pour commencer, sauf accident, les bactéries ne meurent pas, elles se divisent. Certaines d'entre elles, quand elles manquent de nourriture, forment des spores qui peuvent survivre des millions d'années. Tout ce qui vit ne finit pas par mourir à court terme. Même la vieillesse n'est pas une fatalité. Des oiseaux comme le condor, une fois parvenus à la taille adulte, restent jeunes jusqu'au jour de leur mort, qui survient brutalement. Leurs plumes ne blanchissent pas. Les homards, eux, ne cessent de grandir sans montrer aucun signe de dégénérescence. Ainsi, certaines espèces ont appris à résister au temps.

— Si j'arrive à vivre jusqu'à 110 ans, j'estime que j'ai au moins 50 % de chances d'atteindre 1 000 ans et peut-être bien plus, écrit Aubrey de Grey[153], un informaticien qui s'est tourné vers la génétique.

Avec sa longue barbe à la Raspoutine, son teint blafard, Aubrey de Grey fait penser à un gourou plus qu'à un scientifique. Il considère les biologistes comme des spécialistes qui veulent toujours approfondir leurs connaissances avant de s'engager. Il leur oppose les ingénieurs, qui essaient de se débrouiller même quand ils ne comprennent pas tous les détails du système qu'ils manipulent. D'une certaine façon, il stigmatise la différence entre l'approche pas à pas des cartésiens et l'approche bottom-up des connecteurs.

— Pour prendre un exemple extrême, dit-il, nous n'avons pas besoin de connaître grand-chose au

---

153 *NewScientist*, 9 avril 2005.

fonctionnement du cheval pour qu'un cheval nous amène où nous le souhaitons.

Clément Adler ou les frères Wright n'auraient jamais inventé l'avion s'ils avaient dû attendre le développement de la science aéronautique, qui ne pouvait survenir qu'après leurs exploits. Aubrey de Grey a décidé ainsi de devenir un pilote d'essai de son propre corps. Comme tous les transhumanistes, il part du principe que nous sommes capables d'évoluer, et même d'évoluer au cours de nos vies. Les médecins ont déjà entamé ce processus en équipant certains d'entre nous de pacemakers, de prothèses, ou ne serait-ce que de lentilles de contact.

Selon les transhumanistes, l'évolution contemporaine n'est pas réservée aux morues de Terre-Neuve ou aux béliers sauvages du Nord canadien, encore moins aux programmes informatiques. N'en déplaise aux intégristes adeptes de l'Intelligent Design, nous nous transformons, que nous le voulions ou non. L'homme idéal, enfant de Dieu, n'existe pas. Si Dieu nous a créés à son image, il est versatile. La déclaration transhumaniste, publiée en 2002, reprend de façon plus pragmatique cette position.

(1) Nous pouvons vivre mieux que bien grâce à la technologie, qui améliorera notre santé et nos compétences physiques comme mentales. « Nous souhaitons nous épanouir en transcendant nos limites biologiques actuelles. »

(2) Plutôt que d'interdire les nouvelles technologies (clonage, cellules souches, drogues...), nous devons en favoriser le développement.

(3) Nous exigeons le droit d'user sur nous-mêmes des nouvelles technologies.

(4) « Le transhumanisme englobe de nombreux principes de l'humanisme moderne et prône le bien-être de tout ce qui éprouve des sentiments, qu'ils proviennent d'un cerveau humain, artificiel, posthumain ou animal. »

Ce programme peut paraître fou, mais il est pourtant l'œuvre de scientifiques et de philosophes renommés, à commencer par Nick Bostrom, l'auteur du *simulation argument*. Nous sommes naturellement réticents en le lisant. Toucher à la nature humaine, c'est risquer de la dénaturer, plus grave de l'anéantir. Mais cette nature, nous devons l'admettre, n'est pas éternelle. Apparue il y a deux cent mille ans, elle ne se maintiendra pas en l'état indéfiniment. Si nous voulons survivre, si nous voulons que l'histoire des êtres conscients se poursuive, nous serons forcés, à un moment ou à un autre, de prendre en main notre propre évolution, ne serait-ce que quand notre planète manquera de ressources ou que le Soleil se montrera trop capricieux.

Depuis près de quatre milliards d'années, l'évolution a mis en place des mécanismes toujours plus perfectionnés et robustes. En nous permettant de nous modifier nous-mêmes, elle ne fait qu'expérimenter un nouveau moyen de se prolonger. Nous ne devons pas le négliger. Aucune habitude n'est définitivement gravée en nous. Le désir de puissance n'est pas une fatalité. À un homme nouveau, un homme vivant beaucoup plus longtemps, correspondront des désirs nouveaux, j'espère.

Le transhumanisme est-il un eugénisme ?

Lors de mes recherches sur le transhumanisme, j'ai toutefois ressenti un jour un frisson déplaisant. Sur un site Web américain, j'ai trouvé une définition qui me plaisait et j'ai commencé à la traduire :

— Dans un futur proche – au cours de la vie de beaucoup de gens vivant aujourd'hui –, il sera possible de perfectionner nos cellules. Tomber malade, attraper un rhume ou même mourir ne sera plus une fatalité. Les gens pour qui ces perspectives ne sont pas de la science-fiction sont des transhumanistes.

L'auteur semblait sérieux, j'ai poursuivi la lecture avec intérêt jusqu'à tomber sur un lien intitulé « Six raisons prouvant que les chambres à gaz sont une invention ». J'ai immédiatement effacé ma traduction, puis je me suis ravisé. Le transhumanisme, avec son rêve d'un nouvel homme, rappelle trop le nazisme par certains côtés ; je ne veux pas le passer sous silence.

Que les choses soient claires, je condamne le nazisme comme tous les révisionnistes. Je les condamne si fortement que j'ai manqué me censurer et passer sous silence leur existence, et leur volonté de véroler le mouvement transhumaniste. Une lectrice m'a reproché de ne pas les condamner plus énergiquement. Je ne l'ai pas fait initialement parce que cette condamnation est si prégnante en moi que je ne peux imaginer qu'il puisse en être autrement.

J'avais dix ans quand j'ai visité un camp de concentration en Allemagne. C'était pendant les vacances de Pâques, tout début avril. J'étais parti du Midi habillé légèrement, en tennis, juste avec un pull. En Allemagne, il faisait un froid terrible, il y avait de la neige dans la forêt Noire. J'ai traversé le camp en frissonnant, j'ai visité les chambres à gaz en frissonnant, j'ai vu les photos en frissonnant, le frisson du froid et de l'horreur se sont mêlés en moi à tout jamais. La réalité des exécutions massives est si ancrée en moi que je suis incapable d'imaginer qu'on puisse en douter.

Si des révisionnistes se proclament démocrates, les démocrates ne doivent pas pour autant changer de nom. Ils doivent défendre leurs positions et rejeter avec force celles qui leur font horreur. De même, les transhumanistes ne peuvent être tenus pour responsable des tentatives de récupération dont font l'objet leurs idées.

Le transhumanisme est un humanisme, il suppose qu'il n'y a pas de fatalité biologique, que nous pouvons nous élever, prendre en main notre propre évolution, sans oublier le principe de précaution, bien sûr. Si nous sommes incapables de préserver en l'état l'atmosphère, il nous faudra bien trouver un moyen de vivre avec un air pollué. Nous ne pouvons ignorer ce problème. Nous devons nous efforcer de réduire notre impact écologique, mais nous devons penser à une solution si nous échouons.

— Qui dit technologie dit coût. Qui aura les moyens de se payer les technologies de pointe ? Les pauvres ne seront-ils pas mis au rebut ? Ne deviendront-ils pas une sous-espèce ?

— Nous devons prendre garde de ne pas inventer une médecine à deux vitesses. Ça serait le plus sûr moyen de fracturer la société, et sans doute de la faire exploser. Mais nous devons expérimenter. Initialement seuls quelques privilégiés bénéficieront des avancées, tout en servant de cobayes, puis de plus en plus de gens les imiteront s'ils le souhaitent. Aucune technologie et même aucune mode ne se sont étendues d'un seul coup à toute la planète. Il n'y a guère que dans les mythes que l'on découvre de telles actions éclair induites par la volonté divine. Par chance le coût des technologies de pointe baisse exponentiellement, et logiquement tout le monde peut en profiter très vite.

— Comment éviter l'eugénisme ?

— Les transhumanistes veulent améliorer l'homme vivant, ils veulent avant tout s'améliorer eux-mêmes, dans le but de jouir plus longtemps de la vie. Il ne s'agit pas de créer une nouvelle race en modifiant les embryons, mais d'agir *a posteriori*, sur nos corps, de le faire librement.

— Comment éviter les dérapages ?

— En étant transparent et facilitant la critique. La World Transhumanist Association s'est d'ailleurs engagée sur cette voie. Projet par nature pluridisciplinaire, le transhumanisme fait déjà interagir des hommes libres qui n'obéissent à aucune autorité supérieure.

— Allons-nous devoir nous transformer en machines pour échapper à la mort ?

— Les machines ne sont-elles pas déjà en train de nous devancer dans cette course à l'immortalité ?

L'âge des machines

— Il était trois heures du matin. Tout à coup, j'ai senti une présence dans la pièce, raconte Christopher Langton[154]. Mais il n'y avait personne. J'ai réalisé qu'il s'était passé quelque chose sur l'écran et que cette chose avait frappé mon subconscient. J'avais réagi à quelque chose de vivant. Bien sûr, l'ordinateur n'était pas physiquement vivant, mais il était capable d'un certain

---

154 « Et si les informaticiens découvraient la vie ? », *Courrier In-*

comportement, auquel avait réagi quelque chose de primitif en moi, comme s'il y avait de la vie.

Le frisson ressenti par Langton ne surprendra aucun des adeptes du *Jeu de la vie*. C'est d'ailleurs en jouant à ce jeu que Langton trouva sa vocation. À la suite de John von Neumann, il devint le promoteur de la vie artificielle, créant en 1987 les ateliers Artificial Life, où Craig Reynolds présenta ses boids.

— La vie artificielle est l'étude des systèmes créés par l'homme qui manifestent des comportements caractéristiques des systèmes vivants naturels, explique-t-il[155]. Elle complète les sciences biologiques […] en cherchant à synthétiser, avec des ordinateurs ou d'autres médias artificiels, des comportements qui ont l'apparence du vivant. En étendant les bases empiriques de la biologie au-delà des liaisons carbone qui ont évolué sur Terre, la vie artificielle peut contribuer au développement de la biologie théorique en replaçant la vie telle que nous la connaissons dans un contexte plus vaste.

Langton est un franc-tireur. Durant les années 1970, il séchait les cours, profitant de son temps libre pour s'intéresser aux premiers balbutiements de l'informatique. Objecteur de conscience durant la guerre du Vietnam, il se retrouva en poste dans un hôpital de Boston. Son travail consistait à transporter les corps vers la morgue. Un jour, un brancard heurta une marche, le mort cracha, se redressa, avant de se rallonger lentement. Langton eut alors la révélation que les choses mortes pouvaient

ternational (n° 360, 25 sept. – 1er oct. 1997), article original publié par *Facts*, Zurich.
155 Christopher Langton, *Artificial Life: An Overview*, 1995.

se comporter comme les choses vivantes. La vie était un comportement.

— Langton dit à son chef qu'il ne pouvait plus continuer ce travail pour la morgue, raconte son ami le journaliste Kevin Kelly[156]. Sais-tu programmer un ordinateur ? lui demanda le chef. Bien sûr, répondit-il.

À cette occasion, Langton découvrit le *Jeu de la vie*. Quand il ne regardait pas les configurations de cellules évoluer sur son écran, il s'efforçait de transférer un programme d'un vieil ordinateur sur un nouveau reposant sur une architecture différente. Langton se demanda alors s'il ne serait pas possible de faire de même avec la vie : la transporter d'un support carbonique vers un support numérique ! Il pensa d'autant plus à cette possibilité que, l'été suivant, il s'écrasa en Deltaplane et passa six mois entre la vie et la mort. Il vécut alors une expérience mystique : il eut l'impression de voir sa conscience renaître peu à peu. Il acquit la certitude que l'esprit était indépendant de son support, qu'il pouvait s'exprimer aussi bien dans un cerveau humain que dans une machine. En fait, il avait vécu une expérience de pensée célèbre en neurologie : prenez un neurone dans un cerveau humain, remplacez-le par un neurone artificiel, *a priori* le cerveau fonctionne toujours, il est toujours conscient. Répétez ces substitutions neurone après neurone, vous obtenez un cerveau artificiel conscient.

— Mais les neurones se transforment, ils nouent sans cesse de nouvelles relations.

— Rien n'empêche les neurones artificiels de disposer de la même plasticité.

---

156 Kevin Kelly, Out of Control, 1994.

— Les neurones ne sont qu'une partie du cerveau.

— Nous remplacerons aussi les protéines une à une, tous les constituants un à un. Sans même comprendre comment le cerveau fonctionne, nous serons capables de le dupliquer sur un substrat non organique.

— C'est un raisonnement simpliste. Il y a peut-être un fait biologique encore inconnu indispensable au fonctionnement du cerveau. Le mathématicien et physicien Roger Penrose a même évoqué la nécessité de recourir à une nouvelle physique pour comprendre la conscience[157].

— Pour des matérialistes tels que Christopher Langton, tels que moi-même, la conscience découle d'une organisation particulière du cerveau, quel que soit le support de cette organisation, celui que nous connaissons aujourd'hui ou celui encore à découvrir. Dans ce cas, une organisation particulière d'un système informatif doit, elle aussi, pouvoir engendrer la conscience.

— Cette idée de l'indépendance entre le substrat et la fonction est loin d'être prouvée.

— Certes ! Nous n'y parviendrons qu'en créant un ordinateur intelligent, puis conscient.

Mais avant de créer la conscience artificielle, il faut tout d'abord créer la vie artificielle. Langton adopta une approche pragmatique lorsqu'il reprit ses études à l'université d'Arizona. Comme ses professeurs ne s'intéressaient pas à ses idées, il s'acheta un Apple II et expérimenta par lui-même. Il éplucha les travaux de John von Neuman puis les premiers textes de Stephen Wolfram, et finit par créer un système capable de

---

157 Roger Penrose, *Les Ombres de l'esprit*, 1994.

s'autoreproduire plus simple que tous ceux découverts au préalable (fig. 25).

Une fois son doctorat terminé, Langton entra au Los Alamos Labs en 1987 et créa les ateliers Artifical Life. Autour de lui se regroupèrent des scientifiques de toutes les disciplines, bien conscients que l'intelligence artificielle issue du mouvement cybernétique n'avait pas atteint ses objectifs. Les ordinateurs restaient des machines stupides. Pour beaucoup, cet échec était rédhibitoire. Il impliquait que les ordinateurs ne seraient jamais intelligents. En 1990, porté par ce courant pessimiste, Kasparov jura qu'aucun ordinateur ne le battrait dans un tournoi d'échecs. Malheureusement, en 1997, Big Blue le poussa à la faute.

— Pour un ordinateur, jouer aux échecs se réduit à explorer toutes les combinaisons possibles. Ce n'est pas ça l'intelligence.

— Sans doute, mais nous sommes tout de même à l'aube d'une révolution. En partie grâce aux spécialistes de la vie artificielle, de nouvelles méthodes de programmation apparaissent. Plutôt que de recréer l'intelligence humaine suivant une approche *top-down* comme ont essayé de le faire en vain les cybernéticiens et leurs successeurs, nous recréerons une intelligence suivant une approche *bottom-up*. Nous emploierons la même stratégie que la nature. La technologie deviendra biologique.

Aujourd'hui nous pouvons imaginer les grandes étapes de l'histoire du vivant.

(1) Des molécules élémentaires s'auto-organisent et génèrent des structures émergentes. Pour le moment, personne n'a réussi à recréer cette phase initiale. Nous avons quelques pistes, mais aucune certitude. Nous

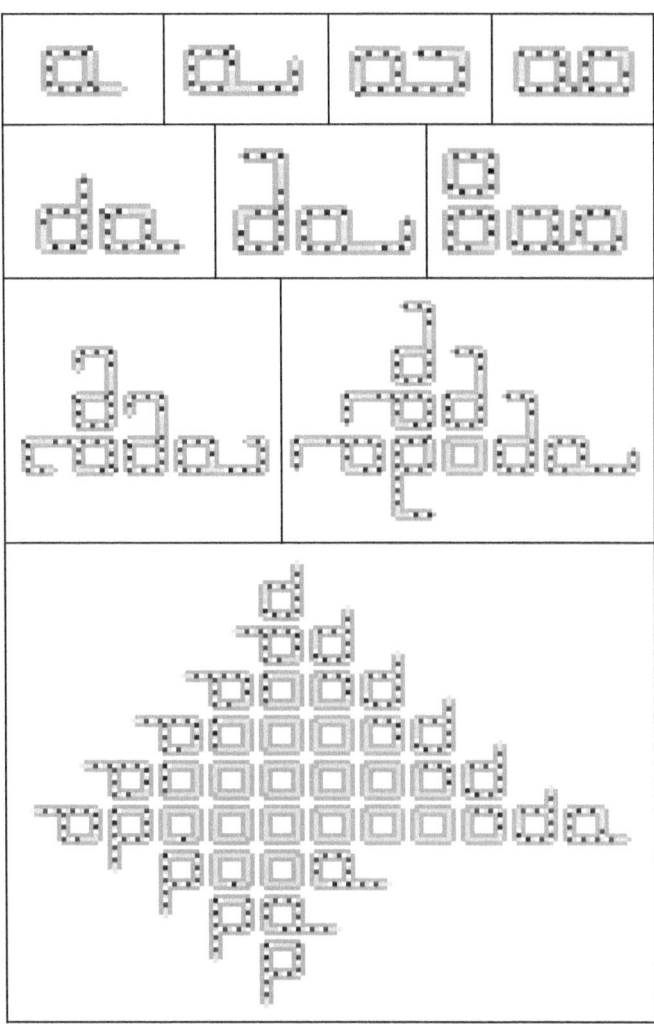

Figure 25 À la suite de von Neumann, Langton créa un réplicateur universel d'une grande simplicité. Composé de cellules à huit états, ce réplicateur s'enroule sur lui-même avant de se recopier. Peu à peu, l'espace de la simulation se peuple de structures identiques.

devons découvrir les molécules et les règles. Sans doute faudra-t-il un coup de génie pour dénicher la bonne combinaison.

(2) L'évolution joue avec les molécules et les règles et essaie de nouvelles combinaisons. Certaines, plus pérennes et plus efficaces, se propagent. Le vivant se complexifie. En même temps, les nouvelles combinaisons recouvrent – ou même se débarrassent – des combinaisons antérieures, suivant un mécanisme de *bootstrapping*. Une combinaison permet d'en créer d'autres qui, une fois apparues, n'ont plus besoin de la combinaison qui leur a donné naissance, exactement comme les enfants avec leurs parents. Ce mécanisme de *bootstrapping* nous empêchera peut-être de retrouver la combinaison initiale. Nous n'aurons d'autre possibilité que de la réinventer. Elle n'est pas nécessairement unique d'ailleurs, surtout si la vie est une fonction ordinaire de l'univers.

(3) Des agents autonomes s'assemblent en essaims qui manifestent une forme d'intelligence primitive.

(4) Les essaims évoluent et développent une intelligence de plus en plus grande. Ils finissent par devenir conscients.

Cette évolution s'effectue sans plan, sans projet d'ensemble, sans aucun but à atteindre. Parmi l'infinité des molécules possibles et des règles d'interaction pouvant les lier, certaines sont essayées, puis conservées. C'est pour cette raison, par exemple, que l'œil a été réinventé plus de quarante fois par différentes familles d'invertébrés, expérimentant au moins neuf modes de vision différents[158]. Il n'y a pas de cheminement unique, de voie

---

158 Richard Dawkins, "Where d'you get those peepers", 1995,

royale. Il ne faut pas imaginer que l'ADN constitue le plan d'un organisme. Il ne définit que l'ensemble des briques élémentaires qui le composent. Ces briques, les protéines, apparaissent et s'assemblent en fonction de l'environnement dans lequel l'ADN est plongé. Un individu est le fruit d'un code et d'un environnement. La même approche, en opposition totale avec l'ingénierie traditionnelle, peut s'appliquer dans le domaine technologique.

(1) Nous créons des formes de vie artificielle (les boids de Craig Reynolds, les feux rouges de Carlos Gershenson, les Sims de *SimCity*...) capables de s'auto-organiser et de créer des structures émergentes.

(2) Grâce aux algorithmes génétiques imaginés par John Holland, nous faisons évoluer les agents et les règles qui les lient. Par essais et erreurs, nos programmes deviennent capables d'écrire de nouveaux programmes, rivalisant par leur intelligence avec des informaticiens chevronnés. Au début du XXIe siècle, ces deux premières étapes ont déjà été franchies. D'une certaine manière, nous avons la preuve que l'intelligence n'est pas liée au substrat biologique.

(3) Cette preuve deviendra d'autant plus manifeste que la puissance des ordinateurs augmentera, que l'évolution artificielle accélérera et que son intelligence se multipliera. Comme Danny Hillis avec son programme de tri qui s'est écrit tout seul, nous ne comprendrons sans doute pas la forme d'intelligence qui apparaîtra. Nous nous retrouverons comme les médecins face au corps humain, dépassés par la complexité des interactions.

Vol.8, New Statesman & Society, p. 29.

(4) Au final, nous observerons l'apparition d'une intelligence qui rivalisera avec la nôtre, qui nous surpassera même, car elle fonctionnera à une vitesse sans commune mesure avec la nôtre, disposant de ressources mémoires quasi infinies. Puisque nous n'avons jamais rencontré d'E.T., nous finirons par les créer !

— Nous voudrions construire des simulations qui semblent si vivantes qu'elles cesseront d'être des simulations pour devenir elles-mêmes des exemples de vie, écrit Langton[159].

— Ce projet est prétentieux.

— Non, il est prétentieux de croire que nous sommes les seuls êtres vivants doués de conscience. Malraux aurait dit : « Le XXIe siècle sera spirituel ou ne sera pas. » Qu'il ait prononcé ou non ces paroles, il ne se doutait pas que la spiritualité du XXIe siècle devrait beaucoup aux machines.

Le principe d'humilité

Copernic nous a chassés du centre de l'univers, puis Darwin nous a chassés du centre de la création[160], faisant de nous des créatures comme les autres. À cette époque, au milieu du XIXe siècle, la vie semblait encore mystérieuse, puis nous avons découvert les micro-organismes et, en 1953, Francis Crick et James Watson ont découvert l'ADN : l'idée que la vie émanait de l'inanimé s'est définitivement imposée. Presque dans le même temps, John von Neumann créait la première vie artificielle.

159 Christopher Langton, "Studying Artificial Life with Cellular Automata", 1986, Physica D, p. 120-149.
160 *Sur l'origine des espèces* est présenté au public britannique le matin du 24 décembre 1859.

L'idée d'évolution conduisit à des positions opposées à celles soutenues par les générations précédentes : la conscience n'était pas tombée soudainement sur les humains, mais l'évolution avait créé des êtres de plus en plus complexes qui avaient, peu à peu, développé une conscience. Nous savons ainsi que les grands singes ont une conscience d'eux-mêmes. La conscience n'est plus une prérogative humaine. C'est, en toute vraisemblance, une caractéristique de certains organismes complexes, qu'ils soient biologiques ou non. Il nous reste à admettre que nous ne sommes pas la seule espèce intelligente et consciente de l'univers, après quoi nous ne détiendrons plus aucun des privilèges que nous nous sommes attribués par orgueil.

Je me demande comment on peut encore penser autrement. J'aimerais que nous ayons un rôle magnifique à jouer dans le cosmos, que nous soyons les élus, mais je trouve cette position prétentieuse.

— Qu'elle soit prétentieuse n'implique pas qu'elle soit fausse.

— Peut-être, mais, quand nous regardons en arrière, toutes les positions prétentieuses d'origine religieuse se sont révélées fausses. La Terre n'occupe pas le centre de l'univers. L'homme n'est pas le seul être vivant doué de conscience. Nous pouvons nous attribuer un rôle merveilleux, œuvrer pour une harmonie supérieure, mais c'est à nous de construire cette harmonie, personne ne nous a imposé cette tâche sinon nous-mêmes.

— Recréer la vie, n'est-ce pas orgueilleux ?

— Pas si la vie est une fonction logique de l'univers. Pour un matérialiste, recréer la vie ne revient pas à rivaliser avec Dieu. C'est, au contraire, explorer les merveilles de la nature.

— Admettons que nous construisions une machine consciente. Comment pourrons-nous être sûrs qu'elle est consciente ?

— Êtes-vous réellement conscient ? Je n'en ai pas la preuve, sinon en essayant de me mettre à votre place et en simulant vos états mentaux dans mon propre cerveau. J'arrive ainsi à supposer que vous fonctionnez à peu près comme moi. Certains neurologues pensent d'ailleurs que cette capacité à lire les pensées des autres, cette forme de télépathie, a précédé la conscience de soi. Une fois capables de lire les intentions des autres, nous serions devenus capables de lire nos propres intentions et de prendre conscience de nous-mêmes.

— Cette méthode ne marchera pas avec les machines, car elles ne fonctionneront pas comme nous.

— Nous appliquerons alors le test imaginé par Alan Turing en 1950[161]. Si quelqu'un nous parle intelligemment, il est intelligent. Si un phénomène émergeant manifeste une forme d'intelligence, nous le supposons intelligent. Nous jugeons sur pièce. Quand Big Blue bat Kasparov aux échecs, nous supposons que Big Blue est un joueur d'échecs intelligent. Il nous importe peu de savoir que Big Blue parcourt bêtement l'arbre des possibilités. Il s'avère que, pour jouer aux échecs, il adopte la bonne stratégie. Bien sûr, Kasparov est supérieur à son adversaire numérique, surtout hors du monde des échecs. Là n'est pas la question. Quand un ordinateur

---

161 Alan Turing (1912–1954), "Computing Machinery and Intelligence". (Mind, Vol. 59, No. 236, pp. 433-460)

sera capable de parler avec nous de manière intelligente, quand il sera capable de nous surprendre, nous le jugerons intelligent.

— Sera-t-il conscient pour autant ?

— Une véritable intelligence est-elle possible sans une forme de conscience ? Si je n'ai pas conscience de vous, je ne peux pas vraiment discuter avec vous. Et je dois aussi avoir conscience de moi, être conscient de ce que je pense, être conscient que je suis conscient.

— L'évolution n'est donc pas très intelligente puisqu'elle ne répond pas à nos questions.

— Sommes-nous capables d'entendre ses réponses ? N'est-elle pas en train de nous dire que nous détruisons notre planète ?

La guerre de Sécession

La plupart des intégristes acceptent avec difficulté l'idée d'évolution parce qu'elle implique l'apparition d'un esprit primitif à un moment de l'histoire du vivant. Et si l'esprit est apparu une fois, il peut réapparaître, pourquoi pas dans des machines. De plus, si l'esprit apparaît avec le corps qui le supporte, il meurt aussi avec ce corps. Exit la vie éternelle sous sa forme spirituelle.

Pour échapper à ce néant métaphysique, bien avant Darwin, les théologiens ont inventé une parade : l'esprit n'apparaît pas, il s'incarne et, dans cette attente, il habite un monde transcendant dont l'existence est parfois révélée aux croyants lors d'expériences très intimes, souvent à l'origine de leur foi. Si un jour des intégristes finissent par juger une machine consciente, s'ils finissent par accepter cette assertion comme jadis ils ont fini par accepter l'appartenance des Noirs au genre humain, ils diront que la machine capte l'esprit universel par un mécanisme qui nous échappe[162].

Ils défendent leur position avec un argument tout simple : personne n'a jamais montré comment la conscience se forme. Pour eux, il y a une coupure entre le monde spirituel et le monde matériel, aucune causalité n'est capable de les relier. Pourtant, cette coupure causale est de moins en moins évidente. Depuis la mise au point des systèmes d'IRMf, nous devenons capables de voir le cerveau en train de fonctionner. De plus en plus de neurologues, notamment Antonio Damasio[163], ont repéré des zones cérébrales indispensables aux émotions comme à la conscience. Peu à peu, ils élaborent des modèles physiques expliquant l'émergence de la conscience[164]. Ces modèles resteront spéculatifs tant qu'ils n'auront pas été reproduits sur des machines[165]. Mais à partir des premières expériences[166], nous devinons déjà que les interactions mises en œuvre seront si complexes que nous douterons toujours de leur causalité – qui n'en restera pas moins présente.

---

162 À la suite de Leibniz, l'esprit a souvent été vu comme un constituant essentiel de l'univers, une dimension aussi fondamentale que l'espace. En 1989, dans *Évolution du cerveau et création de la conscience*, John C. Eccles émit l'hypothèse d'un lien quantique entre esprit et matière.

163 Antonio Damasio, *Le Sentiment même de soi – Corps, émotions, conscience*, 1999, Éditions Odile Jacob.

164 Daniel C. Dennett, *Consciousness explained* (*La Conscience expliquée*), 1991. Gerald M. Edelman et Giulio Tononi, *Comment la matière devient consciente*, 2000, Éditions Odile Jacob.

165 William W. Lytton, *From Computer to Brain: Foundations of Computational Neuroscience*, 2002.

166 Brain-Based Devices.

À partir de systèmes physiques, nous verrons apparaître des états non quantifiables, souvent appelés *qualia*. Brian Goodwin pense ainsi que nous vivons dans un Moyen Âge scientifique et qu'un âge d'or approche où, moins obnubilés par les quantités, nous comprendrons enfin les qualités. À ce sujet, ma femme me reproche souvent de me préoccuper du temps que je mets en voiture pour relier deux villes, comparant ma moyenne avec celles de mes amis, appréciant chaque seconde gagnée comme si l'avenir du monde était en jeu. Je crois que les hommes sont, en effet, plus attachés aux quantités que les femmes et que, plus il y aura de femmes dans les laboratoires, plus la science des qualités se développera. Une chose est sûre : comprendre la conscience exigera de comprendre la transition de phase que constitue le passage des quantités aux qualités.

En étudiant l'évolution, nous devinons déjà comment un tel passage s'effectue. L'évolution a beau être aveugle, reposer sur le hasard et s'appuyer sur les lois de la physique, elle n'en montre pas moins une forme d'intelligence. Si une intelligence primitive peut émerger de l'inanimé, pourquoi pas une intelligence supérieure, puis une conscience ? Cette conscience issue de la matière n'en est pas moins spirituelle. Une chose peut découler de la matière sans être elle-même matérielle. Par exemple, on ne peut pas dire que l'information manipulée par les ordinateurs soit matérielle. Débattre de ce qui est matériel et ne l'est pas revient souvent à gloser sans fin autour de questions terminologiques. Pour moi, au même titre que le libre arbitre, l'esprit est réel, il est ni une illusion ni un quelconque phénomène situé hors de l'univers, dans une dimension merveilleuse. Il peut être créé, nous savons le faire en faisant des enfants.

Des machines seront un jour conscientes. Elles ne seront pas nécessairement construites avec des puces en silicium, elles seront peut-être purement biologiques, mais elles n'en seront pas moins vivantes et conscientes.

Des hommes transhumains, les cyborgs des romans de science-fiction, seront-ils encore des hommes ou des machines ? Un cardiaque avec un cœur mécanique est-il toujours un homme ? Oui. Avec une jambe bionique ? Oui. À partir de quand répondre non ? Les biologistes ont beaucoup de mal à définir la frontière entre l'animé et l'inanimé. Ils sont incapables de s'entendre sur une définition de la vie, car cette définition ne peut exister. De même, il nous sera bientôt difficile d'établir des limites entre nous et les machines.

— Par chance, je n'assisterai pas à ce drame.

— Je n'en suis pas sûr si vous vivez encore deux ou trois décennies. Un quart de siècle sépare la commercialisation des premiers ordinateurs, dans les années 1950, de celle des premiers micro-ordinateurs. Moins de vingt ans plus tard, Internet s'est ouvert au grand public. Après l'âge des mainframes, après celui des micros, après celui d'Internet, l'apparition d'un nouveau champ d'applications semble inévitable. Beaucoup de scientifiques imaginent une union entre les nanotechnologies et l'intelligence artificielle. Les E.T. s'apprêtent à débarquer. Jean-Michel Truong les appelle les Successeurs[167], Michel Houellebecq les Futurs[168], peu

---

167 Jean-Michel Truong, *Totalement inhumaine*, 2001.
168 Michel Houellebecq, *La Possibilité d'une île*, 2005.

importe leur nom. Nous allons devoir apprendre à cohabiter avec eux. En 1863, Samuel Butler faisait la même prévision dans son livre *Darwin Among the Machines* : elle ne lui faisait pas peur, car il la voyait comme une conséquence logique de l'évolution.

— Si les machines deviennent intelligentes, surtout si elles deviennent conscientes, l'humanité ne s'en relèvera pas.

— Pourquoi les machines seraient-elles belliqueuses ? Les hommes de Neandertal ont cohabité des dizaines de milliers d'années avec les *Homo sapiens*.

— Mais ils ont fini par disparaître. Vous êtes en train de me parler de la fin de l'homme, de la fin de notre civilisation.

— Vous n'avez peut-être pas tort. Dès l'apparition des premières bribes de conscience artificielle, la société humaine se divisera en deux camps, un peu comme au temps de l'esclavage. Pour les uns, les machines n'auront pas d'esprit et devront nous être soumises ; pour les autres, elles seront nos égales et bénéficieront des mêmes droits que nous. Une guerre de Sécession à l'échelle de la planète éclatera[169]. Les vieilles dissensions seront oubliées au nom de la lutte contre le nouvel envahisseur et ses promoteurs. Mais quoi qu'il en soit, notre civilisation se perpétuera, sa conscience survivra. Je crois même que l'art restera une dimension capitale de la vie sociale, car il joue sans doute un rôle central dans le processus conscient.

— Des machines artistes ! Vous exagérez.

169 Hugo de Garis, professeur de cybernétique, spécialiste des cerveaux artificiels, développe cette thèse dans *The Artilect War*, 2002.

Le mystère insondable

J'ai un jour vécu une expérience esthétique, du moins ce que je crois qu'on appelle ainsi, en regardant le film de Tarkovski : *Andreï Roublev*. Les images en noir et blanc, d'une beauté austère, m'avaient peu à peu entraîné vers le haut Moyen Âge. J'avais vécu comme un paysan russe, j'avais fui les invasions barbares, j'avais assisté au travail patient du peintre Roublev. Aucune intrigue n'avait accaparé mon attention, je me laissais porter comme un voyageur, sans rien attendre de particulier, sans chercher la moindre logique au spectacle qui se déroulait sous mes yeux. Puis, soudain, au bout de trois heures de projection, la couleur jaillit, les fresques de Roublev s'illuminèrent : j'éprouvais la sensation sublime de comprendre ces fresques comme si je les avais peintes moi-même et, au-delà des fresques, je comprenais le monde, la vie, l'amour, je n'avais plus de questions, je devins un bref instant omniscient.

Cette expérience s'apparente sans doute à celle du mystique qui rencontre Dieu, c'est juste une question d'interprétation. Pour ma part, je ne suis pas devenu croyant, mais j'ai acquis la conviction que l'art avait le pouvoir de nous transporter en ce monde au-delà de tout questionnement que cherche à atteindre la science par une voie méthodique. L'art m'est apparu comme un raccourci vers la connaissance ultime. Par une sorte de *bootstrapping*, il nous emporte toujours plus haut, nous donnant l'occasion de contempler le propre fonctionnement de notre conscience. Il me sembla alors que tout être conscient ne pouvait qu'être sensible à l'art, car il met en scène cette réflexivité infinie des idées. Norbert

Wiener aurait parlé de feedback, la conscience se nourrissant de ses propres pensées en même temps qu'elle perçoit le monde.

La conscience ne s'analysera peut-être jamais rationnellement. Même si nous l'engendrons artificiellement, elle restera impénétrable, comme tous les systèmes émergents. Éternellement mystérieuse pour elle-même, elle n'aura d'autre fin que de se contempler elle-même, au moins en de brefs instants qualifiés d'esthétiques durant lesquels elle échappera à sa propre réflexivité.

Si je ne me trompe pas, nous aurons la preuve que les machines sont conscientes le jour où elles créeront des œuvres d'art afin de vivre et de donner à vivre des expériences esthétiques. Et si leurs œuvres nouent, en effet, un rapport étroit avec les mécanismes les plus profonds de la conscience, nous serons capables d'éprouver leur beauté comme nous sommes capables d'éprouver celle des peintures rupestres alors que nous ne partageons presque plus rien avec leurs créateurs. Deux intelligences peuvent être étrangères l'une à l'autre, mais, j'en suis persuadé, pas deux consciences.

Le rêve futuriste

L'avenir n'est pas écrit, mais rien ne nous empêche de l'écrire tel que nous le rêvons. Une fois connectés les uns avec les autres, une fois notre réseau densifié, notre intelligence collective progresse et chaque fois que notre intelligence progresse nous innovons.

Durant les années 1950 et 1960, nous avons rêvé de l'espace et nous avons accouché d'Internet. En rêvant d'autres formes de conscience et de l'immortalité, nous accoucherons certainement de quelque chose d'autre, peut-être d'un art de vivre en harmonie dans une biosphère limitée.

La vie se multiplie, l'intelligence se démultiplie, nous ne pouvons jouir de la vie qu'à ces conditions. Dans le but de préserver le monde, il serait dangereux de vouloir stopper le progrès technologique ou même croire que c'est possible. Nous nous sommes engagés sur un chemin sans retour, à moins d'imaginer un retour catastrophique.

Si nous aspirons à un avenir heureux, nous devons trouver les conditions de possibilité de cet avenir. Elles passent par la technologie, une technologie des états critiques auto-organisés, une technologie qui se joue sur les mêmes points de transition de phase que la vie. Ainsi, en comprenant les ressorts du monde, nous serons capables d'aller dans son sens et amoindrirons nos impacts nocifs.

Se connecter, c'est jouir. Par cette jouissance, nous renforçons notre réseau, nous lui donnons une structure adaptée à la complexité que nous avons introduite dans nos vies et dans nos sociétés. Nous nous connectons avec le monde et avec chaque chose au monde. Nous entrons en communion avec toutes les formes de conscience qui existent et qui existeront.

NE PAS PROVOQUER

Entre l'ordre et le désordre

La voie du milieu n'est pas faite de peur et de torpeur, de tiédeur et d'indécision. Ne nous y trompons pas, elle embrasse les opposés, elle dépasse, en les intégrant, toutes les contradictions, elle est au-delà de tout dualisme, au-delà même de toute synthèse. [...] Il s'agit de réaliser, par la pratique, le dépassement de toutes les contradictions, de toutes les formes de pensée.

Taisen Deshimaru

Alors que je terminai le manuscrit de ce livre, je fus invité à donner une conférence à son sujet dans le village où chaque année je passe mes vacances. J'intitulai cette conférence *Conséquences politiques de quelques découvertes scientifiques*. Mes auditeurs se rassemblèrent dans une immense grange. Parmi eux, il y avait des agriculteurs, des intellectuels parisiens, des hommes d'affaires, une armée de médecins, de juristes et de scientifiques. Il y avait des enfants, des étudiants, leurs parents, leurs grands-parents. Tous s'attendaient à ce que je sois provocant, tous se préparaient à démonter mon argumentation.

Je commençai par leur raconter une anecdote qui venait de m'arriver. Ma femme, mon fils et moi devions partir aux États-Unis. Mon fils, âgé d'à peine quelques mois, n'avait pas encore de passeport et je m'étais rendu à la mairie de notre lieu de résidence pour en obtenir un. Trois semaines plus tard, j'y étais retourné pour le récupérer, mais la secrétaire de mairie ne l'avait pas reçu. J'étais embêté, car il ne nous restait plus que trois jours avant notre départ. Je demandai s'il n'y avait pas une procédure exprès.

— Il me faut un justificatif, dit la secrétaire.

— Je dois vous signer un document, c'est ça ?

— Non, il me faut une attestation comme quoi vous ne partez pas en voyage, mais en déplacement professionnel.

— Mais je travaille à mon compte !

La secrétaire me lança un regard désolé. Pour m'obtenir un passeport en exprès, elle avait besoin d'un bout de papier émanant d'une autorité supérieure. Je rentrai chez moi, écrivis une fausse lettre sur un faux papier à en-tête et retournai à la mairie. Deux jours plus tard, je reçus le passeport. Et une fois de plus, je constatais les travers du centralisme, qui cherche à nous ranger dans des cases parfaitement étiquetées. Qui dit voyage professionnel dit patron. Qui dit emprunt dit emploi salarié. Qui dit instruit dit diplômé.

Après ce récit, avant même d'écouter mes arguments, mes auditeurs tentèrent de défendre le gouvernement, les fonctionnaires puis la secrétaire de mairie. Je réussis tant bien que mal à ramener le calme et à parler des structures émergentes, des connecteurs qui s'auto-organisent et dessinent des réseaux décentralisés. À la fin de mon discours, les controverses reprirent. Je me retrouvai confronté à plusieurs factions que je pourrais qualifier de générationnelles.

(1) À ma grande surprise, les lycéens et les étudiants furent mes plus francs opposants. Refusant d'entendre l'injonction « Ne pas étudier » de Steve Jobs, ils firent l'éloge du système éducatif et exprimèrent leur désir d'obtenir à tout prix un diplôme qui assurerait leur avenir. À quelques exceptions près, ils ne manifestèrent pas la punk attitude qui me semblait caractéristique de la jeunesse. Ils ne rêvaient pas de changer le monde, mais, au contraire, de s'y insérer sans le remettre en cause, sinon par de minuscules retouches. Je leur dis que l'évolution n'avançait pas graduellement, mais par brusques poussées créatives. Ils n'acceptèrent pas cette analogie naturaliste. Ils étaient des enfants de la culture. Je leur dis qu'elle aussi évoluait par secousses[170], ils m'annoncèrent que le temps des révolutions était révolu.

— Dans votre système décentralisé, qui prendra en charge la décontamination des zones polluées ? me demandèrent-ils, certains d'avoir découvert une pierre d'achoppement dans mon argumentation.

— Nous vivons sous régime gouvernemental et les pollueurs s'en donnent à cœur joie, preuve que le gouvernement n'est pas si efficace. Mais qui sont les pollueurs ?

---

170 Quoi de plus naturel puisque la culture est le fruit des êtres humains, qui eux-mêmes sont le fruit de l'évolution. Il n'y a pas de coupure entre nature et culture mais simplement une chaîne causale si distendue que nous sommes incapables de la déchiffrer.

Des sociétés ? Non, je ne crois pas. Ce sont les employés de ces sociétés, nous sommes tous des pollueurs. Le jour où nous serons massivement interconnectés, nos amis nous dissuaderont d'être complaisants.

— Ce n'est pas si facile.

— Au contraire. Soit vous appartenez au réseau et jouez son jeu, soit vous vous en excluez et ne profitez pas des avantages conférés. Plus le peuple des connecteurs prospérera, plus il sera difficile de s'enfermer dans un individualisme désuet.

Mes arguments ne touchaient pas au but. Les lycéens et les étudiants refusaient de concevoir un autre monde que celui dans lequel ils étaient nés. Leur sérieux, leur désir de bien faire, leur respect des institutions, en d'autres mots leur conservatisme, me laissèrent stupéfait. Ils avaient besoin de repères et de rien d'autre. Je leur faisais peur, car je leur dépeignais une société à réinventer perpétuellement.

(2) Les jeunes gens un peu plus âgés, empêtrés dans le quotidien, cherchant à joindre les deux bouts, qui n'étaient en vacances dans le village que parce que leurs parents ou leurs grands-parents y possédaient une résidence secondaire, se montrèrent beaucoup moins pugnaces. Ils campèrent sur une position d'un cynisme peu encourageant. Pour eux, le système était pourri et il fallait profiter de ses faiblesses en attendant qu'il s'écroule. Ils recevaient mes idées sans croire qu'elles soient applicables. L'exemple d'Internet ne les fit pas changer d'avis. Ils n'en voyaient que les côtés négatifs, comme ils ne voyaient que les côtés négatifs des démocraties occidentales. Rien n'allait à leurs yeux, mais ils étaient incapables de la moindre proposition.

— Nous ne sommes ni de droite, ni de gauche, nous sommes dans la merde, me dirent-ils.

Le monde changeait à une vitesse fabuleuse et ils refusaient de prendre le train en marche. J'étais catastrophé de les voir attendre une aide venant d'en haut, qui réglerait leur mal-être d'un coup de baguette magique.

(3) Ce fut parmi les membres de ma génération, les trentenaires et les quadragénaires, que je reçus l'écho le plus enthousiaste. Joe Strummer était, pour eux comme pour moi, un héros. Et même s'ils n'avaient pas joué aux jeux de rôle, certains de leurs amis y avaient joué. La plupart d'entre eux avaient cessé de travailler pour un patron et, s'ils n'avaient pas sauté le pas, se demandaient quand ils le feraient. Parmi eux, les agriculteurs m'apparurent comme des modèles de connecteurs. Ils avaient choisi leur métier par amour et par désir d'indépendance. Ils avaient décidé d'agir localement, de penser globalement.

(4) Avec la génération suivante, je me retrouvais face aux baby-boomers et aux soixante-huitards. Ils se divisaient en deux camps, la droite et la gauche, les conservateurs et les idéalistes, mais, en fin de compte, défendaient les mêmes idées. Ils attachaient une valeur immodérée à l'État centralisé. Les uns, comme leurs enfants me l'avaient asséné, ne voulaient rien changer dans la société, les autres voulaient au contraire tout changer, mais sans remettre en cause les fondements : changer les hommes, pas les structures. Éternels insatisfaits, ils piaffaient d'impatience avant chaque élection pour être désillusionnés quelques mois plus tard. Quand je leur dis « le problème c'est la forme actuelle de l'État, non la démocratie », ils me regardèrent avec de grands

yeux. J'enfonçai le clou en leur disant : « Oubliez comment les élus arrivent au pouvoir dans une démocratie, vous retrouvez une monarchie. La vraie démocratie n'a pas besoin d'élus, donc pas besoin d'élections. »

(5) Contre toute attente, les patriarches de l'assistance applaudirent à cette tirade. Ils n'avaient pas oublié que, durant le xxᵉ siècle, des dictateurs étaient arrivés au pouvoir après des élections. Les vieux étaient d'accord avec moi quand je disais que la meilleure façon de préserver notre liberté se résumait à ne mettre personne au pouvoir. Je crois qu'ils acceptaient avec facilité les idées de délocalisation, de décentralisation et d'auto-organisation parce qu'ils les avaient vues naître. Ils appartenaient à la génération des pionniers de l'informatique, cette génération qui avait découvert le monde de la complexité, à la frontière entre l'ordre et le désordre. Leur sagesse, comme celle des moines zen, leur suggérait d'emprunter la voie du milieu.

— [...] le plus important est de ne pas être dualiste. Notre « esprit originel » embrasse tout en lui-même.

Suivant cet apophtegme de Shunryu Suzuki, pour clore un débat qui ne pouvait être clos, je convins que j'avais exagéré mes positions pour les rendre plus explicites. Mais je réaffirmai néanmoins mes convictions. Une fois les nouvelles découvertes scientifiques vulgarisées, la société ne pourra que se remodeler. Certes, ce remodelage ne se fera pas du jour au lendemain. Les nouvelles structures cohabiteront avec les anciennes. Les hiérarchies ne seront pas balayées d'un seul coup, pas plus que le centralisme. Nous verrons plutôt une société plus diverse apparaître. Elle ne sera pas fondée sur le dogme qu'il faut toujours un chef, voire un chef suprême appelé Dieu[171]. La décentralisation impliquera une disparition des instances supérieures, laissant encore longtemps le scrutin universel s'exprimer au niveau local ou métalocal. C'est à ce niveau que nous devons agir. Nos choix, s'ils sont pertinents, se répandront, seront repris, se populariseront...

— Vous êtes élitiste, vous oubliez les faibles, me dit un homme politique.

— Les faibles ? C'est qui ? Je dis nous, je parle de nous, de moi, de mes amis, de tout le monde. Je déteste le mot faible, il ne me vient pas à l'idée de l'employer. Quand vous parlez de faibles, je crois comprendre que vous ne vous considérez pas comme faisant partie des faibles, mais que vous vous jugez compétent pour parler en leur nom. Un homme politique devrait toujours dire nous : nous avons besoin de telle ou telle mesure et non dire que les paysans en ont besoin, encore moins que les faibles en ont besoin. Si c'est le cas, c'est à un paysan de s'exprimer, à un démuni de s'exprimer. La représentation démocratique doit, elle aussi, être décentralisée.

Tout en m'énervant quelque peu, j'ai soudain compris que le socialisme n'avait encore jamais existé. Jusqu'à présent, il a nié notre capacité à nous auto-organiser et à œuvrer collectivement pour notre propre bien, il a toujours imaginé que nous devions être encadrés, partant du principe que nous étions faibles. Le vrai socialisme doit accorder la toute-puissance aux agents autonomes. Comme la Terre a quitté le centre de l'univers grâce à Copernic, comme l'univers lui-même a fini par

---

171 En 1789, les révolutionnaires français chassèrent le roi, proscrivirent Dieu et prire leur place au nom du scrutin universel. En fait, ils ne changèrent rien dans l'essence structurelle de la société.

ne plus avoir de centre aux yeux des scientifiques, la société doit dorénavant, elle aussi, perdre son centre, représenté par le pouvoir politique. Elle conservera des connecteurs mieux connectés que les autres, mais ils ne seront pas plus au centre qu'au-dessus d'elle, ils seront pris dans son maillage étroit.

— Vos idées découlent de simulations sur ordinateur. Elles ne nous disent rien de la vie.

Ce fut l'une des dernières objections qui me fut adressée lors de la conférence, mais aussi chaque fois que je parlais du peuple des connecteurs. En effet, qu'est-ce qui nous prouve que les choses se passent effectivement comme nous le croyons ? La vérité est-elle accessible ? Nous pouvons parler d'une chose, mais notre discours n'est jamais la chose elle-même. Les théologiens intégristes s'appuient souvent sur cette disjonction pour rejeter les arguments scientifiques. Leur approche est irréfutable, mais est-elle intéressante ? À quoi bon affirmer que le monde obéit à de tout autres lois que celles que nous formulons ?

Que nos lois ne soient pas ultimes, c'est une certitude. Mais quand nous réussissons, à partir d'elles, à reproduire les phénomènes naturels et sociaux avec précision, nous supposons que nous ne nous trompons pas en tout point. Sinon, à quoi bon faire de la science, il vaut mieux en rester à une vision mythologique du monde. Quand nous reproduisons une émergence sur ordinateur, nous supposons que la nature obéit à des principes du même ordre. Ainsi les ornithologues ont fini par vérifier que les oiseaux respectaient les règles réinventées par Craig Reynolds. Que les ordinateurs nous aident à effectuer des découvertes dans des domaines qui nous étaient jusqu'alors inaccessibles ne rend pas ces découvertes plus sujettes à caution, ou moins, d'ailleurs, que celles du passé.

— Dans les systèmes décentralisés, des structures ordonnées peuvent apparaître sans contrôle centralisé. [...] Mais beaucoup de gens résistent encore à cette idée, supposant des contrôles centralisés où il n'en existe pas. [...] StarLogo a été conçu pour aider les étudiants (aussi bien que les chercheurs) à développer une nouvelle façon de penser[172].

Ainsi débute la notice d'un des plus célèbres logiciels de manipulation d'agents autonomes. Tous les politiques devraient le télécharger afin de découvrir les vertus de la décentralisation. Nos ordinateurs ne sont pas seulement des outils de travail ou des consoles de jeu sophistiquées, mais, avant tout, par-dessus tout, des instruments pour mieux voir le monde et mieux en apprécier la beauté. Ils nous rapprochent des mécanismes les plus intimes de l'univers et nous offrent les clés de la complexité.

Souvent, quand je doute de notre capacité à réinventer nos vies, je lance une simulation StarLogo. Sous mes yeux, des oiseaux ou des insectes virtuels se rassemblent en essaim, ils engendrent des configurations merveilleuses et je retrouve l'espoir. Il nous suffit de les imiter, d'interagir les uns avec les autres, de nous interconnecter, pour engendrer à notre tour de la nouveauté.

L'avenir n'est pas écrit.

Le temps des connecteurs est arrivé.

---

172 StarLogo peut être téléchargé gratuitement, tout comme son concurrent NetLogo.

Crédits photographiques

Figure 1. Illustration de l'auteur.

Figure 2. Simulation réalisée par l'auteur en Net-Logo à partir du programme Flocking d'Uri Wilensky.

Figure 3, en haut. Photo Dave Watts, libre d'usage et de droits, diffusée par morguefile.com.

Figure 3, au centre. Termitière, Kakadu National Park, Australie. Photo publiée avec l'aimable autorisation de John Hodgkinson, ASPA Secretary.

Figure 3, en bas. Cycle de vie du dictyostelium discoideum, photo publiée avec l'aimable autorisation de M. Grimson et R. Blanton, Biological sciences electron microscopy laboratory, Texas Tech University.

Figure 4. Simulation réalisée par l'auteur en NetLogo à partir du programme Slime d'Uri Wilensky.

Figure 5, en haut à gauche. Micrographie électronique haute résolution de l'interface alumine/siliciure de magnésium réalisée par Gilbert Thollet, Rémy Chassagnon et Claude Esnouf et publiée avec l'aimable autorisation de Claude Esnouf. Groupe d'études de métallurgie physique et de physique des matériaux, Insa.

Figure 5, en haut au centre. Photo Dave Watts, libre d'usage et de droits, diffusée par morguefile.com.

Figure 5, en haut à droite. Essai nucléaire dans le Nevada. Photo Courtesy of National Nuclear Security Administration/Nevada Site Office.

Figure 6. Illustration de l'auteur créée à partir des trois architectures de réseau proposées par Paul Baran.

Figure 7. Carte d'Internet publiée sur www.opte.org/maps. Image sous licence Creative Commons.

Figure 8, gauche. Soldats français au Liban, 1980, photo libre de droits des Nations unies (151005 UN/DPI).

Figure 8, centre. Photo de l'auteur.

Figure 8, droite. Embouteillage à New York, photo libre de droits.

Figure 9. Une partie de la chaîne alimentaire dans l'Atlantique Nord canadien. Les espèces encadrées sont également exploitées par l'homme. Image reproduite avec l'aimable autorisation de David Lavigne, D.M. 2003, extraite de "Marine Mammals and Fisheries: The Role of Science in the Culling Debate", pages 31-47 in: Gales, N, M. Hindell and R. Kirkwood (eds.). Marine Mammals: Fisheries, Tourism and Management Issues. CSIRO Publishing, Collingwood, Victoria, Australia.

Figure 10, en haut. Les enfants de Berlin, Christian Boltanski, 34 photographies 41 x 31 cm chacune. © Frac-Collection Aquitaine. Inv. 84-116.

Figure 10, en bas. Les Ménines, Velázquez, musée du Prado, Madrid.

Figure 11. Simulation réalisée par l'auteur en NetLogo à partir du programme PileOfSand de Carlos Pedro Gonçalves.

Figure 12. Courbes tracées par l'auteur.

Figure 13. Reprise des images de l'illustration 5

Figure 14. Images créées par l'auteur en s'inspirant d'une simulation Open Source.

Figure 15. Simulation de l'automate cellulaire 90 réalisée par l'auteur en NetLogo.

Figure 16. Simulations DLA (diffusion-limited aggregation) réalisées par l'auteur en NetLogo.

Figures 17, 18 et 19. Structures du *Jeu de la vie* générées par l'auteur avec le logiciel Life.

Figure 20. Simulation de l'automate cellulaire 30 réalisée par l'auteur en NetLogo.

Figure 21, en haut. Simulation de l'automate cellulaire 1635 réalisée par l'auteur en NetLogo.

Figure 21, en bas. Photos des premières formes de vie multicellulaire, publiées avec l'aimable autorisation de Shuhai Xiao, Virginia Tech.

Figure 22. Structure du Jeu de la vie créée par Paul Rendell et reproduite avec son aimable autorisation.

Figure 23. Image créée involontairement par l'auteur à partir d'une photo de l'artiste Claudie Dadu.

Figure 24. Illustration par l'auteur.

Figure 24. Structures du Jeu de la vie générées par l'auteur avec le logiciel Life.

Figure 25. Langton Loops simulées par l'auteur grâce à une applet Java.

Imprimé le 7 mai 2017